사랑을 깊이 해보신 적이 있는지요? 사랑을 하면 상대의 말을 한없이 들어도 늘 부족한 것이 사랑입니다. 천국 길 내비게이션에는 말씀이 아주 많이 나옵니다. 긴 말씀으로 인해 혹 자신이 지루해 하고 대충 넘어가는 것이라면 자신이 혀로만이 아닌 진정으로 예수님을 사랑하고 있는 것인지 다시 한 번 생각을 해보아야 합니다.

천국길 내비게이션

양 해 웅 지음

'예함성' 천국 길 내비게이션의 경로

'예함성' 천국 길 내비게이션에 대한 안내 말씀 _ 9

'예함성' 천국 길 내비게이션으로
   떠나기에 앞서 현관문 안에서 – 예수님의 두 가지 씨 비유 듣기 _ 25

제1장 '예함성' 천국 길 내비게이션 현관문 밖으로 나가기 _ 59
   1. 자기 부인, T형 갈림길 _ 61
   2. 진리'(dash)는 진리가 아니다. _ 74
   3. 선한 사마리아인과 부자 청년에 대한 T형 갈림 길 _ 81
   4. 기독교 3대 핵심 진리 : 대신성 진리, 대속성 진리, 대표성 진리 _ 100
      1) 대신성 진리 _ 100
      2) 대속성 진리 _ 105
      3) 대표성 진리 _ 116

제2장 '예함성' 천국 길 내비게이션 성전과 예배당 T형 갈림길 _ 125
   제1성전 – 모세의 성막 성전(구약 성전) _ 128
   제2성전 – 솔로몬이 지은 성전(구약 성전) _ 130
   제3성전 – 스룹바벨이 재건축한 성전(구약 성전) _ 130
   제4성전 – 헤롯 성전(구약 성전) _ 131
   제5성전 – 성령으로 거듭난 성도의 몸이 성전인 성전(신약 성전) _ 134
   제6성전 – 적그리스도가 지을 성전(신약 성전) _ 137
   제7성전 – 새 하늘과 새 땅, 영원히 변치 않을 성전(신약 성전) _ 138

제3장 '예함성' 천국 길 내비게이션 믿음의 T형 갈림길 _ 139
   1. 산상교훈(수훈)에 대한 T형 믿음의 갈림길 _ 145

1) 산상교훈(산상수훈)의 참 뜻은 무엇일까요? _ 146

　　2) 산상교훈에 대한 결론식 정리 _ 159

　2. T형 갈림길 – 주어로 본 믿음의 3단계 _ 163

　　1) 주어로 본 1단계 믿음 _ 163

　　2) 주어로 본 2단계 믿음 _ 166

　　3) 주어로 본 3단계 믿음 _ 171

　3. T형 갈림길 – 원어로 본 믿음의 3단계 _ 180

　　1) 원어로 본 1단계 믿음 _ 180

　　2) 원어로 본 2단계 믿음 _ 184

　　3) 원어로 본 3단계 믿음 _ 190

제4장 '예함성' 천국 길 내비게이션 구원에 대한 T형 갈림길 _ 197

　1. 구원 _ 199

　　1) 예수님은 대속 제물로 누구에게 죄 값을 치르신 것인가? _ 206

　　2) 복음 중의 복음, 복음의 핵심인 죄 사함 복음 _ 213

　2. 구원의 3단계 _ 217

　　1) 구원의 1단계 : 혼의 구원 _ 217

　　2) 구원의 2단계 : 영의 거듭남 _ 223

　　3) 구원의 3단계 : 육체의 부활과 하나님의 나라에 들어가는 구원 _227

제5장 '예함성' 천국 길 내비게이션 죄 사함 _ 231

　1. 구원파가 전하는 죄 사함 _ 234

　2. 가톨릭과 대부분의 개신교가 믿는 죄 사함 _ 238

　3. '예함성'이 전하는 기쁜 소식 죄 사함 복음 _ 239

　　1) 예수님이 말씀하시는 죄, 단수 죄와 복수 죄들 _ 240

　　2) 예수님이 동일하게 보시는 죄와 빚 _ 244

　　3) 가출 소녀와 가출 소녀의 모든 빚을 갚아준 아버지 _ 246

　4. 하나님이 율법으로 정하신 죄 사함 방법 _ 258

5. 죄 사함을 위해서 하나님께 드리는 제사들 _ 260
      1) 번제 _ 261
      2) 소제 _ 263
      3) 속죄제 _ 264
      4) 화목제 _ 267
      5) 속건제 _ 272

제6장 '예함성' 천국 길 내비게이션 세 가지 예화 _ 273

   1. 기독교가 전하는 대신성 진리, 대속성 진리, 대표성 진리에 대한 세 가지 예화 _ 279
   2. 기독교가 전하는 대신성 진리, 대속성 진리, 대표성 진리에 대한 세 가지 예화의 내용과 질문들 _ 279
      1. 대신성 진리와 이에 대한 예화 _ 279
      2. 대속성 진리와 이에 대한 예화 _ 283
      3. 대표성 진리와 이에 대한 예화 _ 290

제7장 '예함성' 천국 길 내비게이션 거듭남 _ 295

제8장 '예함성' 천국 길 내비게이션 회개와 세례 _ 303

   1. 회개 _ 305
      1) 거울 회개 _ 307
      2) 창 회개 _ 309
      3) 말씀으로 찾아 본 창 회개와 거울 회개 _ 312
   2. 세례 _ 315
      1) 성령세례와 물세례 _ 315

제9장 '예함성' 천국 길 내비게이션 자람(성장) _ 323

제10장 '예함성' 천국 길 내비게이션 열매 _ 331

   1. 열매에 대한 말씀에 들어가기 전 알아야할 말씀 _ 333

   2. 하나님이 기쁨으로 거두실 성경적 열매의 종류 _ 335

      1) 입술의 열매 _ 335

      2) 빛의 열매 _ 338

      3) 의의 열매 _ 351

      4) 성령의 열매 _ 356

         (1) 사랑 _ 358

         (2) 희락 _ 360

         (3) 화평 _ 361

         (4) 오래 참음 _ 362

         (5) 자비 _ 363

         (6) 양선 _ 365

         (7) 충성 _ 366

         (8) 온유 _ 369

         (9) 절제 _ 369

'예함성' 천국 길 내비게이션의

끝맺는 말을 시작의 말씀으로 다시 드리며 _ 371

'예함성' 천국 길 내비게이션에 대한

안내 말씀

천국 길 내비게이션에 대한
안내 말씀

'예함성'은 '예수님과 함께 정상에서 내려다보는 성경'의 준말입니다.

루터교나 침례교 등을 다 포함해서 가톨릭으로부터 개혁을 하려는 모든 개신 교회의 신앙을 개혁신앙이라고 합니다. 개혁주의 신앙은 개혁신앙과 구분되어져 쯔빙글리, 베자, 칼빈 등에 의해서 이루어진 장로교 신앙을 말합니다. 이 중 특히, 칼빈의 제자들에 의해 칼빈 신앙을 발전시켜 정립한 튤립 신앙은 장로교 개혁주의 신앙의 핵심이 됩니다.

칼빈주의 5대 강령으로 불리는 튤립(TULIP) 신앙은 다음과 같습니다.

1. 전적 타락(Total Depravity)
2. 무조건적 선택(Unconditional Election)
3. 제한 속죄(Limited Atonement)

4. 불가항력적 은혜 (Irresistible Grace)
5. 성도의 견인(Perseverance of the Saints)

이후, 장로교 개혁주의 신앙은 수없이 많은 신학 이론들이 장로교 안에서 이루어집니다. '예함성' 천국 길 내비게이션은 칼빈의 제자들에 의해서 정립된 튤립 신앙까지를 포함합니다.

그러나 '예함성' 천국 길 내비게이션은 단순히 칼빈이나 튤립 신앙을 흉내 내는 신앙이 아니라, 예수님이 말씀하시는 복음과 진리에서 호리도 벗어나지 않으면서 칼빈이나 튤립 신앙을 기반으로 하여 독창적이고 창의적인 깨달음으로 천국 길을 안내하는 복음입니다.

작금의 한국 교회를 보면서 안타까운 점은 목사님들이나 신자들이 하나님과 재물을 동시에 섬기는 기복주의 신앙에 깊이 빠져있으면서도, 자신들은 기복주의에 빠진 것이 아니라고 믿는 무당식 신앙이나 혹은 복음과는 무관한 점쟁이 신앙에 빠져 있는 것입니다. 뿐만 아니라 교회가 부흥되면 이를 마치 예수님이 말씀하신 진리와 복음을 자신들이 잘 전해서 하나님의 은혜로 큰 교회가 된 것으로 믿는, 세상 종교나 도덕적 경건주의, 유대교인들의 믿음과 다를 바 없는 병든 교회들이 많습니다.

그러나 세상을 살면서 잘 먹고 잘 살고 건강하기를 바라는 기복주의 신앙은 세상 사람들도 모두 가기를 원하는 길이며, 도덕적 경건주의 역시 생명의 길이 아닌 세상의 종교인들도 모두 가고 싶어 하는 넓은 길입니다. 예수님은 그 길은 좁고 협착하여 찾는 이가 적다고 말씀하십니다. 그래서 '예함성' 천국 길 내비게이션은 천국으로 향하는 좁고 협착한 길을 분별하며 찾아갈 수 있도록 T형 갈림길로 천국을 향해 가는 길을 안내하는 것입니다.

'예함성' 시리즈 천국 길 네비게이션은 외국이나 국내의 신학자들이 연구한 것을 여기저기서 끌어 모아 짜깁기를 한 것이 아닙니다. '예함성' 시리즈는 예수님이 깨닫게 하시려는 진리와 복음에서 한 치의 벗어남도 없는 창의적이고 독창적인 생명의 길을 안내하는 천국 길 내비게이션입니다. 따라서 예수님이 말씀하신 대로 어린 아이와 같은 마음, 심령이 가난한 자로 '예함성' 천국 길 내비게이션에 아멘을 하며 따라가면 그 길은 반드시 천국에 이르는 길이 될 것임을 사도 바울이 갖는 확신으로 말씀을 드립니다.

기독교는 믿음을 중요시 여깁니다. 그러나 믿음은 알고 보면 사람의 지문만큼이나 서로 다른 것이 믿음입니다. 같은 성경, 같은 하나님, 같은 예수님, 같은 성령, 같은 복음, 같은 진리를 전한다고 하지만 왜 그토록 많은 이단들이 기독교 안에서 나오고 같은 교회를 다녀도 서로 다른 믿음이 왜 나오겠습니까?

'예함성' 천국 길 내비게이션은 같은 성경, 같은 하나님, 같은 예수님, 같은 성령님, 같은 복음, 같은 진리를 전하는데 왜 이렇게 서로 다른 믿음이 나오는지를 정확히 알려주고, 하나님이 가장 기뻐하시는 믿음에서 벗어나지 않도록 천국으로 가는 길을 인도합니다.

같은 성경으로 하나님, 같은 예수님, 같은 성령을 말하는데도 믿음이 서로 달라지는 것은 하나님의 속성과 예수님의 속성에 대해 총론에서는 모두 아멘을 함께 하는데, 각론으로 들어가면 이런 저런 신학이론과 믿음으로 각자 소견대로 천국으로 향해 가는 길을 제시하기 때문입니다. 그러나 조금만 깊이 생각을 해보면 총론에서 아멘을 한다면 각론은 총론을 더 자세히 설명을 하고 강조하는 것이 되어야 하기 때문에 각론도 총론에서 벗어나면 안 됩니다. 그런데 이상하게도 총론은 같은데 각론에 들어가면 전혀 다른 각론으로 기독교 진리인 것처럼 말하고 주장을 합니다. 이것이 문제입니다. 예를 들면 하나님을 믿는 사람들 중에 하나님의 속성인 하나님의 주권성, 전능성, 전지성, 거룩성, 영원성, 창조성, 의성 등을 부인하는 사람은 없습니다.

그런데 하나님의 창세 전 예정을 말하면 어떻습니까?

하나님의 창세 전 예정을 진리로 전하는 사람을 정신 나간 사람으로 취급하고 비웃습니다. 그러면서 하나님의 창세 전 예정은 하나님이 창세 전에 누가 구원을 받을 것인가를 미리 아신다는 예지예정을 말씀하시는 것이지, 하나님의 창세 전 절대 예정을 말씀하는 것이 아니라고 주장합니다.

그러나 하나님의 창세 전 예정에 대한 예지예정을 조금만 깊이 하나님의 속성에 비추어 생각을 해보면 하나님의 창세 전 예지예정론은 하나님의 속성 중 하나님의 전지성은 믿는 것이지만, 하나님의 다른 속성인 주권성, 전능성, 거룩성, 영원성, 창조성, 의성 등등은 믿지 않는 것이 되고 부인하는 믿음이 됩니다.

미련하고 형편없는 인간도 자신이 무엇인가를 시작하려고 하면 여러 가지 생각을 많이 하고 일을 시작합니다. 그런데 온전하시고 전지전능하신 하나님이 창세를 하시는데 어떻게 온전한 절대 예정을 하지 않으시고 창세를 하시겠습니까?

그래서 '예함성' 천국 길 내비게이션은 총론에 아멘을 하는 것이라면, 각론에서도 믿음의 일관성을 잃지 않아야 하는 것을 T형 갈림 길로 안내 말씀을 드리는 것입니다.

예수님의 경우도 마찬가지입니다.

예수님은 예수님이 길이요, 진리요, 생명인 것을 스스로 말씀하십니다. 그리고 말씀이 육신이 되어 이 땅에 오신 분이 예수님인 것을 성경은 알려줍니다. 그렇다면 예수님의 속성과 말씀이 육신이 되어 자기 백성을 저희 죄에서 구원을 하시기 위해 오신 것이라면, 이 총론에 아멘을 하는 것은 어떤 경우에도 총론의 아멘에서 벗어나는 믿음이 되면 안 됩니다. 그것은 각론이 총론에서 벗어나는 순간, 이미 T형 갈림길로 예수님이 가게 하시는 생명의 길에서 벗어난 길이 되기 때문입니다. 이것이 진리의 일관성이고 복음의 일관성인 것을 예수를 하나님으로 믿는 우리는 반드시 알고 일관되게 늘 기억을 해야합니다.

기복주의 신앙은 세상의 모든 사람들이 다 가기를 원하는 넓은 길입니다.

그런데 예수님은 천국으로 가는 길을 어떻게 말씀하십니까?

그 길은 좁고 협착하여 찾는 이가 적다고 하십니다. 그렇기 때문에 세상의 모든 사람들이 다 가기를 원하는 기복주의 신앙은 예수님이 말씀하시는 좁고 협착하여 찾는 이가 적다는 천국으로 들어가는 길이 될 수 없는 것입니다.

'예함성' 천국 길 내비게이션은 이렇게 예수님이 말씀하시는 진리와 복음에 사람의 생각을 덧붙인 것을 진리 대쉬(dash), 복음 대쉬(dash) 등으로 표현을 합니다. 그래서 아무리 좋은 이유를 덧붙여도 예수님이 말씀하시는 진리와 복음에 사람의 생각, 세상의 생각을 조금이라도 덧붙이는 것은 예수님이 말씀하시는 진리나 복음에서 벗어나는 길이 되는 것을 T형 갈림길로 알려줍니다. 왜냐하면 일단 대쉬(dash)가 예수님이 전해주신 진리나 복음에 덧붙이게 되면 그것은 이미 예수님이 말씀하시는 진리나 복음에서 벗어나는 길이 되기 때문입니다.

　예수님은 분명히 하나님과 재물을 겸하여 섬기지 말라고 말씀하시는데 작금의 한국 교회에는 기복주의 신앙이 만연되어 있습니다. 왜 이런 일이 일어나는가?
　이것이 바로 예수님 말씀에 총론은 아멘을 하지만 각론에서 T형 갈림길로 멸망의 길로 인도하는 삯군 목자들 때문입니다.
　하나님은 이런 길이 어떤 길인지 미가 선지자에게 말씀하십니다.

미가 3: 1-4 ; 9-12

1　내가 또 이르노니 야곱의 우두머리들과 이스라엘 족속의 통치자들아 들으라 정의를 아는 것이 너희의 본분이 아니냐
2　너희가 선을 미워하고 악을 기뻐하여 내 백성의 가죽을 벗기고 그 뼈에서 살을 뜯어
3　그들의 살을 먹으며 그 가죽을 벗기며 그 뼈를 꺾어 다지기를 냄비와 솥 가운데에 담을 고기처럼 하는도다
4　그 때에 그들이 여호와께 부르짖을지라도 응답하지 아니하시고 그들의 행위가 악했던 만큼 그들 앞에 얼굴을 가리시리라
……
9　야곱 족속의 우두머리들과 이스라엘 족속의 통치자들 곧 정의를 미워하고 정직한 것을 굽게 하는 자들아 원하노니 이 말을 들을지어다
10　"시온을 피로, 예루살렘을 죄악으로 건축하는도다"
11　그들의 우두머리들은 뇌물을 위하여 재판하며 그들의 제사장은 삯을 위하여 교훈하며 그들의 선지자는 돈을 위하여 점을 치면서도 여호와를 의뢰하여 이르기를 여호와께서 우리 중에 계시

지 아니하냐 재앙이 우리에게 임하지 아니하리라 하는도다
12 이러므로 너희로 말미암아 시온은 갈아엎은 밭이 되고 예루살렘은 무더기가 되고 성전의 산은 수풀의 높은 곳이 되리라 하시더라

그리고 예수님은 이에 대해 이렇게 말씀하십니다.

눅 16 : 12, 13

12 너희가 만일 남의 것에 충성하지 아니하면 누가 너희의 것을 너희에게 주겠느냐
13 집 하인이 두 주인을 섬길 수 없나니 혹 이를 미워하고 저를 사랑하거나 혹 이를 중히 여기고 저를 경히 여길 것임이니라 너희는 하나님과 재물을 겸하여 섬길 수 없느니라

충성은 성령이 맺게 하는 열매로 두 주인을 섬기지 않는 것이 충성입니다. 그런데 하나님과 재물, 두 주인을 섬기게 한다면 그런 것이 어떻게 성령이 맺게 하는 열매가 될 수 있겠습니까?

예수님이 하신 이런 말씀은 예수님이 일으키신 오병이어의 기적에서도 동일합니다.

요 6 : 9-15

9 여기 한 아이가 있어 보리떡 다섯 개와 물고기 두 마리를 가지고 있나이다 그러나 그것이 이 많은 사람에게 얼마나 되겠사옵나이까
10 예수께서 이르시되 이 사람들로 앉게 하라 하시니 그 곳에 잔디가 많은지라 사람들이 앉으니 수가 오천 명쯤 되더라

11 예수께서 떡을 가져 축사하신 후에 앉아 있는 자들에게 나눠 주시고 물고기도 그렇게 그들의 원대로 주시니라
12 그들이 배부른 후에 예수께서 제자들에게 이르시되 남은 조각을 거두고 버리는 것이 없게 하라 하시므로
13 이에 거두니 보리떡 다섯 개로 먹고 남은 조각이 열두 바구니에 찼더라
14 그 사람들이 예수께서 행하신 이 표적을 보고 말하되 이는 참으로 세상에 오실 그 선지자라 하더라
15 그러므로 예수께서 그들이 와서 자기를 억지로 붙들어 임금으로 삼으려는 줄 아시고 다시 혼자 산으로 떠나가시니라

　오병이어의 기적을 체험하고 본 사람들은 예수께서 행하신 이 표적을 보고 말하되 이는 참으로 세상에 오실 그 선지자라고 했지만, 예수님은 이런 사람들에게 그들이 와서 자기를 억지로 붙들어 임금으로 삼으려는 줄 아시고 다시 혼자 산으로 떠나십니다.
　그런데 많은 사람들이 예수님 말씀을 진리로 믿는다고 하면서 예수님이 알려주신 복음에 대쉬를 붙여 복음'(dash)를 만들고, 오병이어의 기적에 대해 하나님 앞에 믿음으로 작은 것을 내놓았더니 하나님이 이에 감동을 받아서 오병이어의 기적을 일으켜주시는 하나님의 은혜로 변질을 시켜서 오병이어 기적을 전합니다.
　그러나 예수님은 분명히 말씀하십니다.

요 6: 24-27
24 무리가 거기에 예수도 안 계시고 제자들도 없음을 보고 곧 배들을 타고 예수를 찾으러 가버나움으로 가서
25 바다 건너편에서 만나 랍비여 언제 여기 오셨나이까 하니
26 예수께서 대답하여 이르시되 내가 진실로 진실로 너희에게

이르노니 너희가 나를 찾는 것은 표적을 본 까닭이 아니요 떡을 먹고 배부른 까닭이로다
27 썩을 양식을 위하여 일하지 말고 영생하도록 있는 양식을 위하여 하라 이 양식은 인자가 너희에게 주리니 인자는 아버지 하나님께서 인치신 자니라

세상을 예표하는 애굽에서 모세를 통해 하나님이 하나님의 백성인 이스라엘을 구원을 해서 출애굽을 시킨 후 약속의 땅 가나안에 들어가게 하실 것도 마찬가지입니다.

하나님이 약속하신 가나안 땅까지의 거리는 할머니, 할아버지의 느린 걸음이나 아이들을 등에 업은 여자들이 간다고 해도 출애굽을 한 홍해부터 30일이면 족히 들어갈 수 있는 거리가 가나안 땅입니다. 그런데 왜 하나님이 그런 가나안을 목전에 두고 40년 동안 약속의 땅인 가나안에 들어가지 못하게 하신 것입니까?

하나님이 약속하신 가나안 땅은 하나님이 주실 영원한 땅을 기업으로 받으려면, 이 영원한 땅을 기업으로 받기에 합당한 훈련과 연단이 하나님의 백성에게는 반드시 필요하기 때문입니다. 그래서 신약에서는 세상에서 구원을 받고 지금 우리가 다니는 교회를 출애굽을 하게 하신 때와 같은 광야 교회라고 하시는 것입니다. 그렇다면 광야 교회는 어떤 교회입니까?

하나님이 약속하신 천국에서 하나님의 백성으로 영원한 기업을 무름 받으려면 광야 교회는 그 백성에 맞는 훈련을 받는 곳이 교회가 되어야 합니다.

행 7 : 37-42

37 이스라엘 자손에 대하여 하나님이 너희 형제 가운데서 나와

같은 선지자를 세우리라 하던 자가 곧 이 모세라
38 시내 산에서 말하던 그 천사와 우리 조상들과 함께 광야 교회에 있었고 또 살아 있는 말씀을 받아 우리에게 주던 자가 이 사람이라
39 우리 조상들이 모세에게 복종하지 아니하고자 하여 거절하며 그 마음이 도리어 애굽으로 향하여
40 아론더러 이르되 우리를 인도할 신들을 우리를 위하여 만들라 애굽 땅에서 우리를 인도하던 이 모세는 어떻게 되었는지 알지 못하노라 하고
41 그 때에 그들이 송아지를 만들어 그 우상 앞에 제사하며 자기 손으로 만든 것을 기뻐하더니
42 하나님이 외면하사 그들을 그 하늘의 군대 섬기는 일에 버려 두셨으니 이는 선지자의 책에 기록된 바 이스라엘의 집이여 너희가 광야에서 사십 년간 희생과 제물을 내게 드린 일이 있었느냐

이렇게 하나님의 백성을 정예군으로 길러서 하나님의 영원한 유업을 받게 하기 위해 광야 교회의 훈련소로 불러 모은 것이 교회라면, 만약 누군가 훈련소에서 훈련은 받지 않고 자기는 훈련소 막사가 싫으니 큰 아파트에서 호의호식하고 편안하기를 바라며 평안하고 만사형통하게 해달라고 기도를 한다면 그런 훈련병을 하나님이 과연 어떻게 하시겠냐는 것입니다. 이것이 하나님이 예표적으로 출애굽 1세대를 모두 버리신 이유입니다.

그래서 목사는 적당히 늘 배가 고픈 목사가 좋은 것이라는 생각을 합니다. 왜냐하면 목사가 세상의 재벌들처럼 부자가 되면 그 길은 좁고 협착해서 찾는 이가 적은 길이 아니라 세상의 모든 사람이

다 가기를 원하고 구하는 넓은 길이 될 수밖에 없습니다.

이것은 예수님이 40일을 금식을 하신 후 성령에 이끌려서 마귀에게 시험을 받으려고 광야로 가신 것도 마찬가지입니다.
예수님이 성령에 이끌려서 마귀에게 광야에서 받은 시험이 어떤 시험입니까?
빵 즉 사람이 세상을 사는데 가장 필요한 물질과 명예와 능력을 하나님의 말씀에 대해 잘못된 믿음으로 믿도록 마귀가 시험을 한 것이 예수님이 광야에서 받은 시험입니다. 그런데 기독교 서적으로 베스트셀러가 된 책들을 보면 대부분 예수 믿고 세상에서 잘 먹고, 잘 살고, 명예를 얻은 만사형통하게 해주는 믿음을 마치 예수님이 말씀하시는 진리이고 복음인 것처럼 증언을 합니다. 그러니 이런 길이 어떻게 예수님이 말씀하시는 천국으로 향해가는 하나님의 은혜이고 좁은 길이 되겠냐는 것입니다.

사람의 생각으로 낮은 단계에서 믿음이나 기도에 대해 생각을 하면 기도가 마치 하나님을 설득하는 좋은 방법이고 길인 것으로 생각하기 쉽습니다. '예함성'은 '예수님과 함께 정상에서 내려다본 성경'의 준말인데 '예함성'으로 높은 수준에서 믿음과 기도를 생각하면, 천지를 창조하신 절대 주권자이신 하나님의 계획을 피조물인 사람이 어떻게 기도로 하나님의 계획을 변경시킬 수 있겠는가를 생각하지 않을 수 없게 됩니다.
기도는 하나님의 계획 가운데 포함되어 있는 것일 수는 있습니다. 그러나 자신이 한 기도로 하나님을 감동시켜서 하나님의 계획을 변경시키거나, 자신이 세상을 살아가는데 필요한 것들을 알라딘 램프에서 거인 불러내듯이 하나님을 불러내서 자신이 원하는 것을 얻을 수 있는 것으로 기도를 믿는 것은 세상 사람들이 믿는 무당을 믿는 믿음과 같아서 이것은 하나님 앞에 잘못된 믿음인 것을 알아야합니다.

 사탄 마귀는 하나님의 생각이 아닌, 사람의 생각으로 잘못된 길로 가면서 그 길이 천국으로 가는 길이고, 생명의 길이고, 하나님 은혜를 받는 길인 것처럼 끊임없이 미혹을 합니다. 이것을 하나님을 믿는 사람은 모르는 사람이 없습니다. 그런데도 이런 총론이 각론으로 들어가면 전혀 다른 길을 말하는데 이런 각론에 아멘, 아멘을 열심히 하는 것은 그 길이 넓은 길이고, 사탄 마귀가 미혹하는 생명을 죽이는 덫을 놓은 길이기 때문입니다.

 '예함성' 천국 길 내비게이션은 대형 교회가 나쁘다고 말하는 것이 아닙니다.
 어떻게 해서 대형 교회가 됐는지를 생각해 보자는 것입니다.
 예수님이 말씀하시는 하나님의 나라와 그의 의를 구해서 대형 교회가 됐다면 그것은 전혀 문제가 되지 않습니다.
 그런데 교회들이 하나님의 나라와 그의 의를 구하고 전하는 것으로 대형 교회가 된 것이 아니라, 기복주의와 점쟁이 식 신비주의에 사람들을 빠뜨려서 기복주의와 점쟁이 식 신비주의로 대형 교회를 이루고 있는 것이라면 예수님이 기뻐하시겠냐는 것입니다.

 양을 기르는 데 목자 한 명에 양 100마리 정도가 적당하다고 합니다.
 예수님이 왜 이 땅에 120명 정도의 신자들을 마가의 다락방에 남기고 가셨겠습니까?
 예수님이 능력이 없어서가 아닙니다.
 예수님이 베드로 사도에게 세 번씩이나 사랑을 말씀하시며 당부를 하시는 것은, 예수님이 맡기신 양들의 얼굴도 모르는 대형 교회처럼 양을 돌보라고 당부하신 것은 아닐 것입니다.

'예함성' 천국 길 내비게이션은 이렇게 우리 앞에 끊임없이 나타나는 T형 갈림길에서 예수님이 인도하시는 진정한 생명의 길, 천국으로 인도하는 길을 알려주며 안내하는 내비게이션입니다. 따라서 '예함성' 천국 길 내비게이션은 따라가기만 하면 그 마지막은 반드시 천국에 이르는 길이 될 것입니다.

양해웅 목사

'예함성' 천국 길 내비게이션으로
떠나기에 앞서 현관문 안에서
- 예수님의 두 가지 씨 비유 듣기

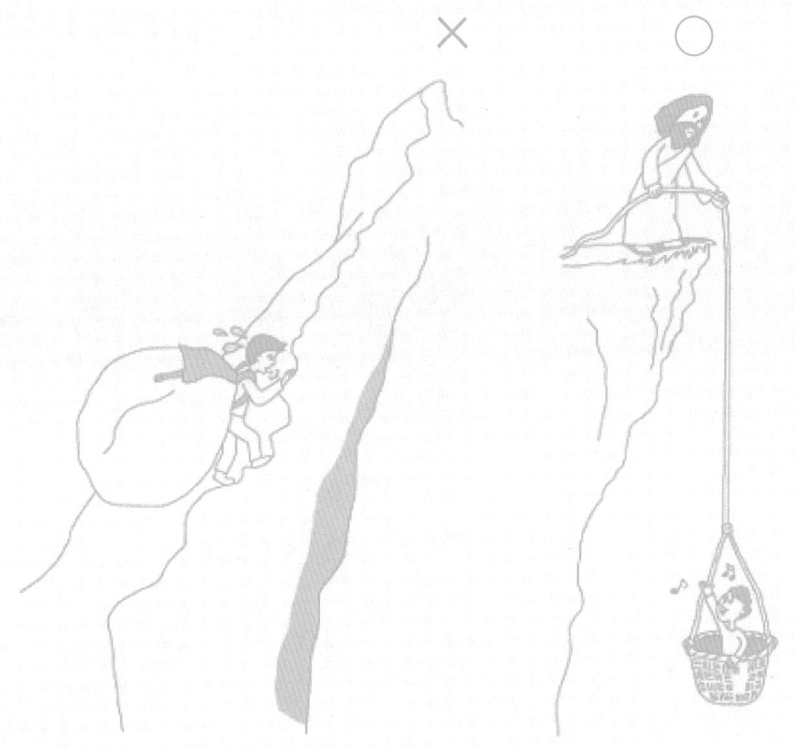

천국 길 내비게이션으로
떠나기에 앞서 현관 문 안에서
- 예수님의 두 가지 씨 비유 듣기

사람이 살다보면 누구에게나 두고두고 후회하는 일이 있습니다. 자신이 한 일에 대해 왜 두고두고 후회를 하는 것일까요?

당연한 답이지만, 그 일은 이미 지나간 일이어서 다시는 그 일을 자신이 원하는 대로 돌이킬 수 없어서입니다.

마 7 : 13-15 ; 21-23

13 좁은 문으로 들어가라 멸망으로 인도하는 문은 크고 그 길이 넓어 그리로 들어가는 자가 많고

14 생명으로 인도하는 문은 좁고 길이 협착하여 찾는 이가 적음이라

15 거짓 선지자들을 삼가라 양의 옷을 입고 너희에게 나아오나 속에는 노략질하는 이리라

……

21 나더러 주여 주여 하는 자마다 다 천국에 들어갈 것이 아니요 다만 하늘에 계신 내 아버지의 뜻대로 행하는 자라야 들어가리라

22 그 날에 많은 사람이 나더러 이르되 주여 주여 우리가 주의 이름으로 선지자 노릇 하며 주의 이름으로 귀신을 쫓아 내며 주의 이름으로 많은 권능을 행하지 아니하였나이까 하리니

23 그 때에 내가 저희에게 밝히 말하되 내가 너희를 도무지 알지 못하니 불법을 행하는 자들아 내게서 떠나가라 하리라

눅 13 : 23-30

23 어떤 사람이 여짜오되 주여 구원을 받는 자가 적으니이까 그들에게 이르시되

24 좁은 문으로 들어가기를 힘쓰라 내가 너희에게 이르노니 들어가기를 구하여도 못하는 자가 많으리라

25 집 주인이 일어나 문을 한 번 닫은 후에 너희가 밖에 서서 문을 두드리며 주여 열어 주소서 하면 그가 대답하여 이르되 나는 너희가 어디에서 온 자인지 알지 못하노라 하리니

26 그 때에 너희가 말하되 우리는 주 앞에서 먹고 마셨으며 주는 또한 우리를 길거리에서 가르치셨나이다 하나

27 저가 너희에게 말하여 이르되 나는 너희가 어디에서 왔는지 알지 못하노라 행악하는 모든 자들아 나를 떠나 가라 하리라

28 너희가 아브라함과 이삭과 야곱과 모든 선지자는 하나님 나라에 있고 오직 너희는 밖에 쫓겨난 것을 볼 때에 거기서 슬피 울며 이를 갈리라

29 사람들이 동서남북으로부터 와서 하나님의 나라 잔치에 참여하리니

30 보라 나중 된 자로서 먼저 될 자도 있고 먼저 된 자로서 나중 될 자도 있느니라 하시더라

예수님은 너무 분명히 예수를 믿는 자를 향해 이런 말씀을 복음

과 진리로 말씀을 하십니다.

  그런데 예수님의 말씀은 진리이고 복음이라고 하면서, 왜 예수를 믿는 사람들, 그리고 예수님 말씀을 진리와 복음으로 전한다는 교회들이 세상 사람들과 똑 같이 넓은 길로 가려고 하는지 '예함성' 천국 길 내비게이션은 이 길을 가는 사람들과 교회들에 대해 안타까워하지 않을 수 없습니다.

  세상 사람들 중에 세상의 회사나 나라 중에서 가난하게 살기를 원하는 경우나 회사가 있겠습니까? 따라서 이런 길은 예수님이 말씀하시는 좁고 협착하여 찾는 이가 적은 천국으로 향하는 하는 길이 될 수 없습니다.

  그렇다고 '예함성' 천국 길 내비게이션이 세상 종교들처럼 예수님을 무거운 짐과 멍에를 메고 예수님을 따라가라는 것을 천국 길로 안내 말씀을 드리는 것이 아닙니다.

  '예함성' 천국 길 내비게이션은 천국 길을 떠나기 전 현관문 안에서 천국을 향해 출발하기 전 여섯 가지에 대해 안내 말씀을 먼저 드리려고 합니다.

  첫째, 성경은 들음의 귀가 중요하다는 것입니다.

  성경이 들음의 귀가 중요한 이유는 성경 말씀은 하나님에 의해서 듣는 것이 허락된 자가 아니면 아무리 듣고 또 듣고 보고 또 보아도 들리지도 보이지도 않는 것이 성경에 기록된 하나님의 말씀이기 때문입니다.

  예수님은 예수님이 하실 마지막 심판에 대해 늘 깨어서 준비를 하라고 하십니다.

그래서 심판의 대상은 두 부류로 나누어질 수밖에 없습니다.
하나님에 의해 듣는 것이 허락된 자와 듣는 것이 허락되지 않은 자입니다.

믿음은 크게 나누면 천국으로 가게 하는 믿음이냐 지옥으로 가게 하는 믿음이냐 하는 두 길의 믿음 이외에 다른 믿음은 성경적으로는 없습니다.
왜 같은 성경, 같은 하나님, 같은 예수를 믿는데 수없이 많은 이단들이 나오고, 수많은 교파와 믿음으로 나누어지는 것입니까?
바로 그것이 들음의 귀 때문입니다.
믿음을 조금만 깊이 생각을 해보면 지문처럼 서로 다른 것이 믿음입니다. 같은 성경, 같은 하나님, 같은 예수, 같은 성령을 말하면서도 수없이 많은 이단들이 나오고, 같은 교회를 다니고 같은 교파의 목사인데도 다툼이 일어나고 논쟁이 일어나는 것은 믿음이 달라서입니다.

예수님이 천국 비밀로 감추어두신 씨 비유는 두 가지로 말씀을 하십니다.
첫 번째 씨 비유는 사람의 귀로 하나님의 말씀을 듣는 귀에 대한 비유입니다.

마 13 : 18-23

18 그런즉 씨 뿌리는 비유를 들으라
19 아무나 천국 말씀을 듣고 깨닫지 못할 때는 악한 자가 와서 그 마음에 뿌려진 것을 빼앗나니 이는 곧 길 가에 뿌려진 자요
20 돌밭에 뿌려졌다는 것은 말씀을 듣고 즉시 기쁨으로 받되
21 그 속에 뿌리가 없어 잠시 견디다가 말씀으로 말미암아 환난

이나 박해가 일어날 때에는 곧 넘어지는 자요
22 가시떨기에 뿌려졌다는 것은 말씀을 들으나 세상의 염려와 재물의 유혹에 말씀이 막혀 결실하지 못하는 자요
23 "좋은 땅에 뿌려졌다는 것은 말씀을 듣고 깨닫는 자니 결실하여 어떤 것은 백 배, 어떤 것은 육십 배, 어떤 것은 삼십 배가 되느니라 하시더라"

그런데 두 번째 씨 비유는 어떻습니까?
사람이 아닌 하나님의 입장에서 하나님이 뿌린 씨에 대한 비유입니다.

마 13 : 35-40

35 이는 선지자를 통하여 말씀하신 바 내가 입을 열어 비유로 말하고 창세부터 감추인 것들을 드러내리라 함을 이루려 하심이니라
36 이에 예수께서 무리를 떠나사 집에 들어가시니 제자들이 나아와 이르되 밭의 가라지의 비유를 우리에게 설명하여 주소서
37 대답하여 이르시되 좋은 씨를 뿌리는 이는 인자요
38 밭은 세상이요 좋은 씨는 천국의 아들들이요 가라지는 악한 자의 아들들이요
39 가라지를 뿌린 원수는 마귀요 추수 때는 세상 끝이요 추수꾼은 천사들이니
40 그런즉 가라지를 거두어 불에 사르는 것같이 세상 끝에도 그러하리라

예수님이 두 번째 씨 비유로 말씀하신 비유에 대해 마가복음은 씨 비유에 대한 말씀의 뜻을 더 잘 알 수 있도록 이렇게 전합니다.

막 4 : 9-12

9 또 이르시되 들을 귀 있는 자는 들으라 하시니라
10 예수께서 홀로 계실 때에 함께한 사람들이 열두 제자와 더불어 그 비유들에 대하여 물으니
11 이르시되 하나님 나라의 비밀을 너희에게는 주었으나 외인에게는 모든 것을 비유로 하나니
12 이는 그들로 보기는 보아도 알지 못하며 듣기는 들어도 깨닫지 못하게 하여 돌이켜 죄 사함을 얻지 못하게 하려 함이라 하시고

그래서 누군가가 예수님의 말씀을 듣는데 마음 밭에 뿌려진 씨가 뿌리를 내리지 않고, 하나님이 기뻐하시는 열매를 많이 맺지 않는 것은 사람의 의지나 사람의 경솔함이 아니라, 악한 자가 뿌린 씨이기 때문인 것을 '예함성'천국 길 내비게이션은 T형 갈림길로 알려드리지 않을 수 없습니다. 이 말씀에 이어서 하신 말씀이 바로 다음의 말씀이기 때문입니다.

막 4 : 14-20

14 뿌리는 자는 말씀을 뿌리는 것이라
15 말씀이 길 가에 뿌려졌다는 것은 이들을 가리킴이니 곧 말씀을 들었을 때에 사탄이 즉시 와서 그들에게 뿌려진 말씀을 빼앗는 것이요
16 또 이와 같이 돌밭에 뿌려졌다는 것은 이들을 가리킴이니 곧 말씀을 들을 때에 즉시 기쁨으로 받으나
17 그 속에 뿌리가 없어 잠깐 견디다가 말씀으로 인하여 환난이나 박해가 일어나는 때에는 곧 넘어지는 자요
18 또 어떤 이는 가시떨기에 뿌려진 자니 이들은 말씀을 듣기는

하되
19 세상의 염려와 재물의 유혹과 기타 욕심이 들어와 말씀을 막아 결실하지 못하게 되는 자요
20 좋은 땅에 뿌려졌다는 것은 곧 말씀을 듣고 받아 삼십 배나 육십 배나 백 배의 결실을 하는 자니라

그리고 19절 말씀이 어떤 말씀입니까?
세상의 염려와 재물의 유혹과 기타 욕심이 들어와 말씀을 막아 결실하지 못하게 되는 자는 세상의 염려와 재물의 유혹과 기타 욕심이 들어온 기복주의 믿음 때문에 결실을 못하는 자입니다. 그러니 자신이 기복주의 신앙 자라면 이것이 우연이 아닌 것을 깨닫고 기복주의 신앙 T형 갈림길에서 즉시 돌이켜야 합니다.

둘째, 예수님이 천국을 비유로 말씀하시는 이유입니다.

예수님이 창세부터 감춰두신 천국 비밀을 무엇이라고 예수님이 말씀하십니까?
천국의 아들들은 처음부터 예수님이 뿌리신 씨이고, 지옥의 아들들은 처음부터 악한 자가 뿌린 가라지라는 것이 예수님이 두 번째 씨 비유로 말씀하신 진리요 복음입니다.
사람의 입장에서는 예수님이 비유로 천국 비밀을 말씀하셔서 말씀을 못 알아듣는 것이 별 것이 아닌 것으로 생각이 됩니다. 그러나 하나님의 입장에서는 누가 뿌리신 씨인가에 따라 예수님이 비유로 말씀하시는 천국 비밀을 알아듣기도 하고, 못 알아듣기도 한다는 것이기 때문에 예수님이 천국을 비유로 말씀하시는 이유를 아는 것은 T형 갈림길에서 대단히 중요합니다. 사람은 하나님의 절대 주권을 절대로 벗어날 수 없다는 것을 예수님이 씨 비유에서 말씀하

는 것이기도 합니다.

  많은 사람들은 하나님은 사랑이시기 때문에 누구든지 다 구원받기를 원하시는 하나님으로 알고 있습니다. 그러나 오늘 예수님이 하시는 말씀에 하나님이 허락을 하셔서 듣는 귀가 열린다면 하나님은 그렇게 말씀하지 않은 것을 깨달을 수 있어야합니다.
  만약 하나님은 모두 구원하기를 원하시는데 일부만이 구원을 받는 것이라면 그런 하나님은 무능한 하나님이지 전지전능하시고 절대 주권을 행하시는 하나님일 수 없기 때문입니다. 그래서 만인 구원설은 하나님의 속성을 총론에서는 아멘을 하면서도 각론에서 일부만 믿는 구원설이 되는 것입니다.
  그래서 예수님은 말씀하십니다.

마 23 : 13-15

13 화 있을진저 외식하는 서기관들과 바리새인들이여 너희는 천국 문을 사람들 앞에서 닫고 너희도 들어가지 않고 들어가려 하는 자도 들어가지 못하게 하는도다
14 (없음)
15 화 있을진저 외식하는 서기관들과 바리새인들이여 너희는 교인 한 사람을 얻기 위하여 바다와 육지를 두루 다니다가 생기면 너희보다 배나 더 지옥 자식이 되게 하는도다

  이 말씀은 하나님의 절대 주권을 깨닫지 못하고 그렇게 믿지 못하도록 하는 것은 영적인 맹인이고, 귀머거리로 소경이 소경을 인도해서 지옥 자식이 되게 하는 것을 알려주시는 말씀입니다.
  예수님이 배나 더 지옥 자식이 되게 하신다는 말씀은 이단에 속한 사람들일수록 더 믿음이 강하고 더 열심히 자신들이 믿는 이단

에 빠지게 하는 것에서 알 수 있습니다. 그러니 예수님은 배나 더 지옥 자식이 되게 한다는 말씀입니다.

예수님은 심판의 기준에 대해 이렇게 말씀을 하십니다.

마 12 : 36, 37

36 내가 너희에게 이르노니 사람이 무슨 무익한 말을 하든지 심판 날에 이에 대하여 심문을 받으리니
37 네 말로 의롭다 함을 받고 네 말로 정죄함을 받으리라

그래서 예수님은 예수님이 전해주시는 복음과 진리로 인해

마 10 : 34-36

34 내가 세상에 화평을 주러 온 줄로 생각하지 말라 화평이 아니요 검을 주러 왔노라
35 "내가 온 것은 사람이 그 아버지와, 딸이 어머니와, 며느리가 시어머니와 불화하게 하려 함이니"
36 사람의 원수가 자기 집안 식구리라

사람의 눈에는 다 같은 사람으로 보이지만 예수님의 눈에는 예수님이 뿌리신 씨와 악한 자가 뿌린 가라지가 한 가족으로 얼마든지 있을 수 있기 때문입니다. 이것은 교회도 마찬가지입니다. 예수님은 그래서 제자들이 가라지를 미리 뽑기를 원하느냐고 물었을 때 마지막 추수 때까지 그대로 두라고 하신 것입니다. 왜냐하면 가라지는 광야 교회에서 천국의 아들들을 훈련을 시키기 위한 도구일 수 있어서입니다. 가룟 유다가 바로 그런 경우입니다.

세상적인 눈과 귀로 보고 들으면 예수님이 가족들이 다투게 하신 말씀은 십계명에 분명히 어긋난 말씀을 하는 것으로 보입니다. 그래서 예수님이 하시는 복음을 세상의 눈이나 귀로 단순화해서 도덕률 등으로 기준을 삼아서 전하면 안 됩니다. 이런 것이 바로 예수님이 말씀하시는 소경이요, 귀머거리인 가라지의 귀요 눈이기 때문입니다.

그래서 예수님은 마태복음 23장에서,

마 23 : 33

뱀들아 독사의 새끼들아 너희가 어떻게 지옥의 판결을 피하겠느냐

라고 결론의 말씀을 하시는 것입니다.

이 말씀은 너희는 뱀들이나 독사의 새끼들처럼 한다는 말씀이 아닙니다. 이 말씀은 내가 하는 말을 너희가 못 알아듣는 것은 너희는 악한 자가 뿌린 뱀이고, 독사의 새끼이기 때문이라는 말씀입니다.

마 13 : 14-17

14 이사야의 예언이 그들에게 이루었으니 일렀으되 너희가 듣기는 들어도 깨닫지 못할 것이요 보기는 보아도 알지 못하리라
15 이 백성들의 마음이 완악하여져서 그 귀는 듣기에 둔하고 눈은 감았으니 이는 눈으로 보고 귀로 듣고 마음으로 깨달아 돌이켜 내게 고침을 받을까 두려워함이라 하였느니라
16 "그러나 너희 눈은 봄으로, 너희 귀는 들음으로 복이 있도다"
17 내가 진실로 너희에게 이르노니 많은 선지자와 의인이 너희가 보는 것들을 보고자 하여도 보지 못하였고 너희가 듣는 것들을 듣고자 하여도 듣지 못하였느니라

그러니 만약 이 시간 예수님이 하신 비유에 대한 말씀이 조금이라도 들리고 아멘이 나오는 귀가 된 것이라면 이런 귀를 주신 하나님께 감사를 드려야합니다.

셋째, 기복주의 신앙은 생명의 말씀이 아닙니다.

막 13: 22

세상의 염려와 재물의 유혹에 말씀이 막혀 결실하지 못하는 자요

세상의 염려와 재물의 유혹에 말씀이 막혀 결실치 못하게 된다는 예수님 말씀은 기복주의 신앙 자들을 양산하고 있는 한국 교회들이 깊이 생각을 하고 즉시 돌이키는 회개가 있어야 되는 말씀입니다.

지금 만연되어 있는 기복주의 신앙은 세상의 염려와 재물의 유혹과 기타 욕심에 대한 기도를 열심히, 새벽마다, 금식 기도 또는 다른 이런저런 길로 열심히 해서 자신이 영권과 물권을 부족함이 없이 하나님으로부터 받았다고 자랑하며 간증하는 모든 사람에게 해당하는 말씀입니다.

하나님이신 예수님이 40일 금식 기도를 하시고 세상에 복음을 전하는 공생애를 시작하시면서 왜 성령에 이끌려서 마귀에게 시험을 받으려고 광야로 가신 것인지 성령이 허락하신 귀로 말씀을 다시 한 번 들어봅니다.

마 4 : 1-12

1 그 때에 예수께서 성령에게 이끌리어 마귀에게 시험을 받으

러 광야로 가사
2 사십 일을 밤낮으로 금식하신 후에 주리신지라
3 시험하는 자가 예수께 나아와서 이르되 네가 만일 하나님의 아들이어든 명하여 이 돌들로 떡덩이가 되게 하라
4 예수께서 대답하여 이르시되 기록되었으되 사람이 떡으로만 살 것이 아니요 하나님의 입으로부터 나오는 모든 말씀으로 살 것이라 하였느니라 하시니
5 이에 마귀가 예수를 거룩한 성으로 데려다가 성전 꼭대기에 세우고
6 이르되 네가 만일 하나님의 아들이어든 뛰어내리라 기록되었으되 그가 너를 위하여 그의 사자들을 명하시리니 그들이 손으로 너를 받들어 발이 돌에 부딪치지 않게 하리로다 하였느니라
7 예수께서 이르시되 또 기록되었으되 주 너의 하나님을 시험하지 말라 하였느니라 하시니
8 마귀가 또 그를 데리고 지극히 높은 산으로 가서 천하 만국과 그 영광을 보여
9 이르되 만일 내게 엎드려 경배하면 이 모든 것을 네게 주리라
10 이에 예수께서 말씀하시되 사탄아 물러가라 기록되었으되 주 너의 하나님께 경배하고 다만 그를 섬기라 하였느니라
11 이에 마귀는 예수를 떠나고 천사들이 나아와서 수종드니라

예수님은 하나님이신데 성령에 이끌려 왜 이런 시험을 마귀에게 받은 것을 성경의 기록으로 남기신 것일까요?

우리 역시 마찬가지이기 때문입니다.

그래서 기도를 더 열심히 할수록, 기독교 무리에서 더 많은 능력과 성령 충만이나 높은 자리에 앉게 될수록 예수님이 왜 성령에 이

끌려서 마귀에게 시험을 받으려고 광야로 가신 것인지를 깊이 생각해야 합니다.

2절에서 4절까지의 말씀은 마귀가 하는 시험이 자신에게 필요한 물질로 시험을 하는 것을 알려주시려는 말씀입니다.

그래서 예수님은,

마 6 : 31-33

31 그러므로 염려하여 이르기를 무엇을 먹을까 무엇을 마실까 무엇을 입을까 하지 말라
32 이는 다 이방인들이 구하는 것이라 너희 하늘 아버지께서 이 모든 것이 너희에게 있어야 할 줄을 아시느니라
33 너희는 먼저 그의 나라와 그의 의를 구하라 그리하면 이 모든 것을 너희에게 더하시리라

고 하신 것입니다.

자신이 구하는 것이 그의 나라와 그의 의인지, 아니면 세상 사람들이 구하는 무엇을 먹을까 무엇을 마실까 무엇을 입을까 하는 물질적인 것인지를 생각해 보라는 말씀입니다.

5절에서 7절까지의 말씀은 잘못된 믿음에 대한 시험입니다.
그리고 8절에서 10절은 사람은 누구나 얻고 싶어 하는 명예와 권세를 하나님에게 얻는 것을 구하라는 것에 대한 시험입니다. 다시 말해서 하나님에게 그의 나라와 그의 의가 아닌 세상적인 명예나 권세를 구하는 것은 세상 사람들도 다 가기를 원하고 구하는 넓은 길인 것을 말씀하는 것입니다.

예수님의 말씀들에 대해 그렇기 때문에 제자들은 말씀이 어렵다고 합니다.

예수님의 말씀이 왜 어렵고 여러 가지로 혼동을 일으키는 말씀이 되는가?

예수님은 제자들에게 살리는 것은 영이니 육은 무익하다는 것으로 분별할 것을 말씀하십니다.

요 6 : 60-63

60 제자 중 여럿이 듣고 말하되 이 말씀은 어렵도다 누가 들을 수 있느냐 한대
61 예수께서 스스로 제자들이 이 말씀에 대하여 수근거리는 줄 아시고 이르시되 이 말이 너희에게 걸림이 되느냐
62 그러면 너희는 인자가 이전에 있던 곳으로 올라가는 것을 본다면 어떻게 하겠느냐
63 살리는 것은 영이니 육은 무익하니라 내가 너희에게 이른 말은 영이요 생명이라

그런데 예수를 믿는 많은 사람들이 살리는 것에 무익한 육의 말로 예수님 말씀을 듣고 그런 믿음으로 구해서 교회가 성장하고 부흥한 것이며, 자신이 세상에서 잘 먹고 잘 사는 것이라면 그것이 어디로부터 온 능력이겠는가를 생각해 보아야 합니다.

넷째, 사람의 눈이 아닌 예수님과 함께 성경말씀을 정상에서 보는 눈이 되어야 합니다.

산을 올라갈 때에 그 산을 세 가지 산으로 크게 나누어 볼 수 있습니다.

맨 처음 만나는 산은 산 아래서 산 위를 바라보는 산입니다. 이때 산 전체는 볼 수 있지만 산속에 무엇이 있는지 제대로 알 수도 볼 수도 없습니다.

그런데 산을 오르는 중간은 어떻습니까?

산속에 들어가면 이제는 산속에 있는 것은 잘 보이는데 산 전체는 전혀 보이지 않습니다.

산의 정상에 오르면 어떻습니까?

산 아래와 산속에서 보고 알게 된 체험이나 지식은 물론 정상에서 아래로 내려다보이는 많은 산봉우리들까지도 환히 보입니다. 성경 말씀이 그렇습니다.

성경 말씀은 하나님의 말씀이고, 하나님이신 예수님의 말씀이기 때문에 예수님과 함께 최정상에 이르지 않고는 성경 말씀을 아무리 보고 또 보고 듣고 또 들어도 예수님의 생각이나, 예수님이 알려주시려는 말씀을 보고 듣는 귀가 될 수 없습니다. 그래서 많은 사람들이 사람인 자신들의 생각과 눈으로 보이는 것을 보고 듣고 말하기 때문에 예수님이 생각하시는 진정한 말씀을 깨닫지 못합니다.

여러분은 사람에게 하나님이 생각하시는 선이나 의나 거룩이 있다고 생각하십니까, 아니면 전혀 없다고 생각하십니까?

세상에 속한 사람들은 사람의 생각으로 사람에게는 선도 있고, 거룩도 있고, 의도 있다고 생각을 합니다. 그런데 하나님은 어떻게 말씀하십니까?

롬 3 : 9-12

9 그러면 어떠하냐 우리는 나으냐 결코 아니라 유대인이나 헬라인이나 다 죄 아래에 있다고 우리가 이미 선언하였느니라

10 기록된 바 의인은 없나니 하나도 없으며
11 깨닫는 자도 없고 하나님을 찾는 자도 없고
12 다 치우쳐 함께 무익하게 되고 선을 행하는 자는 없나니 하나도 없도다

　한국 사람들은 김치를 아주 좋아합니다. 그런데 외국인에게 김치는 어떨까요?
　한국 사람들이 왜 그렇게 김치를 좋아하는지 김치의 맛을 모르는 외국인은 알 수가 없을 것입니다. 복음도 똑같습니다. 예수님이 말씀하시는 복음의 깊은 맛을 모르면 복음이 왜 기쁜 소식이고 'goodnews'라고 하는지 깨달을 수도, 알 수도 없으니 당연히 복음의 맛도 좋아할 수가 없습니다.
　예수를 믿는 사람들은 사람의 생각이나 사람의 이해로 하나님이나 하나님이 하시는 일을 믿지 말라는 말을 흔히 듣습니다. 그리고 그런 말을 우리 자신도 곧잘 합니다. 그런데 하나님의 창세전 예정은 어떻습니까? 인간에게 자유의지는 어떻습니까?
　하나님의 창세전 예정이나 인간에게 자유의지가 있느냐 없느냐 하는 것으로 끊임없는 신학적인 논쟁이 일어납니다. 사람의 생각으로는 인간에게 자유의지가 없다는 것은 정말 해괴망측하고 이상한 주장입니다. 그러나 하나님의 속성을 하나님의 속성 그대로 믿는 믿음이 되면 어떻습니까?
　시간과 공간의 구애도 없으시고 모든 것을 창조하신 창조주이신 하나님은 영원하시고, 전지하시고, 전능하신 하나님이십니다. 그런 하나님이시라면 시간과 공간의 구애 없이 모든 것을 창세전에 예정하시고, 하나님의 뜻대로 모든 것을 이루어가지 못할 것이 도대체 무엇이 있겠습니까? 그래서 하나님의 창세전 예정을 믿지 못하는 믿음은 하나님의 모든 속성을 하나님의 속성대로 믿지 않는 믿음이

라는 것입니다.

사람의 생각으로 보면 모든 것을 100% 다 사람이 주권적으로 하는 것입니다.
그러나 하나님이 보시면 모든 것은 100% 다 하나님이 하시는 것입니다.
이런 것은 모든 식물이나 동물도 마찬 가지입니다. 살아있는 모든 것은 식물이나 동물의 의지로 자라서 열매를 맺는 것 같지만 예수님은 그렇게 말씀하시지 않습니다.

마 6 : 26-30

26 공중의 새를 보라 심지도 않고 거두지도 않고 창고에 모아 들이지도 아니하되 너희 하늘 아버지께서 기르시나니 너희는 이것들보다 귀하지 아니하냐
27 너희 중에 누가 염려함으로 그 키를 한 자라도 더할 수 있겠느냐
28 또 너희가 어찌 의복을 위하여 염려하느냐 들의 백합화가 어떻게 자라는가 생각하여 보라 수고도 아니하고 길쌈도 아니하느니라
29 그러나 내가 너희에게 말하노니 솔로몬의 모든 영광으로도 입은 것이 이 꽃 하나만 같지 못하였느니라
30 오늘 있다가 내일 아궁이에 던져지는 들풀도 하나님이 이렇게 입히시거든 하물며 너희일까보냐 믿음이 작은 자들아

동물이나 식물을 누가 기르신다는 예수님의 말씀입니까?
동물이 됐건 식물이 됐건 우주가 됐건 하나님의 뜻으로 하나님이 이뤄 가시는 것은 인류의 역사나 모든 사람의 인생도 마찬가지입니

다. 이것은 인간의 기도로 하나님의 뜻을 바꿀 수 있는 것이 아니라는 뜻이 되기도 됩니다. 그런데도 예수님이 기도를 하라고 하시는 이유는 기도 역시 하나님이 시키시는 일이기 때문입니다. 기도는 하나님의 계획이나 뜻을 바꾸기 위함이 아니라 하나님의 계획이나 뜻이 무엇인지 기도를 통해 알기 위함입니다.

기복주의 신앙 자들은 마치 자신들이 하나님에게 기도한 그런 열심과 믿음 때문에 하나님이 감동을 받아서 자신들이 한 기도를 들어주신 것으로 믿습니다. 그러니 예수님 보시기에 얼마나 믿음이 적은 자들로 보이겠습니까?

하나님을 믿는 많은 사람들이 하나님은 전지전능하시고 절대주권자라는 등의 하나님의 속성을 믿는다고 합니다. 그러면서 자신의 삶속에서의 믿음은 하나님의 속성을 부분적으로만 믿는 것이 늘 문제입니다. 그래서 하나님을 믿으면서도 자신의 삶속에서 하나님이 주시는 진정한 평안을 얻지 못하는 것입니다.

예수님은 사람에게는 선이나 의는 말할 것도 없고 심지어 랍비나 지도자도 아버지도 하나님 외에는 없다고 말씀을 하십니다. 그러니 이런 하나님으로 믿지 않는 것은 예수님이 말씀하시는 T형 갈림길에서 화있는 길로 가는 길이 됩니다.

마 23 : 8-15

8 그러나 너희는 랍비라 칭함을 받지 말라 너희 선생은 하나요 너희는 다 형제니라
9 땅에 있는 자를 아버지라 하지 말라 너희의 아버지는 한 분이시니 곧 하늘에 계신 이시니라
10 또한 지도자라 칭함을 받지 말라 너희의 지도자는 한 분이시니 곧 그리스도시니라

11 너희 중에 큰 자는 너희를 섬기는 자가 되어야 하리라
12 누구든지 자기를 높이는 자는 낮아지고 누구든지 자기를 낮추는 자는 높아지리라
13 화 있을진저 외식하는 서기관들과 바리새인들이여 너희는 천국 문을 사람들 앞에서 닫고 너희도 들어가지 않고 들어가려 하는 자도 들어가지 못하게 하는도다
14 (없음)
15 화 있을진저 외식하는 서기관들과 바리새인들이여 너희는 교인 한 사람을 얻기 위하여 바다와 육지를 두루 다니다가 생기면 너희보다 배나 더 지옥 자식이 되게 하는도다

다섯째, 천국열쇠는 정확한 성경말씀 하나뿐입니다.

세상의 모든 종교는 사람이 열심히 수행을 하면 누구든지 선하고 거룩하게 살 수 있는 것으로 가르칩니다. 그리고 이것이 인간이 마땅히 가야할 길이고 살아가는 도(道)로 알려줍니다. 많은 목사님들이 사람의 믿음이나 사람의 의지나 사람의 결단과 선택을 강조합니다. 하지만 예수님은 그렇게 말씀하시지 않습니다. 사람의 믿음이나 사람의 의지나 사람의 선택이나 사람의 결단으로 하나님의 자녀가 될 수 있고, 천국도 가고 지옥도 갈 수 있다고 생각하는 것은 예수님이 말씀하시는 복음이 아닙니다. 하나님을 믿는 사람은 이것을 반드시 알아야합니다.

마 26 : 31-41

31 그 때에 예수께서 제자들에게 이르시되 오늘 밤에 너희가 다 나를 버리리라 기록된 바 내가 목자를 치리니 양의 떼가 흩어지리라 하였느니라

32 그러나 내가 살아난 후에 너희보다 먼저 갈릴리로 가리라

33 베드로가 대답하여 이르되 모두 주를 버릴지라도 나는 결코 버리지 않겠나이다

34 예수께서 이르시되 내가 진실로 네게 이르노니 오늘 밤 닭 울기 전에 네가 세 번 나를 부인하리라

35 베드로가 이르되 내가 주와 함께 죽을지언정 주를 부인하지 않겠나이다 하고 모든 제자도 그와 같이 말하니라

36 이에 예수께서 제자들과 함께 겟세마네라 하는 곳에 이르러 제자들에게 이르시되 내가 저기 가서 기도할 동안에 너희는 여기 앉아 있으라 하시고

37 베드로와 세베대의 두 아들을 데리고 가실새 고민하고 슬퍼하사

38 이에 말씀하시되 내 마음이 매우 고민하여 죽게 되었으니 너희는 여기 머물러 나와 함께 깨어 있으라 하시고

39 조금 나아가사 얼굴을 땅에 대시고 엎드려 기도하여 이르시되 내 아버지여 만일 할 만하시거든 이 잔을 내게서 지나가게 하옵소서 그러나 나의 원대로 마시옵고 아버지의 원대로 하옵소서 하시고

40 제자들에게 오사 그 자는 것을 보시고 베드로에게 말씀하시되 너희가 나와 함께 한 시간도 이렇게 깨어 있을 수 없더냐

41 시험에 들지 않게 깨어 기도하라 마음에는 원이로되 육신이 약하도다 하시고

여러분은 천국 열쇠에 대해 깊이 생각을 해보신 적이 있으십니까?

저는 아파트로 이사를 가면서 겪었던 일을 지금도 생생히 기억하고 있습니다. 아파트에 입주하게 되어서 관리 사무실에서 현관문

열쇠를 받아 여분의 열쇠를 더 만들었습니다. 저녁에 퇴근해서 새로 만든 열쇠로 현관문을 열려고 하니 문이 열리지 않았습니다. 아무리 해도 문이 열리지 않아 다시 원본 열쇠로 해보니 문이 열렸습니다. 육안으로는 구분하기가 어려울 정도로 두 열쇠가 똑같아 보였는데 실제로는 달랐던 것입니다.

문이 열쇠로 열리는 것은 맞습니다. 그러나 아무 열쇠라도 있기만 하면 열고 싶은 문이 열리는 것이 아닌 것처럼, 하나님이 만드신 천국 문도 아무 열쇠로 열어도 열리는 문일 리는 없습니다. 이와 같이 틀림없이 천국 문이 쉽게 열려서 천국에 들어가 영생을 하는 것으로 생각을 하고 신앙생활을 했는데, 예수님 심판대 앞에 서 보니 자신의 믿음이나 생각이 얼마나 어리석은 것이었는지 그 때 가서야 아는 사람에게 예수님은 "거기서 가슴을 치며 울며 이를 갊이 있으리라"라고 말씀하십니다.

예수님은 천국 문에 맞지 않는 지식에 대해 이런 말씀을 하십니다.

눅 11 : 52

화 있을진저 너희 율법교사여 너희가 지식의 열쇠를 가져가서 너희도 들어가지 않고 또 들어가고자 하는 자도 막았느니라 하시니라

많은 교회들이 하나님의 자녀가 되는 것에 대해 가르치는 것을 보면, 예수님을 영접하면 하나님의 자녀가 되는 것이라고 말하고, 누군가 예수님을 구주인 것을 믿고 구주로 영접을 한다고 말하면 옆에 있던 사람과 함께 기도를 한 후, 이제부터 이 사람은 하나님의 자녀가 된 것이라고 합니다. 그런데 천국 문은 사람이 아닌 하

나님이 만드신 문입니다. 이런 간단한 지식의 열쇠로 과연 천국 문이 쉽게 열리겠는지를 생각해야 합니다. 천국 문이 그렇게 쉽게 열리는 지식의 열쇠로 된다면 예수님이 왜 그 길은 좁고 협착하여 찾는 이가 적다고 하시겠습니까?

우리는 하나님이 말씀하시는 하나님의 자녀가 되는 권세에 대해 성경에서는 어떻게 알려주시는지 정확히 아는 지식의 열쇠를 가지고 있어야 합니다.

요 1 : 11-13

11 자기 땅에 오매 자기 백성이 영접하지 아니하였으나
12 영접하는 자 곧 그 이름을 믿는 자들에게는 하나님의 자녀가 되는 권세를 주셨으니
13 이는 혈통으로나 육정으로나 사람의 뜻으로 나지 아니하고 오직 하나님께로부터 난 자들이니라

성경은 분명히 "영접하는 자 곧 그 이름을 믿는 자들에게는 하나님의 자녀가 되는 권세를 주셨으니"라고 하십니다. 이어서 "이는 혈통으로나 육정으로나 사람의 뜻으로 나지 아니하고 오직 하나님께로부터 난 자들이니라"라고 하십니다. 이는 하나님의 자녀가 되는 권세를 얻은 것은 혈통으로나 육정으로나 사람의 뜻으로 나는 것이 아닌, 오직 하나님의 주권에 따라 하나님께로부터 난 자들이 하나님의 자녀가 되는 권세를 얻은 것을 알라는 말씀입니다. 따라서 우리는 예수라는 그 이름을 믿는 자가 왜 하나님의 자녀가 되는 권세를 얻은 것인지, 예수라는 그 이름에 대한 지식의 열쇠를 정확히 성경적이고 복음적으로 가지고 있어야합니다.

성경이 왜 세상의 종교인들이 쓴 책들과 다른 책이겠습니까?

세상 종교 책들은 사람의 생각으로 쓴 책입니다. 그러나 성경은

하나님의 생각으로 써놓은 책입니다. 그렇기 때문에 성경에 기록된 말씀들을 사람의 생각으로 보면 예수님이 말씀하시는 천국 문이 열리는 지식의 열쇠를 가질 수 없습니다. 이에 대해 예수님은 다음과 같이 말씀하십니다.

마 23 : 13-15

13 화 있을진저 외식하는 서기관들과 바리새인들이여 너희는 천국 문을 사람들 앞에서 닫고 너희도 들어가지 않고 들어가려 하는 자도 들어가지 못하게 하는도다
14 (없음)
15 화 있을진저 외식하는 서기관들과 바리새인들이여 너희는 교인 한 사람을 얻기 위하여 바다와 육지를 두루 다니다가 생기면 너희보다 배나 더 지옥 자식이 되게 하는도다

여섯째, 하나님의 생각과 사람의 생각은 다릅니다.

예수님이 택하신 제자인 가룟 유다를 왜 예수님은 단 한 번도 구원하려고 하시지 않은 것인지 혹 여러분은 생각을 해 보신 적이 있으십니까?
예수님이 가룟 유다를 제자로 택하셨는데도 가룟 유다를 한 번도 예수님이 구원을 하려고 하시지 않은 이유는 이것입니다.

마 26 : 20-24

20 저물 때에 예수께서 열두 제자와 함께 앉으셨더니
21 그들이 먹을 때에 이르시되 내가 진실로 너희에게 이르노니 너희 중의 한 사람이 나를 팔리라 하시니
22 그들이 몹시 근심하여 각각 여짜오되 주여 나는 아니지요

> 23 대답하여 이르시되 나와 함께 그릇에 손을 넣는 그가 나를 팔 리라
> 24 인자는 자기에게 대하여 기록된 대로 가거니와 인자를 파는 그 사람에게는 화가 있으리로다 그 사람은 차라리 태어나지 아니하였더라면 제게 좋을 뻔하였느니라

예수님은 '가룟 유다를 내가 택했으니 내가 그를 구원을 시켜서 천국에서 함께 살아야 하는데, 가룟 유다를 구원을 시키지 못해서 내가 큰 잘못을 했다. 이런 말씀을 하는 것이 아닙니다. 24절 말씀을 다시 읽어봅니다.

> 24 인자는 자기에게 대하여 기록된 대로 가거니와 인자를 파는 그 사람에게는 화가 있으리로다 그 사람은 차라리 태어나지 아니하였더라면 제게 좋을 뻔하였느니라

예수님은 왜 이런 말씀을 가룟 유다를 향해 하신 것일까요?

요 6 : 70, 71

> 70 예수께서 대답하시되 내가 너희 열둘을 택하지 아니하였느냐 그러나 너희 중의 한 사람은 마귀니라 하시니
> 71 이 말씀은 가룟 시몬의 아들 유다를 가리키심이라 그는 열둘 중의 하나로 예수를 팔 자러라

이 말씀은 예수님이 가룟 유다를 예수님이 구원할 능력이 없어서가 아니라, 가룟 유다가 처음부터 악한 자가 뿌린 가라지인 마귀이기 때문이라는 말씀입니다. 다시 말해 사람의 눈에는 가룟 유다가 자신들과 동일한 사람으로 보이지만 예수님은 가룟 유다가

사람이 아닌 마귀 자녀로 뱀이고, 독사이고, 용이고, 사탄인 마귀라는 것입니다.

전도에 대해서도 하나님의 생각과 사람의 생각이 얼마나 다른 것인지 예수님의 말씀을 들어봅니다.

마 10 : 11-15

11 어떤 성이나 마을에 들어가든지 그 중에 합당한 자를 찾아내어 너희가 떠나기까지 거기서 머물라
12 또 그 집에 들어가면서 평안하기를 빌라
13 그 집이 이에 합당하면 너희 빈 평안이 거기 임할 것이요 만일 합당치 아니하면 그 평안이 너희에게 돌아올 것이니라
14 누구든지 너희를 영접하지도 아니하고 너희 말을 듣지도 아니하거든 그 집이나 성에서 나가 너희 발의 먼지를 떨어 버리라
15 내가 진실로 너희에게 이르노니 심판 날에 소돔과 고모라 땅이 그 성보다 견디기 쉬우리라

예수님은 분명히 예수님이 주신 생명의 복음을 하나님은 누구나 다 사랑을 하시는 것이니 아무에게나 나누어 주라고 제자들에게 말씀하지 않습니다. 그러니 이 또한 전도가 예수님이 말씀하신 전도와 세상 사람들이 자기 욕심으로 하는 전도는 T형 갈림길인 것을 알 수 있습니다.

마 15 : 21-28

21 예수께서 거기서 나가사 두로와 시돈 지방으로 들어가시니
22 가나안 여자 하나가 그 지경에서 나와서 소리 질러 이르되 주

다윗의 자손이여 나를 불쌍히 여기소서 내 딸이 흉악하게 귀신 들렸나이다 하되
23 예수는 한 말씀도 대답하지 아니하시니 제자들이 와서 청하여 말하되 그 여자가 우리 뒤에서 소리를 지르오니 그를 보내소서
24 예수께서 대답하여 이르시되 나는 이스라엘 집의 잃어버린 양 외에는 다른 데로 보내심을 받지 아니하였노라 하시니
25 여자가 와서 예수께 절하며 이르되 주여 저를 도우소서
26 대답하여 이르시되 자녀의 떡을 취하여 개들에게 던짐이 마땅하지 아니하니라
27 여자가 이르되 주여 옳소이다마는 개들도 제 주인의 상에서 떨어지는 부스러기를 먹나이다 하니
28 이에 예수께서 대답하여 이르시되 여자여 네 믿음이 크도다 네 소원대로 되리라 하시니 그 때로부터 그의 딸이 나으니라

만약 여러분 중에 세계에서 유일하고 가장 비싼 물방울 다이아몬드 반지를 가지고 있다면 자기가 가지고 있는 다이아몬드 반지를 지나가는 사람 아무에게나 주겠습니까?

예수님이 일으키신 오병이어의 기적에 대한 지식의 열쇠 역시 T형 갈림길인 것은 마찬가지입니다.

요 6 : 8-15

8 제자 중 하나 곧 시몬 베드로의 형제 안드레가 예수께 여짜오되
9 여기 한 아이가 있어 보리떡 다섯 개와 물고기 두 마리를 가졌나이다 그러나 그것이 이 많은 사람에게 얼마나 되겠삽나

이까

10 예수께서 이르시되 이 사람들로 앉게 하라 하시니 그 곳에 잔디가 많은지라 사람들이 앉으니 수효가 오천 명쯤 되더라

11 예수께서 떡을 가져 축사하신 후에 앉아 있는 자들에게 나눠 주시고 물고기도 그렇게 그들의 원대로 주시니라

12 그들이 배부른 후에 예수께서 제자들에게 이르시되 남은 조각을 거두고 버리는 것이 없게 하라 하시므로

13 이에 거두니 보리떡 다섯 개로 먹고 남은 조각이 열두 바구니에 찼더라

14 그 사람들이 예수의 행하신 이 표적을 보고 말하되 이는 참으로 세상에 오실 그 선지자라 하더라

15 그러므로 예수께서 그들이 와서 자기를 억지로 붙들어 임금으로 삼으려는 줄 아시고 다시 혼자 산으로 떠나 가시니라

"그 사람들이 예수의 행하신 이 표적을 보고 말하되 이는 참으로 세상에 오실 그 선지자라 하더라"이 말은 성경적으로 보아 틀린 말이 아닙니다. 그런데 예수님은 이런 말을 하는 무리에게 어떤 생각을 하십니까?

15 그러므로 예수께서 그들이 와서 자기를 억지로 붙들어 임금으로 삼으려는 줄 아시고 다시 혼자 산으로 떠나 가시니라

T형 갈림길은 이런 것만이 아닙니다.

신학생들이나 목사님들에게 예수님이 말씀하시는 하나님의 뜻이 무엇인가 하는 것을 물으면 너무 엉뚱한 대답을 하는 경우를 많이 봅니다. 예수를 믿고 예수 그리스도에 속한 그리스도인이 된 우리가 예수님이 말씀하시는 하나님의 뜻을 모른다면 어떻게 예수님

말씀을 듣고, 하나님의 뜻을 이루는 천국 길을 안내하는 그리스도인이 되겠는지 깊은 생각을 해보아야 합니다. 예수님이 말씀하시는 하나님의 뜻은 이것입니다.

요 6 : 37-40

37 아버지께서 내게 주시는 자는 다 내게로 올 것이요 내게 오는 자는 내가 결코 내쫓지 아니하리라
38 내가 하늘로서 내려온 것은 내 뜻을 행하려 함이 아니요 나를 보내신 이의 뜻을 행하려 함이니라
39 나를 보내신 이의 뜻은 내게 주신 자 중에 내가 하나도 잃어버리지 아니하고 마지막 날에 다시 살리는 이것이니라
40 내 아버지의 뜻은 아들을 보고 믿는 자마다 영생을 얻는 이것이니 마지막 날에 내가 이를 다시 살리리라 하시니라

예수님이 말씀하시는 하나님의 뜻은 하나님을 잘 믿고, 죄 짓지 않고, 거룩하게 사는 것 등이 하나님의 뜻이라고 하시지 않습니다. 예수님이 말씀하시는 하나님의 뜻은 네 이웃을 네 몸처럼 사랑하라는 것도 아니고, 새벽 기도에 빠지지 말고 열심히 기도를 하라는 것도, 주일 성수를 잘 하고, 목사님 말씀 잘 듣고 목사님에게 순종 잘 하고, 십일조를 잘 내고 봉사 잘하는 것이 하나님의 뜻으로 말씀하시지 않습니다. 예수님이 말씀하시는 하나님의 뜻입니다.

38 내가 하늘로서 내려온 것은 내 뜻을 행하려 함이 아니요 나를 보내신 이의 뜻을 행하려 함이니라
39 나를 보내신 이의 뜻은 내게 주신 자 중에 내가 하나도 잃어버리지 아니하고 마지막 날에 다시 살리는 이것이니라
40 내 아버지의 뜻은 아들을 보고 믿는 자마다 영생을 얻는 이것

이니 마지막 날에 내가 이를 다시 살리리라 하시니라

생각해보면 악한 우리도 자기 자녀를 기르면서 부모로서 어떻게 길러야 할 것인가를 고민할 때가 많습니다. 그렇다고 부모의 뜻대로 자기 자녀가 길러지는 것이 아닙니다. 그러나 하나님은 전지전능하시고 절대 주권자요 창조주 하나님이시기 때문에 하나님이 자기 자녀에게 하나님의 뜻을 이루지 못하는 일은 절대로 없습니다. 하나님이 자기 자녀에게 하나님의 뜻을 이루지 못하는 일이 단 한 가지라도 있다면 이미 그것만으로도 하나님일 수 없습니다. 따라서 하나님이 예수님에게 주신 자는 하나도 잃어버리지 아니하고 마지막 날 다시 살리는 이것이 하나님의 뜻이라는 말씀은 하나님이 예수님에게 맡긴 자는 어떤 경우도 절대로 마지막 날 다시 살리지 못하는 일은 없다는 말씀입니다.

그러면 하나님이 하나님의 뜻으로 예수님에게 맡겨서 마지막 날에 다시 살리시기로 작정을 하신 것은 언제부터일까요?

하나님이 예수님에게 맡겨서 마지막 날에 하나도 잃어버리지 않고 다시 살리실 것을 하나님의 뜻으로 정하신 것이라면, 하나님의 속성상, 창세 전에 이미 하나님이 은혜로 마지막 날 다시 살리도록 정하신 것일 수밖에 없습니다. 그래서 사도 바울은 이런 깊은 하나님의 뜻을 깨닫고 에베소서에서 이렇게 하나님의 뜻을 전합니다.

엡 1 : 3-6

3 찬송하리로다 하나님 곧 우리 주 예수 그리스도의 아버지께서 그리스도 안에서 하늘에 속한 모든 신령한 복을 우리에게 주시되
4 곧 창세 전에 그리스도 안에서 우리를 택하사 우리로 사랑 안

에서 그 앞에 거룩하고 흠이 없게 하시려고
5 그 기쁘신 뜻대로 우리를 예정하사 예수 그리스도로 말미암아 자기의 아들들이 되게 하셨으니
6 이는 그가 사랑하시는 자 안에서 우리에게 거저 주시는 바 그의 은혜의 영광을 찬송하게 하려는 것이라

예수님이 천국 비유로 말씀하시는 잃은 양 역시 하나님의 뜻과 하나의 줄로 이어진 일관된 말씀입니다. 예수님이 만약 처음부터 하나님의 뜻으로 하나님이 예수님에게 맡긴 양이 아닌 악한 자가 뿌린 씨인 가라지 양을 찾아다니시다가 가라지 양인 뱀이나 독사를 등에 없고 온 것이라면 예수님이 기뻐하시며 잔치를 하실 이유가 없습니다. 만약 예수님이 자기가 주인으로 잃어버린 양을 찾으신 것이 아닌, 다른 사람이 주인인 양을 등에 업고 왔다면 그런 일은 쉬쉬 해야 할 일이지 당당하게 동네 사람들을 불러 모아 자신이 등에 업고 온 양의 값하고는 비교가 안 되는 큰 잔치를 베푸실 수 없습니다. 왜냐하면 예수님이 양을 도둑질 한다면 그 일은 쉬쉬할 일이지 동네방네 떠들며 기뻐하고 알릴 수 있는 일이 아니기 때문입니다.

저는 길눈이 어두워 모르는 길을 가야할 경우 내비게이션의 도움 없이는 헤매고 다니느라 정신이 없습니다. 그런데 내비게이션을 달고 나니 이제는 모르는 길을 떠나도 전혀 걱정이 없게 되었습니다.

천국 길을 향해 가다보면 수없이 많은 T형 갈림길이 나옵니다. 그리고 사탄 마귀는 하나님이 택하신 자까지도 미혹을 당하도록 교묘하게 그 길이 천국 길로 가는 길인 것처럼 덫을 치고 미혹을 합니다. 이러다보니 어떤 목사님은 새벽기도 잘 나오고 십일조를

잘 내면 그 사람이 알곡인 것으로 알기도 합니다. 그러나 가룟 유다가 다른 제자들보다 게으르고 열심이 없어서 알곡이 아닌 가라지인 것이 아닙니다. 가룟 유다는 누구보다도 이웃 사랑을 생각하는 사람이고, 예수님이 전대를 맡기신 것으로 보아 일도 잘하고 정확한 사람이었을 것입니다. 그래서 제자들은 예수님을 팔 자이거나 마귀라고 예수님이 하신 말씀을 무슨 말인지 알아들은 제자가 없었던 것입니다. 예수님이 전해주시는 말씀과 복음을 잘 깨닫게 되면 예수님이 말씀하신 것처럼 '하나님의 생각은 이렇게 사람의 생각과 달라도 너무 다르구나'라는 것을 알 수 있습니다.

그래서 하나님은 말씀하십니다.

사 55 : 8, 9

8 이는 내 생각이 너희의 생각과 다르며 내 길은 너희의 길과 다름이니라 여호와의 말씀이니라
9 이는 하늘이 땅보다 높음 같이 내 길은 너희의 길보다 높으며 내 생각은 너희의 생각보다 높으니라

따라서 예수를 믿고 예수님 말씀을 듣는 것은 사람의 생각이나 세상 종교인의 생각으로 들으면 안 됩니다. 이렇게 되면 예수님이 말씀하시는 유대인들의 믿음이 돼서 예수님이 말씀하는 길과 반대의 길로 가는 '열심'이 됩니다. 예수님은 예수님이 말씀하시는 진리와 복음을 아무나 듣고 쉽게 깨달을 수 없다고 말씀하십니다.

마 13 : 12

무릇 있는 자는 받아 넉넉하게 되되 없는 자는 그 있는 것도 빼앗기리라

'예함성' 천국 길 내비게이션 역시 예수님과 함께 정상에서 내려다보는 성경으로 천국 길을 내비게이션으로 말씀을 드리기 때문에 듣고 쉽게 아멘이 나오지 않습니다. 그러나 지금까지라도 자신이 '예함성' 천국 길 내비게이션이 알리는 말씀들에 계속 아멘이 나오면서 따라가는 것이라면, 이것이 곧 예수님이 말씀하시는 복이 있는 눈이요 귀인 것을 확신하고 기뻐해도 됩니다.

따라서 예수님 말씀을 잘 듣는 귀는 자신이 아는 것은 다 버리고 어린 아이와 같은 마음과 귀로 듣지 않으면 안 됩니다. 어린 아이는 독일에 가면 독일 말을 하고, 러시아에 가면 러시아 말을 하고 알아듣는 귀와 눈이 되는 것처럼 예수님이 하시는 말씀도 어린 아이가 되지 않고, 사람의 지혜로 들으면 안 된다는 말씀입니다.

눅 10 : 21-24

21 그 때에 예수께서 성령으로 기뻐하시며 이르시되 천지의 주재이신 아버지여 이것을 지혜롭고 슬기 있는 자들에게는 숨기시고 어린 아이들에게는 나타내심을 감사하나이다 옳소이다 이렇게 된 것이 아버지의 뜻이니이다

22 내 아버지께서 모든 것을 내게 주셨으니 아버지 외에는 아들이 누군인지 아는 자가 없고 아들과 또 아들의 소원대로 계시를 받는 자 외에는 아버지가 누군인지 아는 자가 없나이다 하시고

23 제자들을 돌아 보시며 조용히 이르시되 너희가 보는 것을 보는 눈은 복이 있도다

24 내가 너희에게 말하노니 많은 선지자와 임금이 너희가 보는 바를 보고자 하였으되 보지 못하였으며 너희가 듣는 바를 듣고자 하였으되 듣지 못하였느니라

제1장

'예함성' 천국 길 내비게이션
현관문 밖으로 나가기

제1장
'예함성' 천국 길 내비게이션
현관문 밖으로 나가기

1. 자기 부인, T형 갈림길

　세상에서 인기가 있는 책은 기복적 신앙으로 예수를 어떻게 믿어서 자신이 세상에서 부자가 되고, 건강해지고 또 자기 믿음이 좋아서 어떻게 해서 천국에 갔다 왔는가? 하는 등으로 책을 만들어서 인기 있게 팔리는 경우가 대부분입니다. 그러나 '예함성' 천국 길 내비게이션은 전혀 그런 내용의 책이 아닙니다.

　목사님들 중에는 한국 교회가 비만으로 인해 불치의 성인병에 걸려있어서 치유가 이미 불가능한 지경이 됐다는 비관론을 말씀하는 목사님들도 있습니다. 계시록을 보면 부자인 것으로 믿는 라오디게아 교회에 대해 예수님은 칭찬을 하시지 않고 이렇게 말씀을 하십니다.

계 3 : 17, 18

17 네가 말하기를 나는 부자라 부요하여 부족한 것이 없다 하나 네 곤고한 것과 가련한 것과 가난한 것과 눈 먼 것과 벌거벗은 것을 알지 못하는도다
18 내가 너를 권하노니 내게서 불로 연단한 금을 사서 부요하게 하고 흰 옷을 사서 입어 벌거벗은 수치를 보이지 않게 하고 안약을 사서 눈에 발라 보게 하라

에베소 교회는 어떻습니까?

계 2 : 1-5

1 에베소 교회의 사자에게 편지하라 오른손에 있는 일곱 별을 붙잡고 일곱 금 촛대 사이를 거니시는 이가 이르시되
2 내가 네 행위와 수고와 네 인내를 알고 또 악한 자들을 용납하지 아니한 것과 자칭 사도라 하되 아닌 자들을 시험하여 그의 거짓된 것을 네가 드러낸 것과
3 또 네가 참고 내 이름을 위하여 견디고 게으르지 아니한 것을 아노라
4 그러나 너를 책망할 것이 있나니 너의 처음 사랑을 버렸느니라
5 그러므로 어디서 떨어졌는지를 생각하고 회개하여 처음 행위를 가지라 만일 그리하지 아니하고 회개하지 아니하면 내가 네게 가서 네 촛대를 그 자리에서 옮기리라

모든 교회는 예수님이 피 값을 치루시고 사신 것이 교회인 것으로 아는데 예수님은 에베소 교회에 대해 처음 사랑을 잃었으므로 내가 네게 가서 네 촛대를 그 자리에서 옮기리라고 하십니다.

우리가 반드시 알아야할 것은 모든 성경에 기록된 말씀들은 하나님을 믿지 않는 자를 대상으로 하는 말씀이 아니라, 하나님을 믿는 자를 대상으로 하시는 말씀이라는 것입니다.

예수님은 동일한 베드로에 대해서 한 경우는 하나님이 그 말을 베드로에게 하신 것이라고 말씀하시고, 또 다른 경우는 베드로가 한 말이 사탄이 하게 하는 말임을 베드로의 말을 통해 일깨워주십니다.

마 16 : 14-17 ; 21-23

14 "이르되 더러는 세례 요한, 더러는 엘리야, 어떤 이는 예레미야나 선지자 중의 하나라 하나이다"
15 이르시되 너희는 나를 누구라 하느냐
16 시몬 베드로가 대답하여 이르되 주는 그리스도시요 살아 계신 하나님의 아들이시니이다
17 예수께서 대답하여 이르시되 바요나 시몬아 네가 복이 있도다 이를 네게 알게 한 이는 혈육이 아니요 하늘에 계신 내 아버지시니라
......
21 이 때로부터 예수 그리스도께서 자기가 예루살렘에 올라가 장로들과 대제사장들과 서기관들에게 많은 고난을 받고 죽임을 당하고 제삼일에 살아나야 할 것을 제자들에게 비로소 나타내시니
22 베드로가 예수를 붙들고 항변하여 이르되 주여 그리 마옵소서 이 일이 결코 주에게 미치지 아니하리이다
23 예수께서 돌이키시며 베드로에게 이르시되 사탄아 내 뒤로 물러 가라 너는 나를 넘어지게 하는 자로다 네가 하나님의 일

을 생각하지 아니하고 도리어 사람의 일을 생각하는도다 하시고

사람의 생각으로는 사람이 하나님 앞에 믿음을 고백하는 것 같지만 예수님은 그 말을 누가 알려주는가에 따라 사람은 하나님이 기뻐하시는 말을 하기도 하고, 하나님을 기쁘게 하지 않는 말을 한다고 알려주십니다. 예수님은 사람들에게 무엇을 깨닫게 하시기 위해서 이런 말씀을 베드로에게 하신 것일까요? 사람을 지으신 창세기 말씀으로부터 깨달아가도록 하겠습니다.

창세기 말씀을 보면 하나님이 사람을 지으신 것에 대해 이런 말씀을 하십니다.

창 2 : 7
여호와 하나님이 땅의 흙으로 사람을 지으시고 생기를 그 코에 불어넣으시니 사람이 생령이 되니라

우리말 성경에는 생령으로 번역된 말씀은 히브리어 원어는 '네페쉬 하야'입니다.

'네페쉬 하야'에서 '네페쉬'는 우리말로 '혼'이고, '하야'는 살아 있는 생명 즉 육적인 생명입니다. 따라서 '네페쉬 하야'는 '살아있는 혼' 즉 '생혼'으로 번역을 해야 성경이 알려주는 정확한 원어 의미의 번역이 됩니다. 영어는 이 단어를 living soul로 번역을 하고 있습니다.

그런데 '네페쉬 하야'는 사람뿐만 아니라 짐승이나 식물 등 육적인 생명체가 있으면 모두 동일한 단어 '네페쉬 하야'라는 단어를 씁

니다. 따라서 성경에서 생명에 대한 말씀을 할 때, 우리는 육적 생명인지 영생을 하게 하는 영적 생명인지를 늘 분별하며 성경 말씀을 보아야 합니다. 다음 말씀을 보면 사람에 대해서는 단순히 짐승과 동일한 혼만 육적인 생명으로 있게 하신 것이 아니라, 하나님은 특별히 하나님의 형상과 모습을 닮도록 사람을 창조하십니다.

창 1 : 26-30

26 하나님이 이르시되 우리의 형상을 따라 우리의 모양대로 우리가 사람을 만들고 그들로 바다의 물고기와 하늘의 새와 가축과 온 땅과 땅에 기는 모든 것을 다스리게 하자 하시고

27 하나님이 자기 형상 곧 하나님의 형상대로 사람을 창조하시되 남자와 여자를 창조하시고

28 "하나님이 그들에게 복을 주시며 하나님이 그들에게 이르시되 생육하고 번성하여 땅에 충만하라, 땅을 정복하라, 바다의 물고기와 하늘의 새와 땅에 움직이는 모든 생물을 다스 리라 하시니라"

29 하나님이 이르시되 내가 온 지면의 씨 맺는 모든 채소와 씨 가진 열매 맺는 모든 나무를 너희에게 주노니 너희의 먹을거리가 되리라

30 또 땅의 모든 짐승과 하늘의 모든 새와 생명이 있어 땅에 기는 모든 것에게는 내가 모든 푸른 풀을 먹을 거리로 주노라 하시니 그대로 되니라

이 말씀에서 형상은 히브리어 '첼렘'이고, 모양은 '떼무트'입니다. '첼렘'은 그림자를 뜻하고 '떼무트'는 닮은 것을 뜻합니다. 그렇기 때문에 '하나님의 형상을 따라 하나님의 모양대로 사람을 만들고'의 원문 뜻은 본체는 하나님이고 하나님은 영이시므로, 하나님의

본체인 영을 닮은 그림자가 사람의 형상과 모습이 됩니다. 이를 '하나님이 이르시되 우리의 형상을 따라 우리의 모양대로 우리가 사람을 만들고'라고 말씀하신 것입니다.

　하나님이 사람을 창조하실 때 사람이 짐승과 다른 것은 혼적인 생명체는 사람이나 짐승이나 산 혼으로 다를 것이 없지만, 사람에게는 하나님이 하나님의 영을 닮은 그림자로 영이 있게 하신 것이라고 창세기 1장 26절에서 알려주십니다. 하나님이 사람을 짐승들과 다르게 하나님을 닮도록 창조하신 것은 사람은 육적인 생명인 혼만 있는 짐승과 다르게 비록 하나님의 영을 닮은 그림자이지만 하나님의 형상과 모습을 닮은 그림자인 영이 있다는 것입니다.

　그러면 사람이 이렇게 하나님의 형상과 모습을 닮은 영이 있는 사람으로 만드신 것을 성경 말씀에서 아는 것이 중요한 것인가?
　그것은 하나님이 첫 아담에게 네가 선과 악을 알게 하는 나무의 실과를 먹는 날에는 반드시 죽는다고 하신 말씀이 성경적으로 무슨 말씀인지 정확히 알아야 하나님이 이르시되 '우리의 형상을 따라 우리의 모양대로 우리가 사람을 만들고'라는 말씀이 제대로 들리는 귀로 바뀝니다. 왜냐하면 첫 아담이 선과 악을 알게 하는 나무의 실과를 따먹고 죽은 것은 생명이신 하나님의 영이 아담 안에서 떠나신 것을 말씀하시는 것이지 첫 아담의 육체적 생명인 혼이 떠난 것을 말씀하시는 것이 아니기 때문입니다.

창 2 : 15-17

15 여호와 하나님이 그 사람을 이끌어 에덴 동산에 두어 그것을 경작하며 지키게 하시고
16 여호와 하나님이 그 사람에게 명하여 이르시되 동산 각종 나

무의 열매는 네가 임의로 먹되
17 선악을 알게 하는 나무의 열매는 먹지 말라 네가 먹는 날에는 반드시 죽으리라 하시니라

또한, 예수님이 말씀하시는 생명이나 살리는 것은 영이지 육은 살리는 것에 무익하다는 말씀은 이 역시 생명의 영인 하나님의 영, 즉 그리스도의 영을 말씀하는 것이지 혼적 생명인 육의 생명을 말씀하는 것이 아닙니다. 다시 말해서 사람의 눈에는 다 같은 사람으로 보여도 예수님의 눈으로 보면 어떤 사람은 짐승과 동일한 혼적 생명만 있는 사람이 있는가 하면, 살아계신 그리스도의 생명이 들어온 살아있는 영적 생명이 있는 사람도 있는 것을 알려줍니다.

전도서는 사람의 혼과 짐승의 혼에 대해 이런 말씀을 알려줍니다.

전 3 : 20, 21

20 다 흙으로 말미암았으므로 다 흙으로 돌아가나니 다 한 곳으로 가거니와
21 인생들의 혼은 위로 올라가고 짐승의 혼은 아래 곧 땅으로 내려가는 줄을 누가 알랴

그리고 예수님은 육적인 생명은 영원한 생명을 살리는 데 아무 소용이 없는 무익한 것을 이렇게 말씀하십니다.

요 6 : 63

살리는 것은 영이니 육은 무익하니라 내가 너희에게 이른 말은 영이요 생명이라

따라서 예수를 믿는다는 사람이 살리는 것에 무익한 육적인 말씀으로 예수님이 말씀하시는 생명의 복음을 전한다면, 이것만으로도 그 사람이 죽은 영이기에 육의 생명을 중하게 여기는 말을 하는 것을 알 수 있습니다.

베드로 사도는 혼의 구원에 대해 이런 말씀을 증거합니다.

벧전 1 : 9
믿음의 결국 곧 영혼의 구원을 받음이라

이 말씀에서 우리말로 영혼으로 번역한 단어는 헬라어 '프쉬케'로 우리말 '혼'을 뜻하는 단어입니다. 따라서 영어로는 soul로 번역을 한 것입니다. 그런데 이 말씀을 혼이 아닌 영혼으로 번역을 하면 사도 베드로가 증거하는 구원 복음에 대한 말씀을 깊이 깨달을 수 없습니다. 이에 대한 말씀은 뒤에서 다시 자세히 말씀 드리도록 하겠습니다.

그런데 혼만 있는 짐승과는 다르게 인간의 영과 혼은 분리가 되지 않는 것을 요한계시록에 있는 말씀에서 알 수 있습니다.

계 6 : 9, 10
9 다섯째 인을 떼실 때에 내가 보니 하나님의 말씀과 그들이 가진 증거로 말미암아 죽임을 당한 영혼들이 제단 아래에 있어
10 큰 소리로 불러 이르되 거룩하고 참되신 대주재여 땅에 거하는 자들을 심판하여 우리 피를 갚아 주지 아니하시기를 어느 때까지 하시려 하나이까 하니

이 말씀에서 영혼은 혼인 '프쉬케'입니다. 따라서 '프쉬케' 혼이 낙원에 들어가 있는 것으로 보아 사람의 영과 혼은 낙원에서도 함

께 있는 것을 알 수 있습니다.

사람을 하나님이 만드실 때, 흙 즉 원자나 분자 같이 혼도 영도 없는 죽은 미립자들로 사람을 지으신 것을 성경에서 알려주는데, 생명이 없는 흙 즉 미립자인 원자나 분자에 하나님이 하나님의 생명의 기운을 불어넣으니 생혼이 됩니다. 이는 하나님의 말씀입니다.

창 2 : 7

여호와 하나님이 땅의 흙으로 사람을 지으시고 생기를 그 코에 불어넣으시니 사람이 생령이 되니라

이 말씀에서 흙으로 번역된 히브리어 원문은 '아파르'입니다. '아파르'는 영어 성경에서 the dust로 번역을 합니다. 따라서 '아파르'라는 단어를 현대 과학에 맞게 원어의 의미를 살려서 번역을 하면 생명이 없는 원자나 분자 등의 미립자입니다. 하나님은 생명이 없는 원자나 분자 등의 미립자인 '아파르'로 사람을 지으시고, 코에 하나님의 기운을 불어넣으시자 생명이 있는 생혼이 사람이 되었다는 성경 말씀입니다.

[참고] 히브리어 '아파르'의 뜻 : 흙, 먼지, 쓰레기 더미, 작은 모래, 점토, 마른 땅 등의 뜻.

그러니 하나님이 이렇게 아무 쓸모없는 분자나 원자 등으로 자기 자신을 만드신 것을 알면 누구든지 하나님 앞에서 겸손해지지 않을 수 없습니다. 이런 아무 쓸모없는 먼지로 지어진 내가 어떻게 감히 하나님 앞에 잘난 척하며 교만을 떨 수 있겠습니까? 그런데 많은 사람들이 이런 자신을 모르니 예수님은 답답해하시는 것입니다.

마 15 : 8-14

8 이 백성이 입술로는 나를 공경하되 마음은 내게서 멀도다
9 사람의 계명으로 교훈을 삼아 가르치니 나를 헛되이 경배하는도다 하였느니라 하시고
10 무리를 불러 이르시되 듣고 깨달으라
11 입으로 들어가는 것이 사람을 더럽게 하는 것이 아니라 입에서 나오는 그것이 사람을 더럽게 하는 것이니라
12 이에 제자들이 나아와 가로되 바리새인들이 이 말씀을 듣고 걸림이 된 줄 아시나이까
13 예수께서 대답하여 이르시되 심은 것마다 내 하늘 아버지께서 심으시지 않은 것은 뽑힐 것이니
14 그냥 두라 그들은 맹인이 되어 맹인을 인도하는 자로다 만일 맹인이 맹인을 인도하면 둘이 다 구덩이에 빠지리라 하시니

사도 바울은 사람을 하나님이 흙으로 만든 토기그릇으로 비유를 합니다.
토기그릇은 흙으로 만든 그릇 안에 무엇이 담겨 있느냐에 따라 그 그릇의 가치가 달라집니다. 나이가 드신 분들은 아시겠지만 얼마 전까지만 해도 우리나라 가정에는 거의 모든 집에 요강이라는 것이 있었습니다. 그리고 현재 대부분의 가정에는 향기가 나는 향수병이 있습니다. 그릇에 대소변이 담겨 있으면 천한 요강 같은 그릇으로 그 안에서 똥오줌 냄새가 나지만, 그릇 안에 값이 비싼 향수가 담겨져 있다면 나오는 냄새는 향수냄새일 수밖에 없습니다. 그래서 예수님은 안에 무엇이 담겨 있느냐에 따라 나오는 것이 달라진다고 말씀하십니다. 사도 바울 또한 하나님이 만드신 그릇에 대해 너희가 왜 이러쿵저러쿵 하느냐고 말합니다.

요즘 주변에 보면 자기가 천국에 갔다 왔다고 하는 사람들을 흔히 봅니다. 그런데 천국에 갔다 온 사람들에게서 나오는 간증의 대부분은 자기의 믿음, 자기의 기도 그리고 자기의 행위 등에 대한 자랑이 그 바탕에 깔려있는 것을 많이 봅니다. 그러나 성령이 그 안에 계신 사도 바울은 어떻습니까?

고후 12 : 5-10

5 내가 이런 사람을 위하여 자랑하겠으나 나를 위하여는 약한 것들 외에 자랑하지 아니하리라
6 내가 만일 자랑하고자 하여도 어리석은 자가 되지 아니할 것은 내가 참말을 함이라 그러나 누가 나를 보는 바와 내게 듣는 바에 지나치게 생각할까 두려워하여 그만두노라
7 여러 계시를 받은 것이 지극히 크므로 너무 자만하지 않게 하시려고 내 육체에 가시 곧 사탄의 사자를 주셨으니 이는 나를 쳐서 너무 자만하지 않게 하려 하심이라
8 이것이 내게서 떠나가게 하기 위하여 내가 세 번 주께 간구하였더니
9 나에게 이르시기를 내 은혜가 네게 족하도다 이는 내 능력이 약한 데서 온전하여짐이라 하신지라 그러므로 도리어 크게 기뻐함으로 나의 여러 약한 것들에 대하여 자랑하리니 이는 그리스도의 능력이 내게 머물게 하려 함이라
10 그러므로 내가 그리스도를 위하여 약한 것들과 능욕과 궁핍과 박해와 곤고를 기뻐하노니 이는 내가 약한 그 때에 강함이라

사도 바울은 그래서 자신이 자랑할 것은 오직,

갈 6 : 14

그러나 내게는 우리 주 예수 그리스도의 십자가 외에 결코 자랑할 것이 없으니 그리스도로 말미암아 세상이 나를 대하여 십자가에 못 박히고 내가 또한 세상을 대하여 그러하니라

고 합니다.

이와 같이 하나님이 흙으로 지은 토기그릇에 불과한 것을 우리 스스로 알게 되면 오직 자신의 약함 외에 하나님 앞에 아무것도 자랑할 것이 없음을 누구든지 알게 됩니다. 또한 우리가 이런 우리를 살리시고 하나님의 자녀가 되게 하신 우리 주 예수 그리스도의 십자가 외에 결코 자랑할 것이 없는 자가 되는 것은 너무 당연한 귀결입니다.

그런데 사람들은 누구나 자기 자랑하기를 좋아하고 하나님이나 사람들 앞에서 하나님을 믿는 사람들까지도 너무 잘난 척을 많이 합니다. 이것은 간증을 하는 것이나 설교를 하는 목사님들에게서도 흔히 듣습니다.

마 16 : 24-26

24 이에 예수께서 제자들에게 이르시되 누구든지 나를 따라오려거든 자기를 부인하고 자기 십자가를 지고 나를 따를 것이니라

25 누구든지 제 목숨을 구원하고자 하면 잃을 것이요 누구든지 나를 위하여 제 목숨을 잃으면 찾으리라

26 사람이 만일 온 천하를 얻고도 제 목숨을 잃으면 무엇이 유익하리요 사람이 무엇을 주고 제 목숨과 바꾸겠느냐

예수님이 자기를 부인하고, 자기 십자가를 지고, 예수님을 좇으라고 하신 말씀의 이유는 예수님을 믿는 것은 왜 예수님을 믿는가에 대한 본질을 깨닫고, 예수님을 믿는 믿음이 있어야 하기 때문입니다. 즉, 예수님은 예수님을 좇는 제자가 되려면 하나님 앞에 얼마나 쓸모없고 나약한 존재인가를 스스로 인정을 하지 않으면 안 된다는 말씀을 하신 것입니다. 이것을 깨닫도록 하시기 위해서 나를 따르려면 자기를 부인하고, 자기 십자가를 지고, 예수님을 따르라고 하십니다. 예수님이 말씀하신 자기를 부인하고, 자기 십자가를 지고, 예수님을 따르라는 말씀은 하나님 앞에 자기 믿음, 자기 열심, 자기 의, 자기 선, 자기 결단, 자기 선택에 대한 자랑이 아닌, 사도 바울처럼 오직 자신의 약함과 예수님처럼 자기 십자가를 지고, 하나님 앞에서 죽는 길뿐입니다. 이 길이 하나님이 예수님과 함께 살리시는 길이기 때문입니다.

엄마가 된 사람은 아이들이 어렸을 때 이런 말을 종종 듣습니다. 자기가 크면 돈 벌어서 엄마 다 준다고 합니다. 그러면서 문방구에서 파는 가짜 돈을 가지고 와서 이 돈 다 가지라고 하며 엄마에게 줍니다. 그러나 아이가 준 가짜 돈으로 엄마가 무엇을 할 수 있습니까? 엄마 입장에서는 이런 가짜 돈을 갖다 주면 줄수록 치우기만 힘든 쓰레기가 됩니다. 이처럼 인간의 선이나 의나 믿음이나 의지나 선택이나 결단은 하나님 보시기에 모두 이런 쓸모없는 것임을 깨달으라는 예수님 말씀입니다.

2. 진리'(dash)는 진리가 아니다.

　기독교는 인간의 선이나 의나 의지나 결단은 모두 하나님에게 참이 될 수 없는 흉내를 내는 외식에 불과하다는 것을 진리로 전하고 말합니다. 그런데 세상은 어떻습니까?
　세상이나 세상의 종교는 모두 자신의 선이나 의를 강조하며 그것을 많이 내놓을수록 좋은 사람, 좋은 종교인으로 여기고 그렇게 가르칩니다. 그러나 기독교에서 전하는 진리는 이런 세상에서 생각하는 진리와는 전혀 다른 진리인 하나님 외에는 거룩함도 선도 의도 없다는 것입니다. 이런 진리가 기독교가 전하고 깨닫게 하는 진리인 것을 알지 않으면 예수를 믿으면서도 세상적인 종교인이 되기 쉽습니다.

　위에서 말씀드린 것처럼 진리에 dash가 조금이라고 붙으면 그것은 더 이상 진리가 아닙니다. 그래서 'dash' 진리는 끊임없이 dash들이 붙여져 가면서　진리"(two dashes), 진리'"(three dashes), 진리""(four dashes)를 양산하고 변질시켜 가는 것입니다. 우리는 가톨릭에서 이런 진리 'dash'들을 너무 많이 봅니다. 그런데도 가톨릭에서는 어떻습니까?
　안타깝게도 자신들이 전하는 진리가 잘못된 진리나 복음인 것을 전혀 모릅니다.

마 15 : 1-11

1　그 때에 바리새인과 서기관들이 예루살렘으로부터 예수께 나아와 이르되
2　당신의 제자들이 어찌하여 장로들의 전통을 범하나이까 떡 먹을 때에 손을 씻지 아니하나이다

3 대답하여 이르시되 너희는 어찌하여 너희의 전통으로 하나님의 계명을 범하느냐
4 하나님이 이르셨으되 네 부모를 공경하라 하시고 또 아버지나 어머니를 비방하는 자는 반드시 죽임을 당하리라 하셨거늘
5 너희는 이르되 누구든지 아버지에게나 어머니에게 말하기를 내가 드려 유익하게 할 것이 하나님께 드림이 되었다고 하기만 하면
6 그 부모를 공경할 것이 없다 하여 너희의 전통으로 하나님의 말씀을 폐하는도다
7 외식하는 자들아 이사야가 너희에 관하여 잘 예언하였도다 일렀으되
8 이 백성이 입술로는 나를 공경하되 마음은 내게서 멀도다
9 사람의 계명으로 교훈을 삼아 가르치니 나를 헛되이 경배하는도다 하였느니라 하시고
10 무리를 불러 이르시되 듣고 깨달으라
11 입으로 들어가는 것이 사람을 더럽게 하는 것이 아니라 입에서 나오는 그것이 사람을 더럽게 하는 것이니라

이런 안타까움에 복음교실에서는 진리의 분별을 정확히 할 수 있게 하기 위해 '둑 신앙'을 전하고 있습니다. 둑 신앙의 둑에는 두 가지 둑이 있는데 일반적으로 우리가 잘 알듯이 삶과 죽음을 경계하여 넘으면 죽는 둑과, 사해처럼 쌓으면 죽는 두 개의 둑이 있다는 것입니다. 사해에 생수인 요단강 물이 흘러들어 와도 더 이상 흐르지 못하는 둑이 쌓이면 생명이 살 수 없는 사해가 됩니다. 하나님에게는 어떤 경우에도 우연은 없습니다. 하나님의 백성이 이것을 깨닫도록 하기 위해서 하나님은 하나님의 백성이 사는 요단강 끝자

락에 사해 둑으로서 사해를 두신 것입니다.

 그렇다면 생명을 살리는 둑은 무엇이고 생명을 죽이는 사해 둑은 무엇일까요? 하나님의 모든 속성과 예수님의 속성인 길이요, 진리요 그리고 생명이 안에 있으면 생명을 살리는 둑 안에 있는 것입니다. 생명을 죽이는 사해 둑은 악뿐이고, 쓸모없는 흙으로 된 인간이 인간의 속성으로 세상의 종교인들처럼 열심히 쌓으면 쌓을수록 생명을 죽이는 사해 둑이 됩니다. 인간의 속성은 살리는 것에 무익하기 때문에 인간의 속성으로 하는 것은 모두 하나님 앞에 외식이 될 뿐이고, 예수님이 말씀하신 바 회칠한 무덤이요, 죽은 생명인 평토장한 무덤입니다. 그래서 하나님의 흉내를 내는 인간의 선이나 거룩이나 의나 그 어떤 것도 생명을 죽이는 사해 둑을 쌓을 뿐이라는 것입니다. 우리나라 시화호가 그런 경우였는데 시화호 둑을 무너뜨리자 생명이 살아난 것이 바로 그런 경우입니다.

 사도 바울은 이 둑을 증거합니다.

갈 5 : 1-4

1 그리스도께서 우리를 자유롭게 하려고 자유를 주셨으니 그러므로 굳건하게 서서 다시는 종의 멍에를 메지 말라
2 보라 나 바울은 너희에게 말하노니 너희가 만일 할례를 받으면 그리스도께서 너희에게 아무 유익이 없으리라
3 내가 할례를 받는 각 사람에게 다시 증언하노니 그는 율법 전체를 행할 의무를 가진 자라
4 율법 안에서 의롭다 함을 얻으려 하는 너희는 그리스도에게서 끊어지고 은혜에서 떨어진 자로다

그리고 에베소서 2:1-9 에서 말씀하십니다.

1 그는 허물과 죄로 죽었던 너희를 살리셨도다
2 그 때에 너희는 그 가운데서 행하여 이 세상 풍조를 따르고 공중의 권세 잡은 자를 따랐으니 곧 지금 불순종의 아들들 가운데서 역사하는 영이라
3 전에는 우리도 다 그 가운데서 우리 육체의 욕심을 따라 지내며 육체와 마음이 원하는 것을 하여 다른 이들과 같이 본질상 진노의 자녀이었더니
4 긍휼이 풍성하신 하나님이 우리를 사랑하신 그 큰 사랑을 인하여
5 허물로 죽은 우리를 그리스도와 함께 살리셨고 (너희는 은혜로 구원을 받은 것이라)
6 또 함께 일으키사 그리스도 예수 안에서 함께 하늘에 앉히시니
7 이는 그리스도 예수 안에서 우리에게 자비하심으로써 그 은혜의 지극히 풍성함을 오는 여러 세대에 나타내려 하심이라
8 너희는 그 은혜에 의하여 믿음으로 말미암아 구원을 받았으니 이것은 너희에게서 난 것이 아니요 하나님의 선물이라
9 행위에서 난 것이 아니니 이는 누구든지 자랑하지 못하게 함이라

오병이어의 기적을 일으키시는 예수님의 전능을 기복신앙으로 믿어 버려 예수님을 떠나게 하는 믿음이 되어버리는 것처럼, 율법적 경건주의로 세상 종교처럼 기독교 복음을 전하고 가르치면 이 또한 사이비 복음을 쌓아 생명을 죽이는 사해 둑의 열심만이 될 뿐입니다. 예수를 믿는 우리는 이것을 잘 알고 잘 분별할 수 있어야 합니다.

눅 10 : 1-14

1 그 후에 주께서 따로 칠십 인을 세우사 친히 가시려는 각 동네와 각 지역으로 둘씩 앞서 보내시며
2 이르시되 추수할 것은 많되 일꾼이 적으니 그러므로 추수하는 주인에게 청하여 추수할 일꾼들을 보내 주소서 하라
3 갈지어다 내가 너희를 보냄이 어린 양을 이리 가운데로 보냄과 같도다
4 전대나 배낭이나 신발을 가지지 말며 길에서 아무에게도 문안하지 말며
5 어느 집에 들어가든지 먼저 말하되 이 집이 평안할지어다 하라
6 만일 평안을 받을 사람이 거기 있으면 너희의 평안이 그에게 머물 것이요 그렇지 않으면 너희에게로 돌아오리라
7 그 집에 유하며 주는 것을 먹고 마시라 일꾼이 그 삯을 받는 것이 마땅하니라 이 집에서 저 집으로 옮기지 말라
8 어느 동네에 들어가든지 너희를 영접하거든 너희 앞에 차려 놓는 것을 먹고
9 거기 있는 병자들을 고치고 또 말하기를 하나님의 나라가 너희에게 가까이 왔다 하라
10 어느 동네에 들어가든지 너희를 영접하지 아니하거든 그 거리로 나와서 말하되
11 너희 동네에서 우리 발에 묻은 먼지도 너희에게 떨어버리노라 그러나 하나님의 나라가 가까이 온 줄을 알라 하라
12 내가 너희에게 말하노니 그 날에 소돔이 그 동네보다 견디기 쉬우리라
13 "화 있을진저 고라신아, 화 있을진저 벳새다야, 너희에게 행한 모든 권능을 두로와 시돈에서 행하였더라면 그들이 벌써 베옷을 입고 재에 앉아 회개하였으리라"

14 심판 때에 두로와 시돈이 너희보다 견디기 쉬우리라

그리고 이런 말씀들에 이어서 다음과 같은 말씀이 나옵니다.

25 어떤 율법사가 일어나 예수를 시험하여 가로되 선생님 내가 무엇을 하여야 영생을 얻으리이까

3. 선한 사마리아인과 부자 청년에 대한 T형 갈림길

율법교사와 선한 사마리아인

눅 10 : 25-29, 30

25 어떤 율법교사가 일어나 예수를 시험하여 이르되 선생님 내가 무엇을 하여야 영생을 얻으리이까
26 예수께서 이르시되 율법에 무엇이라 기록되었으며 네가 어떻게 읽느냐
27 대답하여 이르되 네 마음을 다하며 목숨을 다하며 힘을 다하며 뜻을 다하여 주 너의 하나님을 사랑하고 또한 네 이웃을 네 자신 같이 사랑하라 하였나이다
28 예수께서 이르시되 네 대답이 옳도다 이를 행하라 그러면 살리라 하시니
29 이 사람이 자기를 옳게 보이려고 예수께 여짜오되 그러면 내 이웃이 누구니이까

이 말씀은 '선한 사마리아인'으로 유명해진 말씀입니다.

30 예수께서 대답하여 이르시되 어떤 사람이 예루살렘에서 여리고로 내려가다가 강도를 만나매 강도들이 그 옷을 벗기고 때려 거의 죽은 것을 버리고 갔더라

그런데 이 말씀을 통해 예수님이 깨닫게 하시려는 말씀을 제대로 알아듣는 귀는 과연 얼마나 있는 것일까요? 질문에 대해 정확한 깨달음을 얻기 위해서, 지금까지 자신이 듣고 생각하던 것이 아닌 예수님과 함께 정상에서 내려다보는 성경으로, 예수님과 율법사가 영생에 대해 나누는 말씀을 다시 한 번 들어봅니다. 이 말씀으로 설교를 하는 설교를 들으면 대부분의 설교가 "네 마음을 다하며, 목숨을 다하며, 힘을 다하며, 뜻을 다하여 주 너의 하나님을 사랑하고 또한 네 이웃을 네 몸과 같이 사랑하라"는 말씀으로 마치 예수님이 말씀하시는 생명의 복음인 것으로 강조를 하면서 전하는 것을 흔히 들을 수 있습니다.

그러나 이런 설교가 과연 예수님이 생각하시는 영생을 얻게 하는 설교가 되는 것일까요? '예함성' 천국 길 내비게이션은 분명히 말씀을 드리지만 "네 마음을 다하며 목숨을 다하며 힘을 다하며 뜻을 다하여 주 너의 하나님을 사랑하고 또한 네 이웃을 네 몸과 같이 사랑하라"는 것이 예수님이 말씀하시는 영생을 얻게 하는 말씀이 전혀 아닌 것을 단호하게 말씀드립니다. 왜 이렇게 단호하게 말씀드릴 수 있는가에 대해 '예함성' 천국 길 내비게이션으로 성경적이고, 복음적인 안내 말씀을 드리겠습니다.

25 어떤 율법교사가 일어나 예수를 시험하여 이르되 선생님 내가 무엇을 하여야 영생을 얻으리이까

말씀에서 알 수 있듯이 어떤 율법사가 일어나 예수를 시험하기 위해서 "내가 무엇을 하여야 영생을 얻으리이까"라고 물었습니다. 율법사의 말을 듣는 예수님은 누구이십니까?
　율법사의 말을 듣는 예수님은 전지전능하신 하나님입니다. 그러니 전지전능하신 하나님이신 예수님이 율법사가 예수님을 시험하기 위해서 "내가 무엇을 하여야 영생을 얻으리이까"라고 물은 것을 왜 모르겠냐는 것입니다. 그렇지 않습니까? 그런데 예수님은,

　26 예수께서 이르시되 율법에 무엇이라 기록되었으며 네가 어떻게 읽느냐

라고 하십니다. 그리고 율법사는,

　27 대답하여 이르되 네 마음을 다하며 목숨을 다하며 힘을 다하며 뜻을 다하여 주 너의 하나님을 사랑하고 또한 네 이웃을 네 자신 같이 사랑하라 하였나이다

합니다. 그러자 예수님은 다시 말씀하십니다.

　28 예수께서 이르시되 네 대답이 옳도다 이를 행하라 그러면 살리라 하시니

그런데 어떻습니까? 예수님이 영생에 대해 율법사에게 알려주시려는 말씀과 영생에 대해 예수님에게 시험해서 물은 율법사는 그 길이 같겠습니까? 다른 것을 말씀하셨겠습니까?
　예수님이 말씀하시는 영생에 대한 진리와 율법사가 말하는 영생에 대한 진리가 얼핏 보면 다를 것이 없는 것으로 보입니다. 그래서

많은 사람들이 이 질문을 하면 대답하는 것이 율법사가 예수님이 생명을 구원하실 메시야로 믿지 않았기 때문이라는 대답을 합니다. 물론 이것은 맞는 말이기는 합니다. 그러나 이 대답은 예수님이 영생에 대해 깨닫게 하시려는 말씀에 대한 정답이 될 수 없습니다. 예수님과 율법사가 나누는 말씀 어디에도 예수를 믿는 것이 영생을 하는 길이라는 말씀을 이 말씀에서 하고 있지 않기 때문입니다. 그렇기 때문에 율법사가 예수님을 시험을 하기 위해서 물은 것에 대해 예수님이 깨닫게 하시려는 말씀은 그 말씀이 아닌 것입니다.

그래서 영생에 대해 예수님이 말씀하시는 것과 율법사가 말하는 것은 당연히 그 본질이 다를 수밖에 없습니다. 예수님이 영생에 대해 말씀하신 것이 영생에 대한 진리라면 율법사가 말하는 영생의 방법은 당연히 사이비 진리일 수밖에 없습니다.

지하철 입구를 지날 때 흔히 우리는 작은 통을 놓고 구걸을 하는 사람을 봅니다.

그 사람에게 여러분은 어떻게 행동하십니까? 아마도 이 세상의 어느 누구도 이런 가난한 이웃을 만났을 때, 가난한 이웃을 만날 때마다 자기 몸처럼 사랑을 해서 이웃을 사랑하기 때문에 겉옷을 달라고 하는데 쉽게 속옷까지 벗어주는 사람은 없습니다. 하나님에 대한 사랑 역시 마찬가지입니다.

하나님을 사랑하는데 있어서 어느 누가 마음을 다하며, 목숨을 다하며, 힘을 다하며, 뜻을 다하여 주 우리 하나님을 사랑한 사람이 있겠습니까?

만약 자신은 이 말씀대로 하나님을 사랑한다고 자신 있게 말하고 또 그것으로 영생을 얻는 것이라면 예수님이 이 땅에 오실 이유도 없고 예수님이 전하시는 복음이 기쁜 소식인 goodnews 가 될 수 없습니다. 그래서 예수님은,

26 예수께서 이르시되 율법에 무엇이라 기록되었으며 네가 어떻게 읽느냐

라고 물으신 것입니다.

그러나 율법사는 "네 마음을 다하며 목숨을 다하며 힘을 다하며 뜻을 다하여 주 너의 하나님을 사랑하고 또한 네 이웃을 네 몸과 같이 사랑하라 하였나이다" 라는 대답으로 자신이 이 말씀을 잘 지킬 수 있는 것처럼 자기를 자랑하며 대답을 합니다. 이것은 얼마나 율법사가 자기를 부인할 줄 모르는 사람인지 율법사가 대답하는 말에서 바로 알 수 있습니다.

예수님은 말씀하십니다.

28 예수께서 이르시되 네 대답이 옳도다 이를 행하라 그러면 살리라 하시니

예수님이 율법사에게 깨닫게 하시려는 말씀은 어떤 말씀이겠습니까?
너는 하나님이나 네 이웃을 네 몸처럼 사랑할 수 없는 것을 왜 모르냐는 말씀을 뒤에 감추시고 물으신 말씀인 것을 들을 수 있는 귀가 열려야 합니다. 예수를 믿는 사람들 중에 어느 누구도 영생에 대해 예수님에게 묻고 있는 율법사가 자신이 한 행위나 믿음으로 영생을 얻고, 천국에 들어갈 수 있는 것으로 믿는 사람은 없습니다. 그런데 율법사가 영생에 대해 예수님에게 대답합니다.

27 대답하여 이르되 네 마음을 다하며 목숨을 다하며 힘을 다하

며 뜻을 다하여 주 너의 하나님을 사랑하고 또한 네 이웃을 네 자신 같이 사랑하라 하였나이다

따라서 이 대답은 영생의 길이 될 수 없는 잘못된 생각이고, 믿음이고, 행위인 것을 알 수 있습니다. 그런데 율법사는 어떻습니까? 이런 자신의 모습을 모르고 예수님에게 묻습니다.

29 그 사람이 자기를 옳게 보이려고 예수께 여짜오되 그러면 내 이웃이 누구니이까

따라서 이 말씀에 대한 깨달음을 얻도록 하신 말씀의 연장선상에 있는 선한 사마리아인에 대한 말씀 역시 마찬가지입니다. 영생을 얻으려면 선한 사마리아인처럼 살면 된다는 말씀이 아닌 것을 알아야 합니다. 무슨 말을 천국 길 T형 갈림길로 안내 말씀을 드리는 것인지 아시겠습니까?

많은 사람들이 이 말씀에 대해 설교를 하면서 율법사와 동일한 네 마음을 다하며, 목숨을 다하며, 힘을 다하며, 뜻을 다하여 주 너의 하나님을 사랑하고 또한 네 이웃을 네 자신 같이 사랑하라는 설교를 하고, 영생을 얻기 위해서는 선한 사마리아인처럼 살아야 영생을 하는 것처럼 가르치고 전합니다. 그러나 이 말씀을 통해 예수님이 깨닫게 하시려는 영생에 대한 진리는 역시 일관된 자기 부인으로 자기는 그렇게 할 수 없는 것을 하나님 앞에 고백을 하고, 그런 자신인 것을 인정해야 예수님이 깨닫게 하시려는 영생에 대해 진리를 온전히 들을 수 있는 귀가 된다는 것입니다.

눅 10 : 30-36, 37

30 예수께서 대답하여 이르시되 어떤 사람이 예루살렘에서 여리고로 내려가다가 강도를 만나매 강도들이 그 옷을 벗기고 때려 거의 죽은 것을 버리고 갔더라
31 마침 한 제사장이 그 길로 내려가다가 그를 보고 피하여 지나가고
32 또 이와 같이 한 레위인도 그 곳에 이르러 그를 보고 피하여 지나가되
33 어떤 사마리아 사람은 여행하는 중 거기 이르러 그를 보고 불쌍히 여겨
34 가까이 가서 기름과 포도주를 그 상처에 붓고 싸매고 자기 짐승에 태워 주막으로 데리고 가서 돌보아 주니라
35 그 이튿날 그가 주막 주인에게 데나리온 둘을 내어 주며 이르되 이 사람을 돌보아 주라 비용이 더 들면 내가 돌아올 때에 갚으리라 하였으니
36 네 생각에는 이 세 사람 중에 누가 강도 만난 자의 이웃이 되겠느냐
37 이르되 자비를 베푼 자니이다 예수께서 이르시되 가서 너도 이와 같이 하라 하시니라

선한 사마리아인은 우리가 이미 잘 알고 있듯이 하나님을 제대로 믿는 하나님 백성이 아닙니다. 이 말씀에서 선한 사마리아인은 사실은 세상 종교인들과 같은 일을 하는 것입니다. 선한 사마리아의 비유에서 이것을 깨닫지 못하고 영생을 얻으려면 가난한 이웃을 위해 모두 발가벗고 다녀야 하고 또한 영생을 얻기 위해서 하나님을 사랑하는데 살아 있을 사람이 이 세상에 있어서는 안 됩니다. 또한 구원파는 이 말씀을 선한 사마리아인이 예수님인 것으로 풍유적

해석을 합니다. 이런 해석은 새삼스러울 것도 없이 초대 교회 교부들에게서도 있었습니다. 그러나 예수님은 사마리아인이 아니기 때문에 선한 사마리아인으로 풍유적인 해석을 하는 것은 이미 잘못된 해석임이 판명이 난 바입니다.

눅 4 : 16-19

16 예수께서 그 자라나신 곳 나사렛에 이르사 안식일에 늘 하시던 대로 회당에 들어가사 성경을 읽으려고 서시매
17 선지자 이사야의 글을 드리거늘 책을 펴서 이렇게 기록된 데를 찾으시니 곧
18 "주의 성령이 내게 임하셨으니 이는 가난한 자에게 복음을 전하게 하시려고 내게 기름을 부으시고 나를 보내사 포로 된 자에게 자유를, 눈먼 자에게 다시 보게 함을 전파하며 눌린 자를 자유롭게 하고"
19 주의 은혜의 해를 전파하게 하려 하심이라 하였더라

예수님이 이 땅에 오신 것은 자기 백성을 저희 죄에서 구원을 하셔서 자유케 하시기 위해 오신 것이지, 율법의 짐이나 멍에를 메고 예수님을 따르게 하기 위해서 오신 것이 아닙니다. 이 복음을 잘 깨달은 사도 바울은 이렇게 진리의 말씀을 전합니다.

고후 3 : 17

주는 영이시니 주의 영이 계신 곳에는 자유가 있느니라

갈 2 : 16

사람이 의롭게 되는 것은 율법의 행위로 말미암음이 아니요 오직 예수 그리스도를 믿음으로 말미암는 줄 알므로 우리도 그리스도

예수를 믿나니 이는 우리가 율법의 행위로써가 아니고 그리스도를 믿음으로써 의롭다 함을 얻으려 함이라 율법의 행위로써는 의롭다 함을 얻을 육체가 없느니라

사람은 어느 누구도 율법을 지킴으로써, 또는 이방인에게는 율법대신 하나님이 주신 양심을 온전히 지킴으로써 죄를 짓지 않거나 죄에서 자유를 얻어서 영생을 하는 것은 절대로 불가능한 것을 깨달아야 합니다. 이 깨달음을 어떤 경우에도 하나님 앞에서 인정을 하지 않으면 우리는 예수님이 말씀하시는 진리 안에서 자유함을 얻을 수 없는 영이 됩니다.

갈 3 : 10-13

10 무릇 율법 행위에 속한 자들은 저주 아래에 있나니 기록된 바 누구든지 율법 책에 기록된 대로 모든 일을 항상 행하지 아니하는 자는 저주 아래에 있는 자라 하였음이라
11 또 하나님 앞에서 아무도 율법으로 말미암아 의롭게 되지 못할 것이 분명하니 이는 의인은 믿음으로 살리라 하였음이니라
12 율법은 믿음에서 난 것이 아니니 율법을 행하는 자는 그 가운데서 살리라 하였느니라
13 그리스도께서 우리를 위하여 저주를 받은 바 되사 율법의 저주에서 우리를 속량하셨으니 기록된 바 나무에 달린 자마다 저주 아래에 있는 자라 하였음이라

이 말씀을 구약에서는 어떻게 전하는지 기록된 말씀을 통하여 봅니다.

신 28 : 1-6

1 네가 네 하나님 여호와의 말씀을 삼가 듣고 내가 오늘 네게 명령하는 그의 모든 명령을 지켜 행하면 네 하나님 여호와께서 너를 세계 모든 민족 위에 뛰어나게 하실 것이라
2 네가 네 하나님 여호와의 말씀을 청종하면 이 모든 복이 네게 임하며 네게 이르리니
3 성읍에서도 복을 받고 들에서도 복을 받을 것이며
4 네 몸의 자녀와 네 토지의 소산과 네 짐승의 새끼와 소와 양의 새끼가 복을 받을 것이며
5 네 광주리와 떡 반죽 그릇이 복을 받을 것이며
6 네가 들어와도 복을 받고 나가도 복을 받을 것이니라

그런데 축복의 말씀이, 저주의 말씀으로 들어가면 어떻습니까?

신 28 : 15-24

15 네가 만일 네 하나님 여호와의 말씀을 순종하지 아니하여 내가 오늘 네게 명령하는 그의 모든 명령과 규례를 지켜 행하지 아니하면 이 모든 저주가 네게 임하며 네게 이를 것이니
16 네가 성읍에서도 저주를 받으며 들에서도 저주를 받을 것이요
17 또 네 광주리와 떡 반죽 그릇이 저주를 받을 것이요
18 네 몸의 소생과 네 토지의 소산과 네 소와 양의 새끼가 저주를 받을 것이며
19 네가 들어와도 저주를 받고 나가도 저주를 받으리라
20 네가 악을 행하여 그를 잊으므로 네 손으로 하는 모든 일에 여호와께서 저주와 혼란과 책망을 내리사 망하며 속히 파멸하게 하실 것이며
21 여호와께서 네 몸에 염병이 들게 하사 네가 들어가 차지할 땅

에서 마침내 너를 멸하실 것이며
22 여호와께서 폐병과 열병과 염증과 학질과 한재와 풍재와 썩는 재앙으로 너를 치시리니 이 재앙들이 너를 따라서 너를 진멸하게 할 것이라
23 네 머리 위의 하늘은 놋이 되고 네 아래의 땅은 철이 될 것이며
24 여호와께서 비 대신에 티끌과 모래를 네 땅에 내리시리니 그것들이 하늘에서 네 위에 내려 마침내 너를 멸하리라

여러분은 손을 대서 흐르는 물을 마신 경험이 대부분 있을 것입니다. 계곡에서 흐르는 맑은 물에 손을 넣어 저으면 잠시 흐려졌다가 바로 다시 맑은 물이 됩니다. 그런데 맑아 보이는 물이라도 고여 있는 물은 어떻습니까? 조금만 건드리면 물은 바로 더러워져서 마실 수 없는 물이 되고 맙니다.

우리가 지은 죄나 거룩하지 못한 것들은 사람의 행위로는 하나님 앞에 거룩한 영이 될 수 없으나 예수님이 대신 지신 십자가 대속으로 죄 사함을 얻고, 성령으로 거듭나서 생명의 성령님이 들어와 계시면 순식간에 하나님의 능력과 은혜로 흐르는 맑은 물처럼 깨끗이 사라집니다. 고인 물은 겉으로만 깨끗해 보일 뿐 조금만 건드리면 금방 먹을 수 없는 물이 됩니다. 이것을 모르고 부인하는 바리새인들에게 예수님은 말씀하십니다.

마 23 : 26-28

26 눈 먼 바리새인이여 너는 먼저 안을 깨끗이 하라 그리하면 겉도 깨끗하리라
27 화 있을진저 외식하는 서기관들과 바리새인들이여 회칠한 무덤 같으니 겉으로는 아름답게 보이나 그 안에는 죽은 사람의 뼈와 모든 더러운 것이 가득하도다

28 이와같이 너희도 겉으로는 사람에게 옳게 보이되 안으로는 외식과 불법이 가득하도다

우리는 지금까지 진리 dash는 진리가 아니라는 것과 이 말씀에서 역시 말씀 dash, 복음 dash, 거룩 dash, 사랑 dash는 물론 예수 dash는 적그리스도가 되는 것을 알도록 하는 말씀을 드렸습니다.

성경은 이것을 이렇게 알려줍니다.

롬 3 : 10-12

10 기록된 바 의인은 없나니 하나도 없으며
11 깨닫는 자도 없고 하나님을 찾는 자도 없고
12 다 치우쳐 함께 무익하게 되고 선을 행하는 자는 없나니 하나도 없도다

이어서 예수님이 영생에 대해 부자 청년과 나누는 말씀을 다시 한 번 천국 길 안내 말씀으로 들어보겠습니다.

부자 청년의 예

마 19 : 16-26

16 어떤 사람이 주께 와서 이르되 선생님이여 내가 무슨 선한 일을 하여야 영생을 얻으리이까
17 예수께서 이르시되 어찌하여 선한 일을 내게 묻느냐 선한 이는 오직 한 분이시니라 네가 생명에 들어가려면 계명들을 지키라

18 "이르되 어느 계명이오니이까 예수께서 이르시되 살인하지 말라, 간음하지 말라, 도둑질하지 말라, 거짓 증언 하지 말라"

19 "네 부모를 공경하라, 네 이웃을 네 자신과 같이 사랑하라 하신 것이니라"

20 그 청년이 이르되 이 모든 것을 내가 지키었사온대 아직도 무엇이 부족하니이까

21 예수께서 이르시되 네가 온전하고자 할진대 가서 네 소유를 팔아 가난한 자들에게 주라 그리하면 하늘에서 보화가 네게 있으리라 그리고 와서 나를 따르라 하시니

22 그 청년이 재물이 많으므로 이 말씀을 듣고 근심하며 가니라

23 예수께서 제자들에게 이르시되 내가 진실로 너희에게 이르노니 부자는 천국에 들어가기가 어려우니라

24 다시 너희에게 말하노니 낙타가 바늘귀로 들어가는 것이 부자가 하나님의 나라에 들어가는 것보다 쉬우니라 하신대

25 제자들이 듣고 몹시 놀라 이르되 그렇다면 누가 구원을 얻을 수 있으리이까

26 예수께서 그들을 보시며 이르시되 사람으로는 할 수 없으나 하나님으로서는 다 하실 수 있느니라

어떤 사람이 와서 예수님에게 '내가 무슨 선한 일을 하여야 영생을 얻으리이까'라고 묻습니다. 이 말씀 속의 영생을 얻는 천국 길 안내 말씀을 '예함성' 천국 길 내비게이션으로 우리는 안내 말씀을 들었기 때문에 사단이 와서 말씀을 조아먹지 못합니다. 또한 T형 갈림길로 영생의 길이 어떤 길인지 이미 알고 있습니다.

예수님은 이 말씀을 이렇게 하십니다.

17 예수께서 이르시되 어찌하여 선한 일을 내게 묻느냐 선한 이
는 오직 한 분이시니라 네가 생명에 들어가려면 계명들을 지
키라

18 "이르되 어느 계명이오니이까 예수께서 이르시되 살인하지 말
라, 간음하지 말라, 도둑질하지 말라, 거짓 증언 하지 말라"

19 "네 부모를 공경하라, 네 이웃을 네 자신과 같이 사랑하라 하
신 것이니라"

예수님이 말씀하신 '생명에 들어가려면 계명들을 지키라'는 말씀을 예수님이 말씀하신 자기를 부인하고 예수님을 따르라는 말씀으로 듣는 귀가 되면 예수님이 하신 이 말씀이 어떻게 들립니까? 부자 청년이 '어느 계명이오니이까'라고 물은 것은 20절에서 알 수 있듯,

20 그 청년이 이르되 이 모든 것을 내가 지키었사온대 아직도 무
엇이 부족하니이까

라는 대답입니다. 그것은 예수님이 원하는 복음이나 진리가 될 수 없는 자기를 부인하지 않고 예수님을 따르는 대답입니다. 십계명은 하나님이 주신 중요한 계명이고, 율법 중의 율법인 율법의 핵심입니다. 그렇다면 어떻습니까?

우리는 모두 하나님이 주신 십계명이기 때문에 다 잘 지킬 수 있고 또 지켜야 하는 것으로 생각을 합니다. 물론 하나님이 주신 십계명이기 때문에 잘 지켜야 하는 것은 성경적으로 맞는 것입니다. 그렇지만 십계명은 율법 중 율법의 핵심인 것을 생각을 할 때, 사람이 노력을 해서 하나님이 주신 율법 중 율법인 십계명을 하나님

이 기뻐하시고 원하시는 수준으로 지키는 것은 불가능한 것입니다. 이것을 인정을 하지 않으면 우리 역시 예수님이 부자 청년을 통해 깨닫게 하시려는 영생에 대한 진리를 깨달을 수 없는 귀가 됩니다.

그렇기 때문에 청년이 예수님에게 '자신은 십계명은 다 지켰으니 아직도 무엇이 부족합니까?'라고 묻는 것은 이미 예수님이 말씀하는 복음적 영생과는 거리가 먼 대답을 한 것입니다. 예수님은 부자 청년을 통해 '무슨 말이냐? 너는 내가 말한 계명을 지킬 수 없어. 그러니 영생은 계명을 다 지켜서 영생을 얻는 것이 아닌 거야. 그런데 왜 네가 그것을 모르느냐? 네가 십계명이나 율법을 하나님이 생각하시는 수준으로 온전히 다 지킬 수 있고, 네가 그렇게 한 것이라면 내가 너희들에게 올 이유가 없는 것이다. 그런데 왜 그것을 너희가 아직도 모르느냐?' 말씀 하신 것입니다. 예수님이 부자 청년을 통해 이 깨달음을 주려고 하시는데도 제자들 역시 예수님의 이런 생각을 모릅니다. 그래서 제자들이 말합니다.

> 23 예수께서 제자들에게 이르시되 내가 진실로 너희에게 이르노니 부자는 천국에 들어가기가 어려우니라
> 24 다시 너희에게 말하노니 낙타가 바늘귀로 들어가는 것이 부자가 하나님의 나라에 들어가는 것보다 쉬우니라 하신대
> 25 제자들이 듣고 몹시 놀라 이르되 그렇다면 누가 구원을 얻을 수 있으리이까

그리고나서 예수님이 제자들에게 알려주신 결론의 말씀입니다.

> 26 예수께서 그들을 보시며 이르시되 사람으로는 할 수 없으나 하나님으로서는 다 하실 수 있느니라

구원은 사람이 십계명을 잘 지키고, 율법을 잘 지켜서가 아니라 하나님만이 하실 수 있다는 말씀입니다. 이것이 예수님이 말씀하시는 자기를 부인하고, 자기 십자가를 지고, 예수님을 따르지 않으면 능히 예수님의 제자가 될 수 없다는 예수님이 알려주시는 구원에 대한 진리입니다.

앞에서도 말씀을 드린 것처럼 기복적 신앙의 특징은 기복 신앙에 빠져갈수록 성경 말씀을 많이 알고, 믿음의 분량도 대단하고, 십일조나 헌금은 물론 십계명을 누구보다도 자신은 잘 지킨다고 생각을 하는 사람들이 있다는 것입니다. 그래서 기복적 신앙에 빠진 사람들일수록 기도도 열심히 하고, 교회 봉사도 열심히 하고, 새벽기도에도 열심히 나오는 것입니다. 다시 말씀을 드리지만 그러니 그리스도인은 새벽기도에 나오지도 말고, 십일조도 내지 말고, 아무렇게나 방종한 삶을 살아야 한다고 말씀을 드리는 것이 아닙니다. 그렇게 이 말씀을 듣는다면 이 역시 사탄이 주는 미혹입니다.

롬 5 : 18-21

18 그런즉 한 범죄로 많은 사람이 정죄에 이른 것 같이 한 의로운 행위로 말미암아 많은 사람이 의롭다 하심을 받아 생명에 이르렀느니라
19 한 사람이 순종하지 아니함으로 많은 사람이 죄인 된 것 같이 한 사람이 순종하심으로 많은 사람이 의인이 되리라
20 율법이 들어온 것은 범죄를 더하게 하려 함이라 그러나 죄가 더한 곳에 은혜가 더욱 넘쳤나니
21 이는 죄가 사망 안에서 왕 노릇 한 것 같이 은혜도 또한 의로 말미암아 왕 노릇 하여 우리 주 예수 그리스도로 말미암아 영생에 이르게 하려 함이라

롬 6 : 1-5

1 그런즉 우리가 무슨 말을 하리요 은혜를 더하게 하려고 죄에 거하겠느냐
2 그럴 수 없느니라 죄에 대하여 죽은 우리가 어찌 그 가운데 더 살리요
3 무릇 그리스도 예수와 합하여 세례를 받은 우리는 그의 죽으심과 합하여 세례를 받은 줄을 알지 못하느냐
4 그러므로 우리가 그의 죽으심과 합하여 세례를 받음으로 그와 함께 장사되었나니 이는 아버지의 영광으로 말미암아 그리스도를 죽은 자 가운데서 살리심과 같이 우리로 또한 새 생명 가운데서 행하게 하려 함이라
5 만일 우리가 그의 죽으심과 같은 모양으로 연합한 자가 되었으면 또한 그의 부활과 같은 모양으로 연합한 자도 되리라

예수님은 말씀하십니다.

마 11 : 28-30

28 수고하고 무거운 짐진 자들아 다 내게로 오라 내가 너희를 쉬게 하리라
29 나는 마음이 온유하고 겸손하니 나의 멍에를 메고 내게 배우라 그리하면 너희 마음이 쉼을 얻으리니
30 이는 내 멍에는 쉽고 내 짐은 가벼움이라 하시니라

예수를 믿고 예수님이 기뻐하시는 신앙생활을 하는 것은 쉬운 예수님의 멍에와 예수님이 지워주시는 가벼운 짐을 지고 예수님을 따르는 것입니다. 이것이 아니면 예수님 즉 성령이 가르쳐주시는 복음을 듣는 것이 아닙니다.

그래서 하나님은,

사 43 : 7, 8, 21

7 내 이름으로 불려지는 모든 자 곧 내가 내 영광을 위하여 창조한 자를 오게 하라 그를 내가 지었고 그를 내가 만들었느니라

8 눈이 있어도 보지 못하고 귀가 있어도 듣지 못하는 백성을 이끌어 내라

……

21 이 백성은 내가 나를 위하여 지었나니 나를 찬송하게 하려 함이니라

라고 하신 것입니다.

  하나님을 믿는 신앙생활을 크게 나누면 두 가지 유형의 신앙생활이 있습니다.
  신앙생활이 정상에 이르기까지 무거운 짐을 메고 등산을 하는 것처럼 모든 짐을 자신이 지고 천국을 향해 올라가는 것을 예수님이 기뻐하시는 신앙생활인 것으로 믿고, 세상 종교인들처럼 끙끙거리며 예수님을 좇는 신앙생활을 하는 유형과, 정 반대로 예수님이 이끄시는 대로 모든 것을 맡기고, 할렐루야 감사와 찬양을 하며 기뻐하는 믿음의 신앙생활을 하는 유형이 있습니다.

  후자에서 말하는 믿음의 신앙생활은 자신은 그리스도와 함께 죽고, 모든 것을 전지전능하신 살아계신 하나님에게 하나님의 자녀로 진정으로 맡기고 예수님을 따라가는 신앙생활입니다. 이런 신앙생활은 마치 역삼각형으로 된 절벽이 있는데 절벽 밑으로 예수님이 두레박을 던져주신 것 같은 믿음으로 주님 품에 안겨서 환경을 보

지 않고 평안한 믿음으로 신앙생활을 하는 것입니다. 다시 말해 역삼각형 절벽에 떨어져 자기 힘으로는 절대로 올라올 수 없는 깊은 바다에 빠져 죽을 수밖에 없게 되어서 절망을 하고 있는데, 예수님이 위에서 두레박을 내려주셔서 그 두레박을 타고 올라온 인간의 모습은 죄와 사망에서 구원을 받는 인간의 모습과 같습니다.

구원받는 인간은 예수님이 끌어올려주시는 두레박 안에 들어가 있으면서 죄와 사망에서 구원의 두레박을 내려주신 예수님께 '할렐루야! 할렐루야! 아멘! 아멘!'을 하지 않을 수 없는 기쁨의 모습입니다. 이런 깨달음으로 사도 바울은 오직 자랑할 것은 자신의 약함과 그리스도 예수의 십자가만을 자랑한다고 말하는 것입니다. 그리고 이것이 결코 거짓이 아닌 것을 사도 바울은 다음과 같이 단언합니다.

롬 6 : 17, 18

17 하나님께 감사하리로다 너희가 본래 죄의 종이더니 너희에게 전하여 준 바 교훈의 본을 마음으로 순종하여
18 죄로부터 해방되어 의에게 종이 되었느니라

이것이 바로 예수님이 우리를 죄와 사망에서 구원해주시는 복음의 핵심입니다.

계산기를 사용할 때 사람이 계산기를 두드리지만 진짜 계산은 계산기가 하는 것처럼, 성경 말씀이나 예수님이 말씀하시는 복음과 진리도 마찬 가지입니다. 또한 똑같은 계산기를 두드려도 어린 아기가 아무거나 두드리면 계산이 맞을 리가 없는 것처럼, 예수님이 하시는 똑같은 성경 말씀을 보고 들어도 어떤 귀로 듣는가에 따라 달라질 수밖에 없는 것이 복음입니다. 그래서 예수님은 말씀하십니다.

마 11 : 28-30

28 수고하고 무거운 짐진 자들아 다 내게로 오라 내가 너희를 쉬게 하리라
29 나는 마음이 온유하고 겸손하니 나의 멍에를 메고 내게 배우라 그리하면 너희 마음이 쉼을 얻으리니
30 이는 내 멍에는 쉽고 내 짐은 가벼움이라 하시니라

예수님은 예수님에게 배우면 예수님은 온유하고, 겸손해서 너희 마음이 쉼을 얻으니 예수님의 멍에는 쉽고, 예수님의 짐은 가벼움이라 하십니다. 그런데 예수를 믿는 많은 사람들이 예수님에게 어떻게 배운 것으로 가르치고 전합니까? 예수님에게서 배운 복음과 진리를 가르치고 전한다고 하면서 오히려 예수님을 믿기 전보다 더 무거운 짐과 멍에를 메고 예수님을 따르게 합니다. 과연 그것이 누구에게서 배운 가르침이고 복음이겠습니까?

이것은 예수님에게 복음을 배우면 선도 행할 필요가 없고, 주일성수, 기도, 십일조도 내지 말라는 것이 아닙니다. 물론 이렇게 가르친다면 이것 또한 예수님에게 배운 것이 아니기는 마찬가지입니다. 그러면 왜 예수님에게 배우면 내 멍에는 쉽고, 내 짐은 가벼워서 쉼을 얻게 하신다고 말씀을 하시는 건가요? 이에 대한 말씀은 추후 다시 자세한 말씀을 드리도록 하겠습니다.

기독교 복음은 세상의 종교가 전하는 도(道)와 너무 다른 반대 길이 됩니다. 그 이유는 하나님의 생각과 사람의 생각이 다르기 때문입니다. 세상의 모든 종교는 자기가 믿는 신에게 어떻게 하는가에 따라 가는 길이 달라진다는 것을 도(道)로 알려줍니다.

그러나 예수님이 가게 하는 도는 어떤 도입니까?

롬 9 : 6-16

6 그러나 하나님의 말씀이 폐하여진 것 같지 않도다 이스라엘에게서 난 그들이 다 이스라엘이 아니요

7 또한 아브라함의 씨가 다 그의 자녀가 아니라 오직 이삭으로부터 난 자라야 네 씨라 불리리라 하셨으니

8 곧 육신의 자녀가 하나님의 자녀가 아니요 오직 약속의 자녀가 씨로 여기심을 받느니라

9 약속의 말씀은 이것이니 명년 이 때에 내가 이르리니 사라에게 아들이 있으리라 하심이라

10 그뿐 아니라 또한 리브가가 우리 조상 이삭 한 사람으로 말미암아 임신하였는데

11 그 자식들이 아직 나지도 아니하고 무슨 선이나 악을 행하지 아니한 때에 택하심을 따라 되는 하나님의 뜻이 행위로 말미암지 않고 오직 부르시는 이로 말미암아 서게 하려 하사

12 리브가에게 이르시되 큰 자가 어린 자를 섬기리라 하셨나니

13 기록된 바 내가 야곱은 사랑하고 에서는 미워하였다 하심과 같으니라

14 그런즉 우리가 무슨 말을 하리요 하나님께 불의가 있느냐 그럴 수 없느니라

15 모세에게 이르시되 내가 긍휼히 여길 자를 긍휼히 여기고 불쌍히 여길 자를 불쌍히 여기리라 하셨으니

16 그런즉 원하는 자로 말미암음도 아니요 달음박질하는 자로 말미암음도 아니요 오직 긍휼히 여기시는 하나님으로 말미암음이니라

복음의 핵심을 듣기 위해서는 성경에 기록된 말씀들을 어떤 귀로 듣느냐가 중요합니다. 어떤 귀로 듣는가 하는 것이 영생의 길로 가느냐! 영사의 길로 가느냐! 하는 중요한 갈림길이 되기 때문입니다.

4. 기독교 3대 핵심 진리 : 대신성 진리, 대속성 진리, 대표성 진리

1) 대신성 진리

기독교가 전하는 대신성 진리는 인간은 어느 누구도 인간 자신을 죄와 사망에서 구원을 할 수 없고, 오직 하나님만이 구원을 대신 해주실 수 있는 것을 진리로 말씀하는 진리입니다. 이것은 구원을 스스로 해결할 수 없을 때 구원이 필요한 것이기 때문입니다. 구원이 스스로 해결할 수 있는 것이라면 구원은 필요 없게 됩니다.

예를 들어서 수영 선수가 수영을 하려고 물에 들어가 있는데 그런 수영 선수를 물에 빠져있다고 구원을 하려고 한다면 그것은 구원이 아닙니다. 그래서 이런 구원은 구원을 받은 것도 아니고, 이런 구원을 감사할 이유도 영광을 돌리고 찬송을 할 이유도 없습니다.

그러나 수영을 전혀 할 줄 모르는 사람이 물에 빠져서 허우적거리며 곧 죽게 될 상태라면 어떻습니까? 이런 사람은 반드시 누군가 그 사람을 구원해 주어야 그 사람이 살 수 있습니다. 이와 같이 구원은 자력으로 구원할 수 없음은 물론, 구원을 하는 자는 구원할 능력이 있어야 합니다. 구원할 능력이 없는 자가 구원하려고 하면 T.V. 등을 통해 종종 듣는 것처럼 결국 둘 다 물에 빠져 함께 죽게 됩니다. 인간은 어느 누구도 죄와 사망에서 구원을 할 능력이 없습니다. 이런 인간이 죄와 사망에서 다른 사람을 구원하려고 하면 어떻게 되겠습니까?

롬 5 : 12

그러므로 한 사람으로 말미암아 죄가 세상에 들어오고 죄로 말미암아 사망이 들어왔나니 이와 같이 모든 사람이 죄를 지었으므로 사망이 모든 사람에게 이르렀느니라

성경은 첫 아담으로 인해서 모든 인류는 죄인이 된 것을 알려주고 있습니다. 그리고 그 죄 값은 사망으로 첫 아담으로 인해 아담의 후손들이 예외 없이 모두 사망에 이르는 죄인이 된 것을 알려줍니다.

인간은 어느 누구도 죄를 짓지 않고 온전히 거룩하게 사는 것이 불가능합니다. 그런데 하나님을 믿지 않는 사람들은 죄에 대해 말을 해보면 자신은 죄가 없다고 생각하는 사람들이 의외로 많은 것을 봅니다. 그러나 하나님은 빛이시기에 하나님을 알면 자신이 왜 죄인인가를 알게 될 수밖에 없습니다. 하나님이 빛이시라는 말씀은 하나님은 말씀이시므로 하나님의 말씀에 자신을 비추어보면 어느 누구도 자신이 죄인이 아니라고 대답할 수 없는 것을 알려주는 말씀이기도 합니다.

인간은 영적으로 보면 하나님 아니면 마귀에게 속한 두 부류의 사람만 있습니다. 하나님의 빛에 속한 자는 하나님의 빛 가운데 자

신을 비춰봄으로써 자신이 죄인이고, 그 죄를 자신이 절대로 해결할 수 없다는 것을 알고 인정을 하지 않을 수 없게 됩니다. 그렇지만 하나님에게 속하지 않은 마귀에 속한 자들은 어두움에 있기 때문에 자신들이 죄인인 것을 인정을 하지 않는 것은 물론, 자신들의 죄를 유대인들처럼 율법을 잘 지키거나 종교가 주는 수행이나 선행을 하는 것으로 자신들이 지은 죄들을 씻어서 거룩하게 할 수 있다고 생각을 합니다.

그러나 아무리 청소를 깨끗하게 해도 빛 가운데 비추어보면 어두움에서는 보이지 않던 먼지들이 엄청나게 많이 보이는 것처럼 인간이 지은 죄들이 그런 것입니다. 그런데 자신들은 이런 죄들을 스스로 해결을 해서 죄가 없다고 하고, 스스로 죄 문제를 해결을 해서 영생을 할 수 있다고 하니, 예수님은 다음과 같이 말씀하시는 것입니다.

요 8 : 43-47

43 어찌하여 내 말을 깨닫지 못하느냐 이는 내 말을 들을 줄 알지 못함이로다

44 너희는 너희 아비 마귀에게서 났으니 너희 아비의 욕심대로 너희도 행하고자 하느니라 그는 처음부터 살인한 자요 진리가 그 속에 없으므로 진리에 서지 못하고 거짓을 말할 때마다 제 것으로 말하나니 이는 그가 거짓말쟁이요 거짓의 아비가 되었음이라

45 내가 진리를 말하므로 너희가 나를 믿지 아니하는도다

46 너희 중에 누가 나를 죄로 책잡겠느냐 내가 진리를 말하는데도 어찌하여 나를 믿지 아니하느냐

47 하나님께 속한 자는 하나님의 말씀을 듣나니 너희가 듣지 아니함은 하나님께 속하지 아니하였음이로다

기독교에서는 구원에 대해 인간 스스로는 절대로 할 수 없고, 오직 하나님만이 죄와 사망에서 구원을 해서 생명을 살릴 수 있는 것을 진리로 알려줍니다. 기독교는 세 가지 3대 핵심 진리로 대신성 진리, 대속성 진리, 대표성 진리를 절대로 변할 수 없는 구원의 진리로 말씀합니다. 그래서 예수님은 자신이 사람이 아닌 하나님이기 때문에 죄와 사망에서 구원함을 대신성 진리, 대속성 진리, 대표성 진리로 말씀하시는 것입니다.

예수님이 자신이 영원 속에 계시는 하나님인 것을 이렇게 알려주십니다.

요 8 : 56-59

56 너희 조상 아브라함은 나의 때 볼 것을 즐거워하다가 보고 기뻐하였느니라

57 유대인들이 이르되 네가 아직 오십 세도 못되었는데 아브라함을 보았느냐

58 예수께서 이르시되 진실로 진실로 너희에게 이르노니 아브라함이 나기 전부터 내가 있느니라 하시니

59 그들이 돌을 들어 치려 하거늘 예수께서 숨어 성전에서 나가시니라

그리고 예수님은 제자 빌립에게도 이렇게 자신이 하나님이신 것을 말씀합니다.

요 14 : 6-9

6 예수께서 이르시되 내가 곧 길이요 진리요 생명이니 나로 말미암지 않고는 아버지께로 올 자가 없느니라

7 너희가 나를 알았더라면 내 아버지도 알았으리로다 이제부터는 너희가 그를 알았고 또 보았느니라
8 빌립이 이르되 주여 아버지를 우리에게 보여 주옵소서 그리하면 족하겠나이다
9 예수께서 이르시되 빌립아 내가 이렇게 오래 너희와 함께 있으되 네가 나를 알지 못하느냐 나를 본 자는 아버지를 보았거늘 어찌하여 아버지를 보이라 하느냐

예수님 자신이 바로 하나님이라는 말씀입니다.

하나님의 모든 피조물은 하나님 그림자의 닮은 모습이 있을 수 있으나 본체이신 하나님과 온전히 같을 수는 없습니다. 그렇기 때문에 온전치 못한 피조물이 온전한 구원을 한다는 것은 불가능합니다. 그래서 예수님은 자신이 이 땅에 오신 것에 대해 하나님이신 예수님이 대신성 진리, 대속성 진리, 대표성 진리로 죄 사함을 얻게 해서 영생을 하게 하는 것을 이렇게 말씀하십니다.

마 26 : 26-28

26 그들이 먹을 때에 예수께서 떡을 가지사 축복하시고 떼어 제자들에게 주시며 이르시되 받아서 먹으라 이것은 내 몸이니라 하시고
27 또 잔을 가지사 감사 기도하시고 그들에게 주시며 이르시되 너희가 다 이것을 마시라
28 이것은 죄 사함을 얻게 하려고 많은 사람을 위하여 흘리는 바 나의 피 곧 언약의 피니라

이에 대한 말씀은 죄 사함에 대해 말씀을 드릴 때 다시 자세히

말씀 드리도록 하겠습니다.

2) 대속성 진리

대속성 진리는 앞에서 말씀을 드린 대로 기독교 복음에는 핵심 3대 진리인 대신성 진리, 대속성 진리, 대표성 진리 중 하나입니다.

막 10 : 45

인자가 온 것은 섬김을 받으려 함이 아니라 도리어 섬기려 하고 자기 목숨을 많은 사람의 대속물로 주려 함이니

히브리서는 구약의 율법과 예수님이 하신 죄 사함을 얻는 대속 제물에 대해 이렇게 증거를 합니다.

히 9 : 11-28

11 그리스도께서는 장래 좋은 일의 대제사장으로 오사 손으로 짓지 아니한 것 곧 이 창조에 속하지 아니한 더 크고 온전한 장막으로 말미암아
12 염소와 송아지의 피로 하지 아니하고 오직 자기의 피로 영원한 속죄를 이루사 단번에 성소에 들어가셨느니라
13 염소와 황소의 피와 및 암송아지의 재를 부정한 자에게 뿌려 그 육체를 정결하게 하여 거룩하게 하거든
14 하물며 영원하신 성령으로 말미암아 흠 없는 자기를 하나님께 드린 그리스도의 피가 어찌 너희 양심을 죽은 행실에서 깨끗하게 하고 살아 계신 하나님을 섬기게 하지 못하겠느냐
15 이로 말미암아 그는 새 언약의 중보자시니 이는 첫 언약 때에 범한 죄에서 속량하려고 죽으사 부르심을 입은 자로 하여금

영원한 기업의 약속을 얻게 하려 하심이라

16 유언은 유언한 자가 죽어야 되나니

17 유언은 그 사람이 죽은 후에야 유효한즉 유언한 자가 살았 있는 동안에는 효력이 없느니라

18 이러므로 첫 언약도 피 없이 세운 것이 아니니

19 모세가 율법대로 모든 계명을 온 백성에게 말한 후에 송아지와 염소의 피 및 물과 붉은 양털과 우슬초를 취하여 그 두루마리와 온 백성에게 뿌리며

20 이르되 이는 하나님이 너희에게 명하신 언약의 피라 하고

21 또한 이와 같이 피를 장막과 섬기는 일에 쓰는 모든 그릇에 뿌렸느니라

22 율법을 따라 거의 모든 물건이 피로써 정결하게 되나니 피 흘림이 없은즉 사함이 없느니라

23 그러므로 하늘에 있는 것들의 모형은 이런 것들로써 정결하게 할 필요가 있었으나 하늘에 있는 그것들은 이런 것들보다 더 좋은 제물로 할지니라

24 그리스도께서는 참 것의 그림자인 손으로 만든 성소에 들어가지 아니하시고 바로 그 하늘에 들어가사 이제 우리를 위하여 하나님 앞에 나타나시고

25 대제사장이 해마다 다른 것의 피로써 성소에 들어가는 것 같이 자주 자기를 드리려고 아니하실지니

26 그리하면 그가 세상을 창조한 때부터 자주 고난을 받았어야 할 것이로되 이제 자기를 단번에 제물로 드려 죄를 없이 하시려고 세상 끝에 나타나셨느니라

27 한 번 죽는 것은 사람에게 정해진 것이요 그 후에는 심판이 있으리니

28 이와 같이 그리스도도 많은 사람의 죄를 담당하시려고 단번

에 드리신 바 되셨고 구원에 이르게 하기 위하여 죄와 상관없이 자기를 바라는 자들에게 두 번째 나타나시리라

그리고 이어지는 말씀입니다.

히 10 : 1-10

1 율법은 장차 올 좋은 일의 그림자일 뿐이요 참 형상이 아니므로 해마다 늘 드리는 같은 제사로는 나아오는 자들을 언제나 온전하게 할 수 없느니라
2 그렇지 아니하면 섬기는 자들이 단번에 정결하게 되어 다시 죄를 깨닫는 일이 없으리니 어찌 제사 드리는 일을 그치지 아니하였으리요
3 그러나 이 제사들에는 해마다 죄를 기억하게 하는 것이 있나니
4 이는 황소와 염소의 피가 능히 죄를 없이 하지 못함이라
5 그러므로 주께서 세상에 임하실 때에 이르시되 하나님이 제사와 예물을 원하지 아니하시고 오직 나를 위하여 한 몸을 예비하셨도다
6 번제와 속죄제는 기뻐하지 아니하시나니
7 이에 내가 말하기를 하나님이여 보시옵소서 두루마리 책에 나를 가리켜 기록된 것과 같이 하나님의 뜻을 행하러 왔나이다 하셨느니라
8 위에 말씀하시기를 주께서는 제사와 예물과 번제와 속죄제는 원하지도 아니하고 기뻐하지도 아니하신다 하셨고 (이는 다 율법을 따라 드리는 것이라)
9 그 후에 말씀하시기를 보시옵소서 내가 하나님의 뜻을 행하러 왔나이다 하셨으니 그 첫째 것을 폐하심은 둘째 것을 세우

려 하심이라
10 이 뜻을 따라 예수 그리스도의 몸을 단번에 드리심으로 말미암아 우리가 거룩함을 얻었노라

8절에서부터 10절까지의 말씀을 다시 읽어봅니다.

8 위에 말씀하시기를 주께서는 제사와 예물과 번제와 속죄제는 원하지도 아니하고 기뻐하지도 아니하신다 하셨고 (이는 다 율법을 따라 드리는 것이라)
9 그 후에 말씀하시기를 보시옵소서 내가 하나님의 뜻을 행하러 왔나이다 하셨으니 그 첫째 것을 폐하심은 둘째 것을 세우려 하심이라
10 이 뜻을 따라 예수 그리스도의 몸을 단번에 드리심으로 말미암아 우리가 거룩함을 얻었노라

예수 그리스도의 몸을 단번에 드리심으로 말미암아 어떻게 되었다고 합니까?

10 이 뜻을 따라 예수 그리스도의 몸을 단번에 드리심으로 말미암아 우리가 거룩함을 얻었노라
……
14 그가 거룩하게 된 자들을 한 번의 제사로 영원히 온전하게 하셨느니라

따라서 온전한 하나님이신 예수님이 대속 제물로 죄 사함을 얻게 하기 위해 죽으신 것은, 죄 사함을 얻기 위해 다른 제사가 필요 없는 완전한 제사를 드려 그가 거룩하게 된 자들을 한 번의 제사로

영원히 온전하게 하기 위해 하나님이신 예수님이 친히 대속 제물이 되신 것을 말씀합니다. 그런데 가톨릭은 이 제사를 못 믿고 지금도 날마다 신부들에게 의무를 주어 죄 사함을 위한 대속 제물로 예수님을 다시 죽이는 미사를 드리게 하고, 가톨릭을 개혁한 개신교 안에서도 왜 하나님이신 예수님의 생각이 아닌 다른 죄 사함의 진리를 세상 종교처럼 늘 생각을 하고 믿는지 이상한 일입니다. 하지만, 이런 믿음이 예수님을 예수님 말씀대로 믿지 못하게 하는 마귀로부터 온 믿음인 줄을 알면 하나님이신 예수님이 대속제물이 되심으로 인해 단번에 모든 죄들이 사해져서 온전히 거룩하게 하신다는 말씀이 무엇인지 깨닫기가 쉬워집니다.

빛은 광원이 가까울 때 가장 밝게 비칩니다. 예수님은 빛이시기 때문에 2000년 전 예수님이 계실 때가 복음의 빛으로 가장 밝게 비췬 때입니다. 그리고 로마의 황제인 콘스탄티누스가 기독교를 공인하기 전까지 예수를 믿는 그리스도인이면 이것이 곧 죽음인 초대교회 시대가 있었습니다. 이후 로마의 황제인 콘스탄티누스가 기독교를 공인하면서 그리스도인이란 더 이상 죽음이 아닌 출세의 길이 됩니다. 기독교에는 수많은 세상의 권력층인 귀족 세력이나 세상적인 지식인들, 고급 군인들이 기독교 안으로 쏟아져 들어오게 됩니다. 그 후 예수 그리스도의 복음의 광원은 점점 멀어지며 빛으로 세상에 비춰야할 기독교는 오히려 역사가들이 말하는 암흑시대를 만들어놓습니다.

광원이신 예수님의 빛이 멀어지면서 유대인들에게 장로의 유전들이 하나님의 생각에 덧칠해지는 것처럼 가톨릭에서도 사람의 생각이 자꾸 가톨릭 교리로 덧칠을 해서 참 복음에서 점점 멀어지게 된 배경입니다. 이를 성경은 작은 누룩이 온 빵을 변질시킨다고 합니다. '예함성' 천국길 내비게이션에서는 이런 복음을 복음 dash, 복음 two dashes, 복음 three dashes 등으로 표현하고 있습니다.

   기독교에서는 목사님들이 설교를 하면서 믿음을 강조하는데 얼핏 들으면 믿음이 도깨비 방망이처럼, 알라딘 램프의 지니처럼, 자신이 원하는 것은 모두 다 이루어주는 것으로 생각하기 쉽습니다. 그래서 예수를 믿는 사람들 중에 이런 믿음이 좋은 믿음이라고 생각하는 사람이 의외로 많이 있는 것을 봅니다.

   그러나 예수님은 말씀하십니다.

눅 17 : 5-7

5 사도들이 주께 여짜오되 우리에게 믿음을 더하소서 하니
6 주께서 이르시되 너희에게 겨자씨 한 알만한 믿음이 있었더라면 이 뽕나무더러 뿌리가 뽑혀 바다에 심기어라 하였을 것이요 그것이 너희에게 순종하였으리라

   무슨 말씀입니까? 예수님은 제자들에게 믿음이 있다고 하십니까? 전혀 없다고 말씀하니까?
   제자들에게는 겨자씨 한 알만한 믿음도 없다는 것이 예수님의 말씀입니다. 그런데 사람들은 자신들에게 믿음이 있는 것으로 생각을 합니다. 특히 이단들은 이 점이 더 강합니다.

   잘못된 믿음이 정말 위험한 것은 잘못된 믿음 때문에 이단이 되는 것은 물론, 믿음 때문에 알카에다 집단들처럼 사람을 폭탄으로 터뜨려 죽이고도 그런 사람이 순교자로 천국에 갈 것으로 생각을 하고, 북한의 공산당들처럼 잔인하게 사람을 죽이면서도 양심의 가책을 느끼지 못합니다. 앞에서도 천국 길 T형 갈림길로 반복해

말씀드렸듯이 하나님의 택하심과 듣는 것을 하나님이 허락하신 자는 하나님의 자녀로 영생을 얻고 천국에 들어가는 것입니다. 결단코 사람의 믿음, 사람의 확신, 사람의 결단이나 의지로 구원도 받고, 죄사함도 얻고, 거듭나는 것이 아니라는 것을 꼭 알아야 합니다.

하나님이 택하셔서 죄 사함의 복음을 깨닫고 죄 사함을 얻게 해서 성령으로 거듭나 하나님의 자녀가 되면 그 영은 어떤 영이 됩니까? 예수라는 생명나무에 붙은 가지가 됩니다. 그래서 죄 사함을 얻고 성령으로 거듭나서 하나님의 자녀로 다시 태어나지 않으면 하나님 나라에 들어갈 수 없다는 것을 예수님은 니고데모에게 말씀을 하신 것입니다. 그러므로 예수님이 말씀하시는 하나님의 뜻대로 행하는 자는 사람의 믿음이나 의지로서가 아니라, 성령으로 거듭나서 예수 그리스도에 붙은 가지로서 하나님의 뜻을 행하는 자가 되어 천국에 들어가게 됩니다. 나무에 붙은 가지는 생명을 기르려고 가지 스스로 노력하는 게 아니라 나무에 의해서 저절로 자라고 열매를 맺는 이치와 같습니다.

마 7 : 18-23

18 좋은 나무가 나쁜 열매를 맺을 수 없고 못된 나무가 아름다운 열매를 맺을 수 없느니라
19 아름다운 열매를 맺지 아니하는 나무마다 찍혀 불에 던져지느니라
20 이러므로 그들의 열매로 그들을 알리라
21 나더러 주여 주여 하는 자마다 다 천국에 들어갈 것이 아니요 다만 하늘에 계신 내 아버지의 뜻대로 행하는 자라야 들어가리라
22 그 날에 많은 사람이 나더러 이르되 주여 주여 우리가 주의

이름으로 선지자 노릇하며 주의 이름으로 귀신을 쫓아 내며 주의 이름으로 많은 권능을 행하지 아니하였나이까 하리니
23 그 때에 내가 그들에게 밝히 말하되 내가 너희를 도무지 알지 못하니 불법을 행하는 자들아 내게서 떠나가라 하리라

예수님은 분명히 모든 것을 이미 하나님이 다 예정해 놓으시고 예정하신 대로 시행하시는 것을 제자들에게 알려주십니다.

그런데 제자들은 어떻습니까?

눅 22 : 22-30
22 인자는 이미 작정된 대로 가거니와 그를 파는 그 사람에게는 화가 있으리로다 하시니
23 그들이 서로 묻되 우리 중에서 이 일을 행할 자가 누구일까 하더라
24 또 그들 사이에 그 중 누가 크냐 하는 다툼이 난지라
25 예수께서 이르시되 이방인의 임금들은 그들을 주관하며 그 집권자들은 은인이라 칭함을 받으나
26 너희는 그렇지 않을지니 너희 중에 큰 자는 젊은 자와 같고 다스리는 자는 섬기는 자와 같을지니라
27 앉아서 먹는 자가 크냐 섬기는 자가 크냐 앉아서 먹는 자가 아니냐 그러나 나는 섬기는 자로 너희 중에 있노라
28 너희는 나의 모든 시험 중에 항상 나와 함께 한 자들인즉
29 내 아버지께서 나라를 내게 맡기신 것 같이 나도 너희에게 맡겨
30 너희로 내 나라에 있어 내 상에서 먹고 마시며 또는 보좌에 앉아 이스라엘 열두 지파를 다스리게 하려 하노라

하나님의 의지, 하나님의 뜻에 따른 하나님의 계획에 대한 하나님의 절대 주권을 믿는 믿음이 아닌, 인간의 자유의지나 인간의 믿음을 중요시해서 믿는 것은 인간의 교만이 되는 중요한 T형 갈림길이 될 수 있습니다. 중요한 말씀이므로 마태복음을 통해 다시 한 번 예수님 말씀을 들어보겠습니다.

마 20 : 20-28

20 그 때에 세베대의 아들의 어머니가 그 아들들을 데리고 예수께 와서 절하며 무엇을 구하니
21 "예수께서 이르시되 무엇을 원하느냐 이르되 나의 이 두 아들을 주의 나라에서 하나는 주의 우편에, 하나는 주의 좌편에 앉게 명하소서"
22 예수께서 대답하여 이르시되 너희는 너희가 구하는 것을 알지 못하는도다 내가 마시려는 잔을 너희가 마실 수 있느냐 그들이 말하되 할 수 있나이다
23 이르시되 너희가 과연 내 잔을 마시려니와 내 좌우편에 앉는 것은 내가 주는 것이 아니라 내 아버지께서 누구를 위하여 예비하셨든지 그들이 얻을 것이니라
24 열 제자가 듣고 그 두 형제에 대하여 분히 여기거늘
25 예수께서 제자들을 불러다가 이르시되 이방인의 집권자들이 그들을 임의로 주관하고 그 고관들이 그들에게 권세를 부리는 줄을 너희가 알거니와
26 너희 중에는 그렇지 않아야 하나니 너희 중에 누구든지 크고자 하는 자는 너희를 섬기는 자가 되고
27 너희 중에 누구든지 으뜸이 되고자 하는 자는 너희의 종이 되어야 하리라
28 인자가 온 것은 섬김을 받으려 함이 아니라 도리어 섬기려 하고 자기 목숨을 많은 사람의 대속물로 주려 함이니라

복음의 핵심은 사람이 아닌 온전하신 하나님이신 예수님의 대신성, 대속성, 대표성 진리로 얻게 하는 죄 사함인 것을 잊으면 안 됩니다. 그런데 이 말씀과 진리가 하나님이 허락하지 않은 자는 들을 수 없다는 것을 예수님은 이렇게 말씀하십니다.

막 4 : 9-13

9 또 이르시되 들을 귀 있는 자는 들으라 하시니라
10 예수께서 홀로 계실 때에 함께한 사람들이 열두 제자와 더불어 그 비유들에 대해 물으니
11 이르시되 하나님 나라의 비밀을 너희에게는 주었으나 외인에게는 모든 것을 비유로 하나니
12 이는 그들로 보기는 보아도 알지 못하며 듣기는 들어도 깨닫지 못하게 하여 돌이켜 죄 사함을 얻지 못하게 하려 함이라 하시고
13 또 이르시되 너희가 이 비유를 알지 못할진대 어떻게 모든 비유를 알겠느냐

예수를 믿으면 받는 세례가 무엇인가? 그리스도와 함께 장사되고, 또 죽은 자들 가운데서 그를 일으키신 하나님의 역사를 믿음으로 말미암아, 그 안에서 함께 일으키심을 받은 것을 알게 하기 위해 물세례를 베푸는 것입니다.

골 2 : 12-23

12 너희가 세례로 그리스도와 함께 장사되고 또 죽은 자들 가운데서 그를 일으키신 하나님의 역사를 믿음으로 말미암아 그 안에서 함께 일으키심을 받았느니라
13 또 범죄와 육체의 무할례로 죽었던 너희를 하나님이 그와 함

께 살리시고 우리의 모든 죄를 사하시고
14 우리를 거스르고 불리하게 하는 법조문으로 쓴 증서를 지우시고 제하여 버리사 십자가에 못 박으시고
15 통치자들과 권세들을 무력화하여 드러내어 구경거리로 삼으시고 십자가로 그들을 이기셨느니라
16 그러므로 먹고 마시는 것과 절기나 초하루나 안식일을 이유로 누구든지 너희를 비판하지 못하게 하라
17 이것들은 장래 일의 그림자이나 몸은 그리스도의 것이니라
18 아무도 꾸며낸 겸손과 천사 숭배를 이유로 너희를 정죄하지 못하게 하라 그가 그 본 것에 의지하여 그 육신의 생각을 따라 헛되이 과장하고
19 머리를 붙들지 아니하는지라 온 몸이 머리로 말미암아 마디와 힘줄로 공급함을 받고 연합하여 하나님이 자라게 하시므로 자라느니라
20 너희가 세상의 초등학문에서 그리스도와 함께 죽었거든 어찌하여 세상에 사는 것과 같이 규례에 순종하느냐
21 (곧 붙잡지도 말고 맛보지도 말고 만지지도 말라 하는 것이니
22 이 모든 것은 한때 쓰이고는 없어지리라) 사람의 명령과 가르침을 따르느냐
23 이런 것들은 자의적 숭배와 겸손과 몸을 괴롭게 하는 데는 지혜 있는 모양이나 오직 육체 따르는 것을 금하는 데는 조금도 유익이 없느니라

그렇습니다. 예수 그리스도의 대속 제물로 인해 죄 사함을 얻고 성령으로 거듭나 하나님의 자녀가 된 것은 그리스도와 함께 죽지 않으면 안 됩니다. 자신이 죽지 않으면 그리스도와 함께 하나님이 다시 살리시는 성령으로 거듭난 영이 되는 것이 불가능합니다. 그

러나 죄 사함을 얻고 성령으로 거듭나면 어떻게 됩니까? 그리스도 예수의 생명의 영이 나를 기르심으로써 진리 안에서 나는 자유함을 얻고, 거짓 흉내로 외식을 하는 겸손이 아닌 예수님이 행하시는 겸손이 내 안에서 나타나게 합니다.

3) 대표성 진리

성경은 죄 사함을 얻는 것이나, 성령으로 거듭나서 생명의 부활을 하는 것에 대해 대표성 진리를 적용하고 있습니다.

롬 5 : 14-19

14 그러나 아담으로부터 모세까지 아담의 범죄와 같은 죄를 짓지 아니한 자들까지도 사망이 왕노릇 하였나니 아담은 오실 자의 모형이라
15 그러나 이 은사는 그 범죄와 같지 아니하니 곧 한 사람의 범죄를 인하여 많은 사람이 죽었은즉 더욱 하나님의 은혜와 또한 한 사람 예수 그리스도의 은혜로 말미암은 선물은 많은 사람에게 넘쳤느니라
16 또 이 선물은 범죄한 한 사람으로 말미암은 것과 같지 아니하니 심판은 한 사람으로 말미암아 정죄에 이르렀으나 은사는 많은 범죄로 말미암아 의롭다 하심에 이름이니라
17 한 사람의 범죄로 말미암아 사망이 그 한 사람을 통하여 왕노릇 하였은즉 더욱 은혜와 의의 선물을 넘치게 받는 자들은 한 분 예수 그리스도를 통하여 생명 안에서 왕노릇 하리로다
18 그런즉 한 범죄로 많은 사람이 정죄에 이른 것 같이 한 의로운 행위로 말미암아 많은 사람이 의롭다 하심을 받아 생명에 이르렀느니라

19 한 사람이 순종하지 아니함으로 많은 사람이 죄인 된 것 같이 한 사람이 순종하심으로 많은 사람이 의인이 되리라

대표성 진리는 세상의 어느 종교에도 없는 오직 기독교에서만 전하는 진리입니다. 그리고 기독교가 전하는 대신성 진리, 대속성 진리, 대표성 진리가 세상의 어느 종교와도 비교할 수 없는 기쁜 소식인 것을 알면 왜 예수님이 말씀하시는 복음이 goodnews 라고 하는지를 깊이 있게 깨닫게 됩니다.

19절 '의인이 되리라'는 말씀에서 '되리라'는 헬라어 '카타스타데손타이'입니다. 이 단어가 원형이 '카디스테미'인데 '카디스테미'의 미래 수동태 3인칭 복수형이 '카타스타데손타이'입니다. 이런 문법적 의미를 말씀드리는 이유는 하나님의 생각과 사람의 생각이 다른 것을 분명하게 깨닫도록 하기 위함입니다. 이를 깨닫게 되면 하나님의 길과 사람이 가는 길이 다를 수밖에 없음을 알게 되고, 하나님이 생각하시는 의와 사람이 생각하는 의가 얼마나 다른가를 정확히 알게 되기 때문입니다.

사람이 생각하는 의는 사전적인 의미인 '사람이 행하여야 할 바른 도리'나 '바른 행위'를 의로 생각합니다. 그래서 한국 사람들은 안중근 의사나 유관순 의사 같은 사람들을 의인으로 여깁니다. 그런데 일본 사람의 눈으로 안중근 의사나 유관순 의사를 보면 어떻겠습니까? 일본인에게 이들은 의인이 될 수 없습니다.

예수님은 의에 대해 이렇게 말씀을 하십니다.

요 16 : 7-10

7 그러하나 내가 너희에게 실상을 말하노니 내가 떠나가는 것이 너희에게 유익이라 내가 떠나가지 아니하면 보혜사가 너희에게로 오시지 아니할 것이요 가면 내가 그를 너희에게로 보내리니
8 "그가 와서 죄에 대하여, 의에 대하여, 심판에 대하여 세상을 책망하시리라"
9 죄에 대하여라 함은 그들이 나를 믿지 아니함이요
10 의에 대하여라 함은 내가 아버지께로 가니 너희가 다시 나를 보지 못함이요

사람들은 의를 바른 행위로 생각을 합니다. 그런데 예수님은,

10 의에 대하여라 함은 내가 아버지께로 가니 너희가 다시 나를 보지 못함이요

라고 하십니다. 그러시면서 성령님이 오셨을 때 '의에 대하여라 함은 내가 아버지께로 가니 너희가 다시 나를 보지 못함이요'를 의로 말하지 않으면 성령님의 책망을 듣게 될 것을 말씀하십니다. 그러면 예수님이 말씀하시는 의는 결국 하나님이 무엇을 의로 생각하신다는 말씀입니까? 영원히 다시는 죽지도 않고, 썩지도 않고, 죄도 짓지 않을 생명의 부활을 하나님에 의해서 재창조로 이루어지는 것을 하나님은 의로 말씀을 하신다는 말씀입니다. 따라서 예수님이 말씀하시는 의를 사람에게 적용을 하면, 의인은 예수님이 첫 부활을 하신 대표성 진리에 따라 마지막 심판 후 지금의 몸이 아닌 하나님의 의가 이루어진 생명의 부활체가 되었을 때입니다. 이것이 신약적 의미의 의인인 것을 예수님이 말씀하신 '의에 대하여'라는

말씀을 통하여 알아듣는 귀가 복이 있는 귀입니다.

구원파에서는 죄 사함 얻은 것을 믿으면 더 이상 죄인이 아니며 이를 믿을 때 그 사람은 의인이 된 것으로 의인에 대해 전하고 가르치고 믿게 합니다. 간단히 말하면, 죄 사함을 얻으면 자신이 죄인이 아닌 의인이 된 것으로 믿느냐 믿지 않느냐 하는 것으로 죄 사함을 진정으로 얻은 것인지 아닌지를 구분을 하는 것이 구원파 믿음입니다.

성경은 성령의 감동으로 쓰인 것이기 때문에 가르치기에 유익한 것이 성경입니다. 그런데 성경의 문법에 구원파 믿음은 맞지 않습니다. 구원파에서 죄 사함을 얻으면 의인이 된 것으로 믿어야 한다는 믿음은 성경에 맞지 않은 잘못된 믿음이라는 것입니다.

딤전 1 : 13-15

13 내가 전에는 비방자요 박해자요 폭행자였으나 도리어 긍휼을 입은 것은 내가 믿지 아니할 때에 알지 못하고 행하였음이라
14 우리 주의 은혜가 그리스도 예수 안에 있는 믿음과 사랑과 함께 넘치도록 풍성하였도다
15 미쁘다 모든 사람이 받을 만한 이 말이여 그리스도 예수께서 죄인을 구원하시려고 세상에 임하셨다 하였도다 죄인 중에 내가 괴수니라

예수를 믿는 사람 중에 사도 바울이 성령으로 거듭난 사람이라는 것을 부인하는 사람은 없을 것입니다. 그런데 15절 '미쁘다 모든 사람이 받을 만한 이 말이여'라고 하면서 '죄인 중에 내가 괴수니라'라는 말씀이 현재형 동사로 성경에 되어 있습니다. 그런데 구원파

는 이 말씀을 자신들의 주장에 맞도록 성경을 변개해서 과거 동사인 것처럼 주장을 합니다. 이렇듯 문법까지 포함을 해서 하나님의 말씀에 덧붙이는 말씀 dash가 되고, 끊임없는 dashes 들이 가톨릭 교리처럼 더해지면서 진정한 진리와 복음에서 멀어진 진리들로 변질되고 맙니다.

앞에서 말씀을 드린 로마서 5장 19절,

롬 5 : 19

한 사람이 순종하지 아니함으로 많은 사람이 죄인 된 것 같이 한 사람이 순종하심으로 많은 사람이 의인이 되리라

라는 말씀에서 '많은 사람이 의인이 되리라'는 말씀이 미래 수동태 3인칭 복수형인 미래 동사인 것을 그래서 말씀을 드린 것입니다.
따라서 신약적 의미의 의인은 지금의 육체의 장막을 벗고, 예수님처럼 생명의 부활로 하나님과 함께 영생을 하게 되는 몸이 되었을 때 의인이 된 것을 말하지 않으면, 성령께서 책망을 하시라는 말씀입니다.

그런데 신약 성경에도 구약적 의미인 의인으로 기록된 말씀이 있는데 고넬료의 경우입니다.

행 10 : 1-5 ; 21-23 ; 31-37 ; 39-48

1 가이사랴에 고넬료라 하는 사람이 있으니 이달리야 부대라 하는 군대의 백부장이라
2 그가 경건하여 온 집안과 더불어 하나님을 경외하며 백성을 많이 구제하고 하나님께 항상 기도하더니

3 하루는 제 구 시쯤 되어 환상 중에 밝히 보매 하나님의 사자가 들어와 이르되 고넬료야 하니
4 고넬료가 주목하여 보고 두려워 이르되 주여 무슨 일이니이까 천사가 이르되 네 기도와 구제가 하나님 앞에 상달되어 기억하신 바 되었으니
5 네가 지금 사람들을 욥바에 보내어 베드로라 하는 시몬을 청하라
......
21 베드로가 내려가 그 사람들을 보고 이르되 내가 곧 너희가 찾는 사람인데 너희가 무슨 일로 왔느냐
22 그들이 대답하되 백부장 고넬료는 의인이요 하나님을 경외하는 사람이라 유대 온 족속이 칭찬하더니 그가 거룩한 천사의 지시를 받아 당신을 그 집으로 청하여 말을 들으려 하느니라 한 대
23 베드로가 불러 들여 유숙하게 하니라 이튿날 일어나 그들과 함께 갈새 욥바에서 온 어떤 형제들도 함께 가니라

이 말씀에서 고넬료를 의인이라고 한 이유는 구약적 의미의 의인입니다. 왜냐하면 이 당시 고넬료는 죄 사함을 얻고 성령으로 거듭나기 전이기 때문입니다.

31 말하되 고넬료야 하나님이 네 기도를 들으시고 네 구제를 기억하셨으니
32 사람을 욥바에 보내어 베드로라 하는 시몬을 청하라 그가 바닷가 무두장이 시몬의 집에 유숙하느니라 하시기로
33 내가 곧 당신에게 사람을 보내었는데 오셨으니 잘하였나이다 이제 우리는 주께서 당신에게 명하신 모든 것을 듣고자 하여

다 하나님 앞에 있나이다

34 베드로가 입을 열어 말하되 내가 참으로 하나님은 사람의 외모를 보지 아니하시고

35 각 나라 중 하나님을 경외하며 의를 행하는 사람은 다 받으시는 줄 깨달았도다

36 만유의 주 되신 예수 그리스도로 말미암아 화평의 복음을 전하사 이스라엘 자손들에게 보내신 말씀

37 곧 요한이 그 세례를 반포한 후에 갈릴리에서 시작하여 온 유대에 두루 전파된 그것을 너희도 알거니와

……

39 우리는 유대인의 땅과 예루살렘에서 그가 행하신 모든 일에 증인이라 그를 그들이 나무에 달아 죽였으나

40 하나님이 사흘 만에 다시 살리사 나타내시되

41 모든 백성에게 하신 것이 아니요 오직 미리 택하신 증인 곧 죽은 자 가운데서 부활하신 후 그를 모시고 음식을 먹은 우리에게 하신 것이라

42 우리에게 명하사 백성에게 전도하되 하나님이 살아 있는 자와 죽은 자의 재판장으로 정하신 자가 곧 이 사람인 것을 증언하게 하셨고

43 그에 대하여 모든 선지자도 증언하되 그를 믿는 사람들이 다 그의 이름을 힘입어 죄 사함을 받는다 하였느니라

44 베드로가 이 말을 할 때에 성령이 말씀 듣는 모든 사람에게 내려오시니

45 베드로와 함께 온 할례 받은 신자들이 이방인들에게도 성령 부어 주심으로 말미암아 놀라니

46 이는 방언을 말하며 하나님 높임을 들음이러라

47 이에 베드로가 이르되 이 사람들이 우리와 같이 성령을 받았

으니 누가 능히 물로 세례 베풂을 금하리요 하고
48 명하여 예수 그리스도의 이름으로 세례를 베풀라 하니라 그들이 베드로에게 며칠 더 머물기를 청하니라

따라서 기독교만이 전하는 대표성 진리는 모든 사람을 사망에 이르게 한 죄인의 대표가 현재의 육체의 몸을 가진 첫 아담이라면, 하나님과 함께 하나님이 재창조하실 새 하늘과 새 땅인 신천신지에서 영생을 하도록 재창조하신 몸으로 바뀌는 부활체가 부활하신 둘째 아담 예수님입니다. 그래서 첫 아담이 후손을 죄 아래 가두어 죄인으로 죽게 한 죄와 사망의 대표라면, 예수님은 생명의 부활로 죄와 사망에서 건져내 영생을 하게하신 대표입니다. 이것이 기독교가 전하는 대표성 진리의 핵심이 됩니다.

제2장

'예함성' 천국 길 내비게이션
성전과 예배당 T형 갈림길

"성령으로 거듭난 몸이 성전

보이는 예배당은

성전이 아니다!"

제2장

'예함성' 천국 길 내비게이션
성전과 예배당 T형 갈림길

칼빈이 종교 개혁을 하던 시기에는 예배당 안의 십자가조차도 우상으로 생각해 달지 못하게 했습니다. 그래서 개혁주의 교회의 예배당 안에는 십자가가 없는 곳이 있습니다. 그런데 칼빈 신앙을 이어받은 개혁주의 신앙의 본산이라고 하는 장로교회에서조차 성전이라는 말을 요즘 흔히 쓰는 것을 봅니다.

앞에서도 반복하며 말씀을 드렸습니다만, 하나님의 말씀이나 예수님이 전해주신 복음 그리고 진리는 하나님의 생각이 아닌 사람의 생각으로 가볍게 별 생각 없이 한 번이라도 덧붙여서 dash가 붙게 되면, 그것은 이미 변질된 말씀 dash이고 복음 dash, 진리 dash입니다. 그렇기 때문에 성경은 작은 누룩이 말씀을 변질시키는 것을 조심하라고 경고하는 것입니다.

예수님이 그대로 마지막 날까지 두라는 가라지 무리가 하나님이 남겨두신 자와 섞여 있는 것이 세상에 있는 교회입니다. 이는 하나님이 남겨두신 자를 기르시는 하나님 방법으로 늘 두 가지 시험을 통해 길러 가는 것이 하나님의 방법입니다. 아브라함, 욥 또는 예수님이 40일 금식 후 성령에 이끌려서 마귀에게 시험을 받게 하시려고 광야로 가게 하신 것이 다 그런 말씀입니다.

많은 사람들이 한국 교회나 목사님들에게 만연하고 있는 널리 퍼져버린 누룩 역시 하나님의 방법인 것은 분명합니다. 다만, 우리가 여기서 알아야 할 것은 하나님의 시험은 통과를 해야 하는 시험이고, 마귀의 시험은 빠지면 안 되는 시험이라는 것입니다. 따라서 마귀가 덫을 친 시험에 빠져서 하나님의 생각으로 돌아오지 못하고 거기서 영영 빠져나오지 못하는 것 그것이 바로 자신이 하나님에게 속한 자가 아니어서 그러는 것을 알아야합니다. 예를 들어서, 많은 사람들이 '예배당' 또는 '교회당'이라고 해야 하는 건물을 끝까지 성전! 성전! 하면서 빠져나오지 못한다면 그것이 곧 사단 마귀의 올무에 빠져서 그러는 것을 알아야 한다는 천국 길 T형 갈림길 안내 말씀입니다. 성경 말씀을 보면 성경에서 크게 일곱 가지 성전이 있는 것을 볼 수 있습니다.

제1성전 – 모세의 성막 성전(구약 성전)

성경에 가장 먼저 나오는 제1성전은 구약에서 모세가 지은 성막 성전입니다. 이 성전을 복음교실에서는 제1성전, 모세의 성막 성전, 구약 성전이라고 합니다.

하나님에 의해서 세상을 예표하는 애굽에서 구원을 받고, 약속의 땅 가나안으로 들어가기 전 광야에서 하나님의 백성이 하나님의 보호와 인도하심으로, 또한 하나님의 백성으로 훈련을 받고 체험을 하게 하신 때에 가장 먼저 하나님이 세우신 성전이 성막 성전입니다. 신약에서는 이때를 광야교회라고 합니다. 따라서 지금 현재 신약으로 예수를 믿고, 세상에서 구원을 받아서 현재 교회를 다니는 사람은 하나님의 백성으로 천국의 예표인 가나안에 들어가기 이전 광야교회에 속해 있는 신앙생활을 하는 것입니다.

이것을 알게 되면 예수를 믿는 우리에게 생각나는 것이 무엇입니까?

이스라엘은 하나님의 인도하에 세상을 예표하는 애굽에서 구원을 받았지만, 여호수아와 갈렙을 제외하고는 출애굽을 한 1세대 중에 단 한 명도 천국을 예표하는 가나안에 들어가지 못합니다. 이것은 우리 역시 세상에서 구원을 받고, 신약 백성으로 천국에 들어가기를 소망하며 예수 그리스도의 인도하심으로 광야 교회에 다니고 있지만, 성령으로 거듭나 그리스도 예수의 몸과 연합이 되지 않으면 천국에 들어갈 수 없다는 것을 이 예표로 알아야 합니다.

성경 말씀에서 예수님이 말씀하신 말씀들은 하나님을 믿지 않고, 예수를 믿지 않는 자들을 대상으로 하시는 말씀이 아닙니다. 그래서 교회에 다니는 사람은 세상에서 출애굽을 해서 하나님의 인도와 하나님 백성으로서 가나안 즉 천국에 들어갈 수 있도록 연단을 받게 하시는 것인데, 세상에서 구원을 받고 광야 교회에 다니지만 천국으로 가는 길로 가는 사람이 적은 것을 이렇게 말씀하십니다.

마 7 : 13-15

13 좁은 문으로 들어가라 멸망으로 인도하는 문은 크고 그 길이

넓어 그리로 들어가는 자가 많고
14 생명으로 인도하는 문은 좁고 길이 협착하여 찾는 자가 적음이라
15 거짓 선지자들을 삼가라 양의 옷을 입고 너희에게 나아오나 속에는 노략질하는 이리라

그런데 어떻습니까? 많은 사람들이 생명의 길로 인도를 한다고 하면서 예수님이 전하시는 복음말씀으로 그 수가 얼마든지 많을 수 있는 것으로 가르치고 설교를 합니다. 그러니 이 길이 넓은 길이며 예수님이 말씀하시는 진리의 길이 아닙니다. 이 말씀이 14절 15절 말씀입니다.

제2성전 – 솔로몬이 지은 성전(구약 성전)

두 번째 하나님이 짓게 하신 성전이 솔로몬 성전입니다.
이 성전은 성경을 보면 많은 돈을 들여서 아주 화려하게 하나님이 짓도록 하신 보이는 건물 성전입니다.

제3성전 – 스룹바벨이 재건축한 성전(구약 성전)

세 번째 성전은 바벨론 침공으로 솔로몬 성전이 허물어진 후 학개, 스가랴, 스룹바벨 등이 성전을 재건축했는데 이 성전을 일반적으로 스룹바벨 성전이라고 합니다. 이 역시 보이는 건물 성전입니다.

제4성전 – 헤롯 성전(구약 성전)

네 번째 성전은 하나님을 믿지도 않는 헤롯이 지은 성전으로 이 성전을 예수님은 삼 일 만에 허물어서 다시 지을 것을 말씀하십니다. 역시 사람의 눈에 보이는 건물 성전입니다.

마 24 : 1-16

1 예수께서 성전에서 나와서 가실 때에 제자들이 성전 건물들을 가리켜 보이려고 나아오니

그런데 건물로 된 헤롯 성전 이후의 성전은 어떤 성전이 된다고 예수님이 알려주십니까?

2 대답하여 이르시되 너희가 이 모든 것을 보지 못하느냐 내가 진실로 너희에게 이르노니 돌 하나도 돌 위에 남지 않고 다 무너뜨려지리라

3 예수께서 감람 산 위에 앉으셨을 때에 제자들이 조용히 와서 이르되 우리에게 이르소서 어느 때에 이런 일이 있겠사오며 또 주의 임하심과 세상 끝에는 무슨 징조가 있사오리이까

4 예수께서 대답하여 이르시되 너희가 사람의 미혹을 받지 않도록 주의하라

5 많은 사람이 내 이름으로 와서 이르되 나는 그리스도라 하여 많은 사람을 미혹하리라

6 난리와 난리 소문을 듣겠으나 너희는 삼가 두려워 말라 이런 일이 있어야 하되 아직 끝은 아니니라

7 "민족이 민족을, 나라가 나라를 대적하여 일어나겠고 곳곳에 기근과 지진이 있으리니"

8 이 모든 것은 재난의 시작이니라
9 그 때에 사람들이 너희를 환난에 넘겨 주겠으며 너희를 죽이리니 너희가 내 이름 때문에 모든 민족에게 미움을 받으리라
10 그 때에 많은 사람이 실족하게 되어 서로 잡아 주고 서로 미워하겠으며
11 거짓 선지자가 많이 일어나 많은 사람을 미혹하겠으며
12 불법이 성하므로 많은 사람의 사랑이 식어지리라
13 그러나 끝까지 견디는 자는 구원을 얻으리라
14 이 천국 복음이 모든 민족에게 증언되기 위하여 온 세상에 전파되리니 그제야 끝이 오리라
15 그러므로 너희가 선지자 다니엘이 말한 바 멸망의 가증한 것이 거룩한 곳에 선 것을 보거든(읽는 자는 깨달을진저)
16 그 때에 유대에 있는 자들은 산으로 도망할지어다

예수님은 십자가 대속으로 자기 백성을 저의 죄에서 구원을 하셔서, 성령으로 거듭난 자기 백성들의 몸이 각각 사람들의 눈으로는 보이지 않는 성전으로 세우셨습니다. 그래서 예수님이 십자가 위에서 보이는 헤롯 성전 건물을 허물어버리실 것을 말씀하신 것입니다. 마지막 때가 되면 예수님이 친히 지으신 거듭난 그리스도인의 몸이 성전인 것을 믿지 않고, 예수님이 허무신 보이는 건물 성전을 다시 지어서 성전이라고 하며 적그리스도가 앉을 것을 경고의 말씀으로 하신 것이 15절 말씀입니다.

15 그러므로 너희가 선지자 다니엘이 말한 바 멸망의 가증한 것이 거룩한 곳에 선 것을 보거든(읽는 자는 깨달을진저)

놀라운 것은 2000년 전 젊은 예수라는 한 청년이 아주 작은 나

라 이스라엘에서 태어나서 이단으로 몰려 십자가에 매달려 죽는데, 그가 죽기 전에 자신이 전한 천국 복음이 모든 민족에게 증거 되기 위하여 온 세상에 전파되니 그제야 끝이 오리라고 한 그 말이 오늘날 분명히 세상 끝까지 거의 다 이루어졌다는 것입니다. 그리고 실제로 헤롯이 지은 거대한 건물 성전은 예수님이 말씀하신 대로 현재 통곡의 벽으로만 남아 있는 것이 역사적 사실입니다. 그러니 마지막 때 적그리스도가 지어서 앉게 될 건물 성전을 성전! 성전! 하면, 그 성전은 어떤 성전이 되겠는지 생각을 해야 합니다. 따라서 지금은 예수님이 말씀한 세상 끝이 다 된 것을 이것만 보아도 알 수 있습니다.

따라서 보이지 않는 거듭난 그리스도인의 몸을 성전이라고 하는 것 외에 다른 것을 성전이라고 하는 것은 예수님이 말씀하시는 성전이 아닌 것을 알아야합니다. 이런 믿음은 예수님의 능력을 아무리 많이 체험을 했다고 해도, 예수님이 기뻐하시지 않는 그 아홉에 속한 믿음입니다.

눅 17 : 17-21, 23

17 예수께서 대답하여 이르시되 열 사람이 다 깨끗함을 받지 아니하였느냐 그 아홉은 어디 있느냐
18 이 이방인 외에는 하나님께 영광을 돌리러 돌아온 자가 없느냐 하시고
19 그에게 이르시되 일어나 가라 네 믿음이 너를 구원하였느니라 하시더라
20 바리새인들이 하나님의 나라가 어느 때에 임하나이까 묻거늘 예수께서 대답하여 이르시되 하나님의 나라는 볼 수 있게 임하는 것이 아니요

21 또 여기 있다 저기 있다고도 못하리니 하나님의 나라는 너희 안에 있느니라

......

23 사람이 너희에게 말하되 보라 저기 있다 보라 여기 있다 하리라 그러나 너희는 가지도 말고 따르지도 말라

제5성전 – 성령으로 거듭난 성도의 몸이 성전인 성전(신약 성전)

요 2 : 16-22

16 비둘기 파는 사람들에게 이르시되 이것을 여기서 가져가라 내 아버지의 집으로 장사하는 집을 만들지 말라 하시니
17 제자들이 성경 말씀에 주의 전을 사모하는 열심이 나를 삼키리라 한 것을 기억하더라
18 이에 유대인들이 대답하여 예수께 말하기를 네가 이런 일을 행하니 무슨 표적을 우리에게 보이겠느냐
19 예수께서 대답하여 이르시되 너희가 이 성전을 헐라 내가 사흘 동안에 일으키리라
20 유대인들이 이르되 이 성전은 사십육 년 동안에 지었거늘 네가 삼 일 동안에 일으키겠느냐 하더라
21 그러나 예수는 성전된 자기 육체를 가리켜 말씀하신 것이라
22 죽은 자 가운데서 살아나신 후에야 제자들이 이 말씀하신 것을 기억하고 성경과 예수께서 하신 말씀을 믿었더라

고린도전서는 분명히 이렇게 성전에 대해 알려줍니다.

고전 3 : 16-20

16 너희는 너희가 하나님의 성전인 것과 하나님의 성령이 너희 안에 계시는 것을 알지 못하느냐
17 누구든지 하나님의 성전을 더럽히면 하나님이 그 사람을 멸하시리라 하나님의 성전은 거룩하니 너희도 그러하니라
18 아무도 자신을 속이지 말라 너희 중에 누구든지 이 세상에서 지혜 있는 줄로 생각하거든 어리석은 자가 되라 그리하여야 지혜로운 자가 되리라
19 이 세상 지혜는 하나님께 어리석은 것이니 기록된 바 하나님은 지혜 있는 자들로 하여금 자기 꾀에 빠지게 하시는 이라 하였고
20 또 주께서 지혜 있는 자들의 생각을 헛것으로 아신다 하셨느니라

또 에베소서는 성전에 대해 이렇게 말씀합니다.

엡 2 : 20-22

20 너희는 사도들과 선지자들의 터 위에 세우심을 입은 자라 그리스도 예수께서 친히 모퉁잇돌이 되셨느니라
21 그의 안에서 건물마다 서로 연결하여 주 안에서 성전이 되어 가고
22 너희도 성령 안에서 하나님이 거하실 처소가 되기 위하여 예수 안에서 함께 지어져 가느니라

그런데 보이는 성전을 성전! 성전! 하면서 하나님이 기뻐하시는 성전을 짓는 것이니 돈을 내놓으라고 하며 아멘 아멘을 강요하면, 과연 이런 사람들을 예수님이 기뻐하시겠는가 생각을 해보아야 합니다.

딤전 3 : 1-5

1 "미쁘다 이 말이여, 곧 사람이 감독의 직분을 얻으려 함은 선한 일을 사모하는 것이라 함이로다"
2 그러므로 감독은 책망할 것이 없으며 한 아내의 남편이 되며 절제하며 신중하며 단정하며 나그네를 대접하며 가르치기를 잘하며
3 술을 즐기지 아니하며 구타하지 아니하며 오직 관용하며 다투지 아니하며 돈을 사랑하지 아니하며
4 자기 집을 잘 다스려 자녀들로 모든 공손함으로 복종하게 하는 자라야 할지며
5 (사람이 자기 집을 다스릴 줄 알지 못하면 어찌 하나님의 교회를 돌보리오)

한마디로 목회자는 돈 좋아하면 안 되고, 예수를 믿는 사람들도 기복신앙으로 돈 좋아하면 마귀의 시험에 걸려 생명의 말씀이 아닌 일만 악의 뿌리가 그 마음 밭에 내리는 것을 T형 갈림길로 기억하고 알아야합니다. 그러니 혹 성도가 적은 작은 교회 목회를 하는 목사님이 생명의 복음이 아닌 돈만 좋아하는 교회를 화려한 대형교회라는 이유로 부러워 할 이유가 전혀 없습니다.

고전 6 : 15-20

15 너희 몸이 그리스도의 지체인 줄을 알지 못하느냐 내가 그리스도의 지체를 가지고 창녀의 지체를 만들겠느냐 결코 그럴 수 없느니라
16 창녀와 합하는 자는 그와 한 몸인 줄을 알지 못하느냐 일렀으되 둘이 한 육체가 된다 하셨나니
17 주와 합하는 자는 한 영이니라

18 음행을 피하라 사람이 범하는 죄마다 몸 밖에 있거니와 음행하는 자는 자기 몸에 죄를 범하느니라
19 너희 몸은 너희가 하나님께로부터 받은 바 너희 가운데 계신 성령의 전인 줄을 알지 못하느냐 너희는 너희 자신의 것이 아니라
20 값으로 산 것이 되었으니 그런즉 너희 몸으로 하나님께 영광을 돌리라

제6성전 – 적그리스도가 지을 성전(신약 성전)

눅 17 : 20-23

20 바리새인들이 하나님의 나라가 어느 때에 임하나이까 묻거늘 예수께서 대답하여 이르시되 하나님의 나라는 볼 수 있게 임하는 것이 아니요
21 또 여기 있다 저기 있다고도 못하리니 하나님의 나라는 너희 안에 있느니라
22 또 제자들에게 이르시되 때가 이르리니 너희가 인자의 날 하루를 보고자 하되 보지 못하리라
23 사람이 너희에게 말하되 보라 저기 있다 보라 여기 있다 하리라 그러나 너희는 가지도 말고 따르지도 말라

하나님의 나라는 하나님이 통치하는 나라입니다. 사람이 통치하는 나라가 되면 하나님의 나라가 아닙니다. 다시 말씀을 드리지만 예수 그리스도의 대속으로 인해서 죄 사함을 얻고, 성령으로 거듭나서 하나님의 자녀가 된 우리는 성령이 계시는 성령의 전인 몸을 하나님이 기뻐하시는 거룩한 성전으로 지어져가야 합니다. 그렇지 않으면 T형 갈림길에서 하나님의 길이 아닌 사람의 길로 가는 것

입니다. 그리고 그 길의 결국은 무엇이 되겠습니까?

마 24 : 15

그러므로 너희가 선지자 다니엘이 말한 바 멸망의 가증한 것이 거룩한 곳에 선 것을 보거든(읽는 자는 깨달을진저)

제7성전 – 새 하늘과 새 땅, 영원히 변치 않을 성전(신약 성전)

이 성전은 하나님의 의가 온전히 이루질 때 하나님 및 어린 양이 친히 성전이 되는 마지막 성전입니다.

계 21 : 22, 23

22 성 안에서 내가 성전을 보지 못하였으니 이는 주 하나님 곧 전능하신 이와 및 어린 양이 그 성전이심이라
23 그 성은 해나 달의 비침이 쓸 데 없으니 이는 하나님의 영광이 비치고 어린 양이 그 등불이 되심이라

따라서 구약과 신약을 구분하지 못하고 건물 교회(예배당)를 '성전' '성전'하는 것은 성령으로 거듭나지 않은 세상에 속한 혼으로 있어 성령이 주시는 지혜를 받지 못해서 그런 말을 한다는 것을 천국 길 내비게이션 T형 갈김길로 알아야겠습니다.

제3장

'예함성' 천국 길 내비게이션
믿음의 T형 갈림길

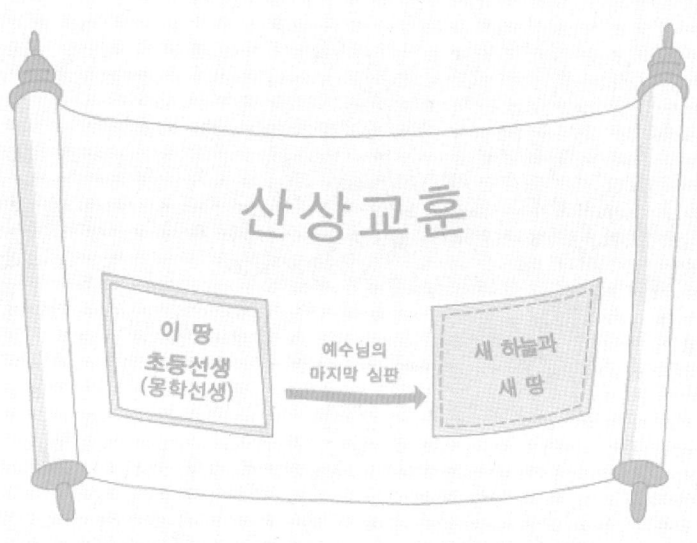

제3장

'예함성' 천국 길 내비게이션
믿음의 T형 갈림길

여러분은 낚시를 하다가 낚싯줄이 엉켜서 그 줄을 못 쓰고 내버린 경험이나, 실타래에서 실을 뽑다가 엉켜서 실을 쓰지 못하고 버린 경험이 있습니까?

실은 처음부터 첫줄을 놓치지 않고 풀어가야 끝까지 실이 잘 풀리는 것이지, 실을 중간에서 뽑아서 쓰려고 하면 중간에서 뽑아낸 실은 그 실을 잡아당길수록 엉켜서 더 이상 쓸 수 없는 실이 됩니다.

성경 말씀이나 예수님이 전해주시는 복음이나 하나님 나라의 비밀도 사실은 마찬가지입니다. 하나님을 믿는 사람들은 성경에 기록된 말씀들이 세상에서 필요한 명언이나 세상 사람들이 지킬 최상의 도덕률을 기록해 놓은 책이 아니라는 것을 다 압니다. 그리고 이것은 하나님을 믿는 사람에게 총론은 같은데 각론에 들어가면 다르다는 예 중의 하나가 되기도 합니다.

예수님을 믿는 사람들은 모두 다 아는 것처럼 성경에 기록된 말씀은 예수 그리스도로 인한 영생을 상고하도록 하게 하기 위해 창세기 1장 1절에서부터 계시록 22장 21절까지를 하나의 줄로 연결한 말씀입니다. 그래서 계시록 22장 21절로 성경을 통한 하나님의 말씀을 마치시면서 주 예수의 은혜가 모든 자에게 있을 것을 말씀으로 기록하고 있습니다.

그런데 성경 계시의 마지막 말씀으로 "주 예수의 은혜가 모든 자에게 있을지어다" 라는 말씀에서 꼭 기억하고 유념할 점은, 예수님이 말씀하신 하나님의 뜻에서 벗어나는 '주 예수 그리스도의 은혜'를 자기 임의로 꺼내거나 잘라서, 사람의 생각이나 세상적 의미로 또는 사전적인 의미로 쓰면 안 된다는 것입니다.

요 6 : 35-40

35 예수께서 이르시되 나는 생명의 떡이니 내게 오는 자는 결코 주리지 아니할 터이요 나를 믿는 자는 영원히 목마르지 아니하리라
36 그러나 내가 너희에게 이르기를 너희는 나를 보고도 믿지 아니하는도다 하였느니라
37 아버지께서 내게 주시는 자는 다 내게로 올 것이요 내게 오는 자는 내가 결코 내쫓지 아니하리라
38 내가 하늘에서 내려온 것은 내 뜻을 행하려 함이 아니요 나를 보내신 이의 뜻을 행하려 함이니라
39 나를 보내신 이의 뜻은 내게 주신 자 중에 내가 하나도 잃어버리지 아니하고 마지막 날에 다시 살리는 이것이니라
40 내 아버지의 뜻은 아들을 보고 믿는 자마다 영생을 얻는 이것이니 마지막 날에 내가 이를 다시 살리리라 하시니라

이 말씀은 바꾸어 말하면 하나님이 예수님에게 맡기시지 않은 자

는 예수님이 마지막 날에 단 하나도 다시 살리시지 않는 것 또한 하나님의 뜻이라고 하는 것입니다. 그렇기 때문에 계시록 22장 21절에서 "주 예수의 은혜가 모든 자에게 있을지어다"라는 말씀은 하나님이 뜻으로 정해서 예수님이 마지막 날 다시 살리시는 자 모두는 하나님의 은혜가 있을 것을 말씀하시는 것이지, 하나님이 뜻으로 정해서 예수님이 마지막 날 다시 살리시기로 예정된 자가 아닌 자는 주 예수의 은혜가 아닌 주 예수의 저주가 임하는 날입니다. 이것을 계시록 22장 21절에 기록하시어 동시에 알려주는 말씀인 것을 잊으면 안 된다는 것입니다. '예함성' 천국 길 내비게이션은 이 깨달음을 천국 길 안내로 알려드리는 말씀이기도 합니다.

성경 말씀을 편의에 의해 말씀을 중간에서 빼내어서 쓰거나 전하려 하면, 하나님의 뜻에 따른 주 예수의 은혜의 줄에서 놓치는 것입니다. 사전적 의미로 사람의 생각, 세상이 생각하는 보편적 은혜를 하나님의 뜻에 따른 은혜로 전하는 것은 저주의 길로, 잘못된 길로 인도를 합니다.

하나님의 뜻으로 정하시고 뜻에 따라 천국의 아들들로 뿌리신 씨가 영생을 얻도록 하신 하나님의 은혜는, 성경에서 처음부터 끝까지 알려주고 계십니다. 그래서 예수님이 하시는 말씀이나 행하시는 것 그리고 살리는 영에 대해 관심을 갖지 않고 믿는 것은 잘못된 믿음이 될 수밖에 없습니다. 예수님께서는 잘못된 믿음의 사람들에게서 떠나시는 것에 대하여 사람들이 은혜를 물질적인 은혜로만 보고 전하는 오병이어의 기적에 대한 말씀을 하십니다.

요 6 : 12-15

12 그들이 배부른 후에 예수께서 제자들에게 이르시되 남은 조각을 거두고 버리는 것이 없게 하라 하시므로
13 이에 거두니 보리떡 다섯 개로 먹고 남은 조각이 열두 바구니에 찼더라
14 그 사람들이 예수께서 행하신 이 표적을 보고 말하되 이는 참으로 세상에 오실 그 선지자라 하더라
15 그러므로 예수께서 그들이 와서 자기를 억지로 붙들어 임금으로 삼으려는 줄 아시고 다시 혼자 산으로 떠나가시니라

그래서 이 말씀에서 예수를 믿는 사람은 사람이 믿음을 갖고 하나님 앞에 무엇인가 내 놓았더니, 그런 인과응보로 오병이어의 기적을 일으켜 주실 것을 예수님이 믿게 하시기 위해서 오병이어의 기적을 일으키신 것이 아님을 반드시 알아야 합니다. 이런 세상적 믿음이 예수님을 떠나게 하는 기복적 신앙인 것이기 때문입니다. 그 깨달음이 없다면 오병이어의 기적을 체험한 사람이라고 할지라도 예수님을 세상 임금 삼으려는 줄 아시고 그로부터 떠나게 하는 우를 범하게 되는 것입니다.

이는 다음 말씀에서 알 수 있습니다.

요 6 : 26, 27

26 예수께서 대답하여 이르시되 내가 진실로 진실로 너희에게 이르노니 너희가 나를 찾는 것은 표적을 본 까닭이 아니요 떡을 먹고 배부른 까닭이로다
27 썩을 양식을 위하여 일하지 말고 영생하도록 있는 양식을 위하여 하라 이 양식은 인자가 너희에게 주리니 인자는 아버지

하나님께서 인치신 자니라

따라서 오늘에도 예수님이 일으켜주시는 오병이어의 기적을 체험을 하는 경우, 예수님이 말씀하신 썩는 양식을 위하여 일하지 말라는 말씀에서, 영생과 영사의 T형 갈림길에 섰을 때 어디로 가면 썩는 양식의 길이 된다는 말씀인지 분별할 수 있어야 합니다.

1. 산상교훈(수훈)에 대한 T형 믿음의 갈림길

기독교가 전하는 산상교훈(개역한글 성경에서는 산상수훈)은 세상 사람들까지도 칭찬을 아끼지 않는 이상적인 교훈으로 알려져 있습니다. 사람들의 생각으로 예수님이 말씀하시는 산상교훈을 사람들이 모두 지키며 산다면 그런 세상은 너무나 이상적인 세상이 될 것이기 때문입니다. 그런데 하나님의 생각은 사람의 생각과 어떻다는 것이 하나님의 생각이라고 했습니까? 하나님의 생각과 사람의 생각은 다르고, 하나님의 생각과 사람의 생각은 다르기 때문에 하나님이 가는 길과 사람이 가는 길은 다를 수밖에 없다는 것이 하나님의 말씀입니다. 그래서 산상교훈 역시 사람의 생각으로 예수님이 하신 산상교훈의 말씀을 들으면 잘못 듣는 귀가 될 수밖에 없고, 잘못된 귀로 들은 하나님의 말씀을 사람의 생각으로 열심히 가는 것은 그 결국이 하나님이 가게 하시는 길이 아닌 잘못된 T형 갈림길이 될 수밖에 없습니다.

따라서 본 책에서는 예수님이 산상교훈(산상수훈)을 통해 말씀하시고자 한 정말 가게 하시려는 길은 어떤 길인가를 '예함성' 천국 길 내비게이션의 T형 갈림길로 안내해 드리려고 합니다.

1) 예수님이 깨닫게 하시려는 산상교훈(산상수훈)의 참 뜻은 무엇일까요?

예수님은 산상교훈으로 이렇게 말씀을 하십니다.

마 5 : 27, 28

27 또 간음하지 말라 하였다는 것을 너희가 들었으나
28 나는 너희에게 이르노니 음욕을 품고 여자를 보는 자마다 마음에 이미 간음하였느니라

살인을 하고 폭력을 가하는 것 역시 성경은 동일하게 말씀하고 있습니다.

요일 3 : 15

15 그 형제를 미워하는 자마다 살인하는 자니 살인하는 자마다 영생이 그 속에 거하지 아니하는 것을 너희가 아는 바라

세상 사람들의 생각은 실제로 강간을 하고, 살인을 해야 세상에서 가장 추악한 인간이라고 생각합니다. 물론 실제로 하지 않았다면 자신에게는 그런 추악한 모습이 전혀 없다고 대부분의 사람들은 생각합니다. 그런데 하나님의 생각을 기록해 놓은 성경은 전혀 그렇지 않다는 것을 알려줍니다. 그렇기 때문에 하나님을 믿는 사람들은 하나님의 생각을 알아야 하는 것이고, 하나님의 생각을 알면 세상에 속해 있던 때와는 전혀 다른 자신의 모습이 말씀을 통해 보이고 깨달아집니다.

예수님은 분명히 자신은 길이요 진리요 생명이라고 하시면서 진리가 너희를 자유케 하리라라고 하셨습니다. 또한, 예수님에게서

배우면 예수님은 자신이 온유하고 겸손해서 예수님이 지워주는 멍에와 짐은 쉽고 가볍다고 하십니다.

마 11 : 28-30

28 수고하고 무거운 짐진 자들아 다 내게로 오라 내가 너희를 쉬게 하리라
29 나는 마음이 온유하고 겸손하니 나의 멍에를 메고 내게 배우라 그리하면 너희 마음이 쉼을 얻으리니
30 이는 내 멍에는 쉽고 내 짐은 가벼움이라 하시니라

그런데 산상교훈이나 살인에 대한 하나님의 생각은 어떻습니까? 성(性)을 알기 시작한 세상의 남자들 중에 과연 예수님이 산상교훈으로 말씀하신 간음에서 자유로울 수 있는 사람이 있겠으며, 단 한 번도 형제를 미워한 적이 없어 사람의 법이 아닌 하나님이 생각하시는 살인을 하지 않은 사람이 있겠냐는 것입니다.

또한, 진리가 너희를 자유케 하리라는 예수님 말씀에서 과연 자유케 될 수 있는 사람이 있겠습니까? 물론 그렇다고 예수님이 너희는 그러니 간음을 해도, 좋고 형제를 미워한다 해도 예수만 믿으면 영생을 얻고 천국에 들어간다는 그런 뜻으로 예수님이 "진리가 너희를 자유케하리라"고 하신 것도 아닙니다. 예수님은 이 땅에 율법을 폐하러 오신 것이 아니라 온전케 하시기 위해서 오신 것을 분명히 말씀하고 계십니다. 그래서 율법의 일점일획이라도 반드시 없어지지 아니하고 다 이루리라고 하신 말씀과는 상이하게 율법을 지키지 않아도 좋다고 가르치는 것은 안 된다는 것을 말씀하십니다.

마 5 : 17, 18

17 내가 율법이나 선지자를 폐하러 온 줄로 생각지 말라 폐하러 온 것이 아니요 완전하게 하려 함이로다
18 진실로 너희에게 이르노니 천지가 없어지기 전에는 율법의 일점 일획도 결코 없어지지 아니하고 다 이루리라

그러니 예수님이 말씀하신 산상교훈은 지키지 말라는 말씀이나, 너희는 지킬 수 없으니 지킬 필요가 없다는 말씀을 하시는 것이 아닙니다. 문제는 육을 가진 인간으로 과연 산상교훈을 예수님이 말씀하신 대로 율법의 일점일획이라도 반드시 없어지지 아니하고 다 이루는 육체를 가진 인간이 있겠는가 하는 것입니다. 그러니 산상교훈을 통해 예수님이 깨닫게 하시려는 말씀은 무엇이었을까요?

예수님이 산상교훈을 통해 깨닫게 하시려는 진정한 뜻이 무엇인지 알기 위해서 간음과 그 후에 이어지는 예수님의 말씀을 좀 더 살펴보겠습니다.

마 5 : 27-30

27 또 간음하지 말라 하였다는 것을 너희가 들었으나
28 나는 너희에게 이르노니 음욕을 품고 여자를 보는 자마다 마음에 이미 간음하였느니라
29 만일 네 오른 눈이 너로 실족하게 하거든 빼어 내버리라 네 백체 중 하나가 없어지고 온 몸이 지옥에 던져지지 않는 것이 유익하며
30 또한 만일 네 오른손이 너로 실족하게 하거든 찍어 내버리라 네 백체 중 하나가 없어지고 온 몸이 지옥에 던져지지 않는 것이 유익하니라

'이런!, 이런!' 예수님은,

> 29 만일 네 오른 눈이 너로 실족하게 하거든 빼어 내버리라 네 백체 중 하나가 없어지고 온 몸이 지옥에 던져지지 않는 것이 유익하며
> 30 또한 만일 네 오른손이 너로 실족하게 하거든 찍어 내버리라 네 백체 중 하나가 없어지고 온 몸이 지옥에 던져지지 않는 것이 유익하니라

라고 하십니다. 여러분은 세상에 사는 동안 눈이나 손이 영적으로 단 한 번도 실족하지 않는 눈과 손을 가진 인간이 있을 것으로 생각을 하십니까? 눈이나 손이 실족을 할 때마다 예수님이 말씀하신 대로 빼버리고 찍어 내버리면 어떤 육체가 성한 육체로 죽는 날까지 살 자가 있겠습니까? 단 한 사람도 지구상에는 실족하지 않고 살 수 있는 사람은 없습니다. 그렇다고 예수님의 말씀이 세상 종교인들처럼 눈을 빼는 척, 손을 자르는 척 같은 외식하는 신앙생활을 하라는 말씀도 아닙니다.

그러면 도대체 예수님이 말씀하시는 진리가 자유케 하리라는 말씀은 무슨 말씀이고, 실족을 하거든 눈을 빼고 팔다리를 자르라는 말씀은 무엇을 깨닫게 하시려는 말씀입니까? 예수님 말씀과 복음을 믿는 우리는 이 말씀을 깊이 생각해야 합니다. 예수님은 율법의 일점일획이라도 반드시 없어지지 아니하고 다 이루리라고 말씀하십니다. 도대체 율법의 일점일획이라도 반드시 없어지지 아니하고 다 이룰 수 있는 육체가 없는 데도 말입니다.

그렇다고 성경에서 단 한 번도 모든 율법은 지킬 수 없으니 그러

니 너희는 율법을 지킬 필요가 없다고 말씀을 하신 적도 없습니다. 예수님도 그렇고, 구약 성경도 그렇습니다. 예수님이 말씀하시는 실족은 이스라엘에게는 율법이나 계명에 대한 실족을 말씀하시는 것이라면, 이방인인 우리에게는 양심이 율법이고 계명입니다.

성경은 분명히 육체를 가진 인간은 어느 누구도 율법이나 양심을 온전히 지킬 수 없다는 것을 하나님의 말씀인 진리로 이렇게 전합니다.

롬 3 : 19, 20

19 우리가 알거니와 무릇 율법이 말하는 바는 율법 아래에 있는 자들에게 말하는 것이니 이는 모든 입을 막고 온 세상으로 하나님의 심판 아래에 있게 하려 함이라
20 그러므로 율법의 행위로 그의 앞에 의롭다 하심을 얻을 육체가 없나니 율법으로는 죄를 깨달음이니라

갈 3 : 10-13

10 무릇 율법 행위에 속한 자들은 저주 아래에 있나니 기록된 바 누구든지 율법 책에 기록된 대로 모든 일을 항상 행하지 아니하는 자는 저주 아래에 있는 자라 하였음이라
11 또 하나님 앞에서 아무도 율법으로 말미암아 의롭게 되지 못할 것이 분명하니 이는 의인은 믿음으로 살리라 하였음이라
12 율법은 믿음에서 난 것이 아니니 율법을 행하는 자는 그 가운데서 살리라 하였느니라
13 그리스도께서 우리를 위하여 저주를 받은 바 되사 율법의 저주에서 우리를 속량하셨으니 기록된 바 나무에 달린 자마다 저주 아래에 있는 자라 하였음이라

결국 무슨 말씀입니까?

율법을 온전히 지켜서 하나님 앞에 의롭다 여김을 받을 육체는 없다는 것을 깨닫고 네가 스스로 인정하라는 말씀입니다. 그러면 왜 하나님은 지킬 수도 없는 율법이나 양심을 주신 것입니까? 이어지는 말씀이 율법을 몽학선생(가정교사)이라고 합니다. 이렇게 볼 때에 개역개정 성경에서 율법을 초등교사 아래 있는 것으로 번역을 한 것은 다소 의미가 애매해지는 면이 있기는 합니다.

갈 3 : 21-25

21 그러면 율법이 하나님의 약속들과 반대되는 것이냐 결코 그럴 수 없느니라 만일 능히 살게 하는 율법을 주셨더라면 의가 반드시 율법으로 말미암았으리라
22 그러나 성경이 모든 것을 죄 아래에 가두었으니 이는 예수 그리스도를 믿음으로 말미암는 약속을 믿는 자들에게 주려 함이라
23 믿음이 오기 전에 우리는 율법 아래에 매인 바 되고 계시될 믿음의 때까지 갇혔느니라
24 이같이 율법이 우리를 그리스도께로 인도하는 초등교사가 되어 우리로 하여금 믿음으로 말미암아 의롭다 함을 얻게 하려 함이라
25 믿음이 온 후로는 우리가 초등교사 아래 있지 아니하도다

[참고] 이 말씀에 대한 개역한글 성경의 번역

24 이같이 율법이 우리를 그리스도에게로 인도하는 몽학 선생이 되어 우리로 하여금 믿음으로 말미암아 의롭다 함을 얻게 하려 함이니라

25 믿음이 온 후로는 우리가 몽학 선생 아래 있지 아니하도다

그러면 왜 하나님은 지킬 수 없는 율법을 죄가 무엇인지 알려주는 몽학 선생(초등교사)으로 주신 것일까요? 그리고 예수님은 왜 자신은 율법을 일점일획도 없애지 않고 온전히 다 이루기 위해 오신 것을 말씀하시는 것일까요? 도대체 율법이나 예수님이 말씀하시는 십계명은 지키라는 말씀일까요, 아니면 지킬 능력이 없으니 지킬 필요가 없다는 말씀일까요?

도대체 예수님이 산상교훈(산상수훈)을 통해 깨닫게 하시려는 말씀은 무엇을 깨닫게 하시려는 교훈일까요? 답은 쉽고 간단합니다.

로마서 6장 14절에 있는 바,

롬 6 : 14

죄가 너희를 주장하지 못하리니 이는 너희가 법 아래에 있지 아니하고 은혜 아래에 있음이라

입니다.

사도 바울은 어떤 육체도 율법을 온전히 지키는 것으로 하나님에게 의롭다 여김을 받을 수 없고, 이는 너희가 법 아래에 있지 아니하고 은혜 아래에 있음이라고 합니다. 이와 정반대로 예수님은 자신은 율법의 일점일획도 폐하로 오신 것이 아닌 온전히 율법을 다 이루기 위해 오신 것이며, 더 나아가 이렇게 가르치지 않는 것은 잘못된 가르침이라고 말씀하십니다. 완전히 두 말씀이 모순된 말씀으로 보입니다.

어떻게 깨달아야 이 두 말씀을 예수님의 은혜라고 하는 하나님의 은혜의 줄로 엉키지 않고, 이 두 복음과 진리를 전할 수 있는 것일까요? 직접 드리는 강론이 아니라 글로 표현을 해서는 이런 깊은 진리와 복음을 제대로 전하는 것이 어렵기는 하지만, 결론부터 말씀을 드립니다. 산상교훈이 온전히 이루어지는 때는 마지막 심판이 있은 후 하나님이 재창조하시는 새 하늘과 새 땅에서 예수님처럼 부활을 하게 해서 하나님의 백성으로 살 때입니다. 이때에 예수님이 말씀하시는 산상교훈이 하나님의 모든 백성에게 이루어진다는 것을 산상교훈으로 말씀하고 계시는 것입니다. 그러니 율법의 일점일획도 사라지지 않고 다 이루신다는 말씀은 너무 당연한 말씀입니다.

그런데 산상교훈에 대해 말하면서 육체를 가진 유대인들이나 인류가 하나님이 주신 율법을 온전히 다 지켜서 하나님에게 의롭다 함을 얻고, 영생을 할 수 있다고 생각을 하고, 그렇게 가르치니 예수님은 너희는 내 말을 못 알아듣고 너희가 육의 눈은 있으나 성경에 기록된 말씀을 영의 눈으로 보지 못한다고 하시는 것입니다.

따라서 율법이나 산상교훈이나 십계명이나 양심이나 지킬 필요가 없다는 말씀을 진리나 복음으로 전하는 것이 아니라, 하나님의 백성은 반드시 지켜야 하는 것이지만 육체를 가진 너희는 지킬 수 없는 것이니 그것을 인정하라는 것입니다. 그래야 예수님이 왜 이 땅에 오신 것인지 분명히 깨달을 수 있게 됩니다. 생각해보면 사람이 하나님과 함께 생명의 부활체로 영생을 하는 것은 그 어느 하나 하나님의 은혜가 아니면 인간이 할 수 있는 것은 없음을 깨닫게 하는 말씀입니다.

그래서 로마서 말씀이 이어집니다.

롬 6 : 14-18

14 죄가 너희를 주장하지 못하리니 이는 너희가 법 아래에 있지 아니하고 은혜 아래에 있음이라
15 그런즉 어찌하리요 우리가 법 아래에 있지 아니하고 은혜 아래에 있으니 죄를 지으리요 그럴 수 없느니라
16 너희 자신을 종으로 내주어 누구에게 순종하든지 그 순종함을 받는 자의 종이 되는 줄을 너희가 알지 못하느냐 혹은 죄의 종으로 사망에 이르고 혹은 순종의 종으로 의에 이르느니라
17 하나님께 감사하리로다 너희가 본래 죄의 종이더니 너희에게 전하여 준 바 교훈의 본을 마음으로 순종하여
18 죄로부터 해방되어 의에게 종이 되었느니라

사람이 율법을 온전히 하나도 어기지 않고 지킴으로써 하나님 앞에 의롭다 여김을 받을 육체가 없는 것을 예수를 믿는 사람들은 총론으로 모르는 사람은 없습니다. 그런데 각론에 들어가면 이 믿음이 바뀌는 것이 문제입니다. 그러다 보니 예수님이 말씀하신 산상교훈을 육체를 가진 지금의 우리가 예수를 믿는 그리스도인이 되면 반드시 지켜야 하고, 또 지킬 수 있는 것으로 가르칩니다. 그러면서 이를 기독교가 전하는 복음으로 산상교훈을 설교하고 가르칩니다. 그러나 하나님이 주신 율법의 핵심이 십계명이라는 생각을 하고 인정을 한다면 하나님 앞에 율법을 지켜서나, 십계명을 온전히 지켜서 의롭다 여김을 받을 육체가 없기는 마찬가지입니다. 그래서 율법이 죄가 무엇인지를 알게 하는 몽학 선생이라면 십계명 역시 죄가 무엇인지 깨닫고 하나님의 백성이 거룩하다는 것이 어떤 것인지를 알게 하는 몽학 선생인 것입니다.

바울이 로마서 7장에서 자신에 대해 하는 이런 고백도 결국 마찬가지입니다.

롬 7 : 9-25

9 전에 율법을 깨닫지 못했을 때에는 내가 살았더니 계명이 이르매 죄는 살아나고 나는 죽었도다
10 생명에 이르게 할 그 계명이 내게 대하여 도리어 사망에 이르게 하는 것이 되었도다
11 죄가 기회를 타서 계명으로 말미암아 나를 속이고 그것으로 나를 죽였는지라
12 이로 보건대 율법은 거룩하고 계명도 거룩하고 의로우며 선하도다
13 그런즉 선한 것이 내게 사망이 되었느냐 그럴 수 없느니라 오직 죄가 죄로 드러나기 위하여 선한 그것으로 말미암아 나를 죽게 만들었으니 이는 계명으로 말미암아 죄로 심히 죄 되게 하려 함이라
14 우리가 율법은 신령한 줄 알거니와 나는 육신에 속하여 죄 아래에 팔렸도다
15 내가 행하는 것을 내가 알지 못하노니 곧 내가 원하는 것은 행하지 아니하고 도리어 미워하는 것을 행함이라
16 만일 내가 원하지 아니하는 그것을 행하면 내가 이로써 율법이 선한 것을 시인하노니
17 이제는 그것을 행하는 자가 내가 아니요 내 속에 거하는 죄니라
18 내 속 곧 내 육신에 선한 것이 거하지 아니하는 줄을 아노니 원함은 내게 있으나 선을 행하는 것은 없노라
19 내가 원하는 바 선은 행하지 아니하고 도리어 원하지 아니하는 바 악을 행하는도다

20 만일 내가 원하지 아니하는 그것을 하면 이를 행하는 자는 내가 아니요 내 속에 거하는 죄니라
21 그러므로 내가 한 법을 깨달았노니 곧 선을 행하기 원하는 나에게 악이 함께 있는 것이로다
22 내 속사람으로는 하나님의 법을 즐거워하되
23 내 지체 속에서 한 다른 법이 내 마음의 법과 싸워 내 지체 속에 있는 죄의 법으로 나를 사로잡는 것을 보는도다
24 오호라 나는 곤고한 사람이로다 이 사망의 몸에서 누가 나를 건져내랴
25 우리 주 예수 그리스도로 말미암아 하나님께 감사하리로다 그런즉 내 자신이 마음으로는 하나님의 법을 육신으로는 죄의 법을 섬기노라

사도 바울은 자신이 성령으로 거듭났다고 하나 자신 안에서 죄의 법이 자신을 해방시키지 않은 것을 깨달았습니다. 또, 예수 그리스도로 인한 죄 사함을 얻게 하신 하나님의 은혜의 법이 아니면, 자신은 계명을 잘 지키고, 율법을 잘 지켜서 하나님 앞에 의롭다 함을 얻어서 영생을 할 수 없다는 것을 진리로 깨닫고 전하고 있습니다.

그래서 예수님께서,

마 5 : 17, 18

17 내가 율법이나 선지자나 폐하러 온 줄로 생각지 말라 폐하러 온 것이 아니요 완전케 하려 함이라
18 진실로 너희에게 이르노니 천지가 없어지기 전에는 율법의 일점 일획도 결코 없어지지 아니하고 다 이루리라

라고 하신 이유를 알기 위해서 좀 더 말씀에 깊이 들어가면, 이 말씀은 문법적으로 이런 말씀이 됩니다.

18절에서 '천지가 없어지기 전에는' 에서 '전'은 헬라어 '헤오스'입니다. 그런데 헬라어 '헤오스'는 마지막 때를 말씀하는 단어이기도 합니다. 따라서 예수님이,

> 18 진실로 너희에게 이르노니 천지가 없어지기 전에는 율법의 일 점 일획도 결코 없어지지 아니하고 다 이루리라

라고 하시는 말씀은 '지금의 3차원적인 물질로 된 현재의 천지와 너희 육체로는 율법을 일점 일획도 없어지지 아니하고 다 이루는 것은 불가능하다. 그래서 하나님이 마지막 심판 전에 새 하늘과 새 땅을 새롭게 재창조하시고, 하나님 나라의 백성은 생명의 부활체로 영생을 하는 몸으로 새롭게 재창조를 하지 않으면 안 된다. 따라서 이 마지막 때 새 하늘과 새 땅과 생명의 부활체로 너희가 바뀌기 전에는 하나님이 주신 모든 율법을 온전히 다 지킬 육체는 없는 것인데 너희가 왜 이것을 깨닫지 못하느냐?' 입니다.
 산상교훈의 말씀이 이 말씀을 하시는 것을 깨달을 때 비로소 사도 바울이 자신이 율법이나 계명을 온전히 지키지 못함에도 불구하고 진리 안에서 자유함을 얻는다고 왜 증정하는지 알 수 있습니다. 이 깨달음이 산상교훈이 전하는 핵심입니다.

롬 8 : 1-8

1 그러므로 이제 그리스도 예수 안에 있는 자에게는 결코 정죄함이 없나니
2 이는 그리스도 예수 안에 있는 생명의 성령의 법이 죄와 사망

의 법에서 너를 해방하였음이라

3 율법이 육신으로 말미암아 연약하여 할 수 없는 그것을 하나님은 하시나니 곧 죄로 말미암아 자기 아들을 죄 있는 육신의 모양으로 보내어 육신에 죄를 정하사
4 육신을 따르지 않고 그 영을 따라 행하는 우리에게 율법의 요구가 이루어지게 하려 하심이니라
5 "육신을 따르는 자는 육신의 일을, 영을 따르는 자는 영의 일을 생각하나니"
6 육신의 생각은 사망이요 영의 생각은 생명과 평안이니라
7 육신의 생각은 하나님과 원수가 되나니 이는 하나님의 법에 굴복하지 아니할 뿐 아니라 할 수도 없음이라
8 육신에 있는 자들은 하나님을 기쁘시게 할 수 없느니라

우리가 만약 십계명이나 율법이나 양심을 온전히 지켜야 하나님이 의롭다 여기시고, 기뻐하시는 것으로 가르치고, 믿고 전한다면 이것은 육신에 있는 자들로, 하나님을 기쁘시게 할 수 없는 자인 것을 알아야하며 이것이 마음으로 깊이 깨달아져야 합니다. 그래야 산상교훈을 듣는 귀와 눈이 예수님이 율법사나 부자 청년에게 영생에 대해 말씀하신 것과도 역시 한 줄로 연결이 되는 것입니다.

그러니 산상교훈은 여느 종교처럼 육체의 노력을 통해 온전히 이룰 수 있다는 교훈을 주기 위함이 아니라, 하나님이 아니면 하나님이 주신 십계명을 온전히 이루는 하나님의 백성이나 하나님의 자녀가 될 수 없는 것을 알도록 하기 위한 예수님의 교훈이라는 것입니다. 하나님의 백성, 하나님의 자녀는 누구로 인해 되는지 생각을 해야 합니다. 왜냐하면 예수님이 아니면 영생을 할 육체가 없기 때문입니다. 예수님은 자신이 하나님이신 것을 제자들에게는 물론 하나님의 백성으로 자처하는 유대인들에게 여러 표현을 통해 내가 하

나님이라는 것을 말씀하신 것을 알 수 있습니다.

2) 산상교훈에 대한 결론적 정리

예수님이 강론하신 산상교훈에 대한 정리를 하면 이런 정리입니다.

"하나님이 주신 십계명이나 율법은 현재의 인간이 가진 육체로는 지킬 수 없다. 그러니 그것을 너희는 먼저 인정을 해야 진정한 하나님을 믿는 온전한 믿음이 되는 것이다. 그렇지 않으면 그것이 곧 하나님 앞에 외식이 되는 것이고, 회칠한 무덤이 된다. 왜냐하면 지금의 너희 육체는 하나님이 만드신 육체로 하나님이 주신 십계명이나 율법이나 양심을 온전히 지킬 수 없는 육체이기 때문이다. 따라서 지금의 너희 육체로는 하나님이 주신 십계명이나 율법이나 양심을 온전히 지켜서 하나님 앞에 의롭다 함을 얻을 수 없는 것을 반드시 하나님 앞에 인정을 해야한다."

따라서 예수님이 강론하신 산상교훈에 대한 결론적 정리는 이렇게 듣는 귀로 되어야 합니다.

첫째, 하나님의 백성, 하나님의 자녀는 반드시 하나님과 하나가 되는 생각을 하고, 하나님과 하나가 되는 삶으로 영원히 사는 하나님의 백성, 하나님의 자녀가 되어야 한다.

둘째, 현재의 물질로 된 시간과 공간에 가두어진 3차원적 육체로는 하나님의 생각이나, 하나님과 하나가 되는 삶을 온전히 이루는 것은 불가능하다.

셋째, 하나님과 하나가 되는 생각을 하고, 하나님과 하나가 되는 삶으로 영원히 사는 하나님의 백성, 하나님의 자녀가 될 수 있도록 하나님이 지금의 삼차원적 물질이 아닌 하나님과 함께 영생을 하도록 하는 생명의 부활을 한 새로운 몸으로 재창조하신다. 그리고 지금의 우주 역시 지금과는 전혀 다른 다시는 썩지 않을 영원한 재창조로 새로운 신천신지가 되게 해서 하나님의 영원한 왕국을 이루신다.

넷째, 지금의 육체로 하나님이 주신 십계명이나 율법이나 양심을 하나님이 생각하시는 수준으로 온전히 지켜서 영생을 하거나 하나님이 의롭다 여기는 육체가 될 수 있는 것으로 자신을 생각을 하는 것이나, 다른 사람에게 그렇게 가르치는 것은 하나님을 속이는 외식이 되고, 회칠한 무덤이 되고, 평토장한 무덤이 된다.

다섯째, 예수님이 말씀하시는 진리를 깨달을 때 예수님이 말씀하신 예수님은 길이요 진리요 생명으로 진리가 너희를 자유케 하신다는 예수님 말씀이 우리 안에서 이루어진다.

여섯째, 따라서 예수님이 오셨고, 다시 올 수밖에 없는 것이다. 그러니 예수님이 오신 것을 듣고, 전하는 이런 말씀들이 기쁜 복음으로 들려져야 한다. 그런데 이런 기쁜 소식을 듣지 못하니 너희는 소경이고, 귀머거리인 것이다.

일곱째, 예수님이 말씀하시는 산상교훈에 대하여 영적으로 깨닫지 못하면, 당시의 유대 종교지도자들이나 세상의 종교인들처럼 지금의 우리 역시 자신의 눈을 빼내지 않고, 손을 자르지 않은 것으로 인해 이 죄인 저 죄인 하며 벗을 수 없는 멍에와 무거운 짐을 지고, 예수를 따르는 잘못된 외식하는 신앙생활을 하게 된다.

이에 대한 예수님 말씀입니다.

마 23 : 13-15

13 화 있을진저 외식하는 서기관들과 바리새인들이여 너희는 천국 문을 사람들 앞에서 닫고 너희도 들어가지 않고 들어가려 하는 자도 들어가지 못하게 하는도다

14 (없음)

15 화 있을진저 외식하는 서기관들과 바리새인들이여 너희는 교인 한 사람을 얻기 위하여 바다와 육지를 두루 다니다가 생기면 너희보다 배나 더 지옥 자식이 되게 하는도다

여덟째, 일점 일획도 폐하지 않고 온전히 다 이루는 하나님의 나라를 영원히 이루는 것 또한 사람으로서는 할 수 없으되 하나님으로서는 하실 수 있다.

이에 대한 예수님 말씀입니다.

마 19 : 16-26

16 어떤 사람이 주께 와서 이르되 선생님이여 내가 무슨 선한 일을 하여야 영생을 얻으리이까

17 예수께서 이르시되 어찌하여 선한 일을 내게 묻느냐 선한 이는 오직 한 분이시니라 네가 생명에 들어 가려면 계명들을 지키라

18 "이르되 어느 계명이오니이까 예수께서 이르시되 살인하지 말라, 간음하지 말라, 도둑질하지 말라, 거짓 증언 하지 말라"

19 "네 부모를 공경하라, 네 이웃을 네 자신과 같이 사랑하라 하신 것이니라"

20 그 청년이 이르되 이 모든 것을 내가 지키었사온대 아직도 무

엇이 부족하니이까

21 예수께서 이르시되 네가 온전하고자 할진대 가서 네 소유를 팔아 가난한 자들에게 주라 그리하면 하늘에서 보화가 네게 있으리라 그리고 와서 나를 따르라 하시니
22 그 청년이 재물이 많으므로 이 말씀을 듣고 근심하며 가니라
23 예수께서 제자들에게 이르시되 내가 진실로 너희에게 이르노니 부자는 천국에 들어가기가 어려우니라
24 다시 너희에게 말하노니 낙타가 바늘귀로 들어가는 것이 부자가 하나님의 나라에 들어가는 것보다 쉬우니라 하시니
25 제자들이 듣고 몹시 놀라 이르되 그렇다면 누가 구원을 얻을 수 있으리이까
26 예수께서 그들을 보시며 이르시되 사람으로는 할 수 없으나 하나님으로서는 다 하실 수 있느니라

우리는 이방인이므로 하나님이 주신 양심을 온전히 다 지켜서 하나님의 자녀, 하나님의 백성이 되어야 하는 것은 당연한 당위입니다. 그럼에도 불구하고 지금의 육체로는 이것을 온전히 지키는 것은 불가능한 것을 인정하고, 깨달을 때 예수님이 왜 이 땅에 자기 백성을 위해 오신 것인지 알게 됩니다. 그로 인해 예수님이 말씀하신 진리가 우리를 자유케 하는 믿음이 됩니다. 이런 깨달음을 얻고, 예수님이 말씀하신 진리로 자유케 되고, 예수님이 말씀하신 진리와 복음으로 정말 하나님과 하나가 되는 신천신지 하나님의 나라에서 생명의 부활로 영생을 하게 하시니 얼마나 감사하고 기쁜 일입니까? 이 모든 것이 하나님이 다 해주시는 은혜인데 어떻게 감사와 영광과 찬송을 하나님(예수님)에게 드리는 예배가 되지 않을 수 있겠습니까?

2. T형 갈림길 – 주어로 본 믿음의 3단계

  예수를 믿는 사람들은 믿음을 아주 중요하게 여기고 늘 강조합니다. 그런데 같은 성경으로 같은 하나님, 같은 예수님, 같은 성령님에 대한 믿음을 말해도 세상 사람들의 믿음은 지문처럼 서로 다릅니다. 사람이 사는 것이나 가는 길이 서로 다른 것도, 같은 성경으로 같은 하나님, 같은 예수님, 같은 성령님을 말해도 수 많은 이단들이 기독교 안에 있는 것도, 사람의 믿음이 서로 다르기 때문입니다. 그만큼 성경이나 예수님이 말씀하시는 믿음이 쉬운 말씀이 아니라는 것을 우리는 알아야합니다.

  특히, 목회자들은 예수님이 맡기신 예수님의 양들의 영을 돌보는 종으로서의 사역을 감당하고 있는 것인데 – 오진이 없는 진단을 정확히 하여 병을 잘 치유해 줄 수 있어야 좋은 의사인 것처럼 – 목사들도 영적 의사로서 예수님이 맡기신 양들의 영적 상태를 정확히 진단을 할 수 있어야 바른 목사가 될 수 있습니다. 그래서 목사님들은 물론 어떤 사역이든지 하나님이 주신 사역을 교회 안에서 담당하고 있는 사람이라면 자신의 영적 수준이 다른 사람들보다 높을수록 좋은 것은 너무 당연합니다.

  우리의 믿음을 주어로 본 3단계 믿음으로 구분하여 알아보도록 하겠습니다.

  ### 1) 주어로 본 1단계 믿음 – 자신이 주어인 믿음

  사람들은 자신이 주어로 세상을 사는데 자기가 능력이 있어야 하고, 자기가 애를 써야 하고, 자기 머리가 좋아야 하고, 자기가 남들보다 선택을 잘해야 하는 식으로 자기가 주어가 되는 삶을 삽니다. 어린 아기도 철저하게 자기가 주어인 삶을 삽니다. 어린 아기는 자기 생각에 좋은 것은 닥치는 대로 집어서 먹으려고 하고, 자기에게 필요한 것은 이웃이야 어떻게 되든지 말든지, 자기 부모의 생각이 어떻든지 말든지 관계치 않고 자기에게 필요하면 달라고 시끄럽게 울어대고, 자기가 좋으면 웃고, 그렇게 자기 생각대로 삽니다. 이와 같이 자기가 주어인 삶을 사는 사람은 모든 것은 다 자기 뜻대로 하려고 하고, 자기 뜻이 이루어지지 않으면 싫어하고, 이웃에 대한 생각을 전혀 하지 않습니다. 그래서 이 믿음을 주어로 본 1단계 믿음이라고 합니다.

 예수를 믿는 사람이나 하나님의 말씀을 전하는 데도 사실은 이런 믿음으로 전하는 경우가 허다한 것을 볼 수 있습니다. 예수 믿는 것을 자기가 열심히 믿고, 자기가 잘 결단을 하고, 자기가 잘 선택해 하나님을 믿는 것이고, 자기 의지로 하나님을 기쁘시게 하는 믿음이나 행위를 할 수 있는 것으로 믿는 믿음을 갖고 신앙생활을 하는 사람들이 의외로 많습니다. 그래서 하나님의 말씀을 전하는데 사람의 열심, 사람의 믿음, 사람의 결단, 사람의 선택 등을 하나님이 아닌 사람을 주어로 전하고 설교를 합니다. 자기를 주어로 하나님을 믿는 사람은, 자기 믿음이 없어서 그렇지 믿음만 있으면 병도 낫고, 사업도 잘 되고, 구원도 받고, 거듭도 나고, 영생도 하고, 의인도 되고 하는 등으로 이것을 기독교가 전하는 복음이고 진리인 것으로 전하며 믿게 합니다. 그런데 인간은 본성적으로 이기주의여서 이런 믿음은 자기 유익만을 취하고 구하는 어린 아기와 같은 낮은 단계의 믿음이 될 수밖에 없습니다.

 이런 말씀을 성경 말씀에서 알아보겠습니다.

출 17 : 1-4

1 이스라엘 자손의 온 회중이 여호와의 명령대로 신 광야에서 떠나 그 노정대로 행하여 르비딤에 장막을 쳤으나 백성이 마실 물이 없는지라
2 백성이 모세와 다투어 이르되 우리에게 물을 주어 마시게 하라 모세가 그들에게 이르되 너희가 어찌하여 나와 다투느냐 너희가 어찌하여 여호와를 시험하느냐
3 거기서 백성이 목이 말라 물을 찾으매 그들이 모세에게 대하여 원망하여 이르되 당신이 어찌하여 우리를 애굽에서 인도해 내어서 우리와 우리 자녀와 우리 가축이 목말라 죽게 하느냐
4 모세가 여호와에 부르짖어 이르되 내가 이 백성에게 어떻게 하리이까 그들이 조금 있으면 내게 돌을 던지겠나이다

3절 말씀을 다시 한 번 정확하게 알아봅니다.

3 거기서 백성이 목이 말라 물을 찾으매 그들이 모세에게 대하여 원망하여 이르되 당신이 어찌하여 우리를 애굽에서 인도해 내어서 우리와 우리 자녀와 우리 가축이 목말라 죽게 하느냐

3절 말씀이 어떤 말씀입니까?
사람이 주어인 믿음입니다.
그런데 2절 말씀은 사람이 주어인 출애굽 1세대와 주어를 하나님으로 본 모세의 믿음이 섞여 있는 말씀입니다.

2절 말씀을 다시 봅니다.

2 백성이 모세와 다투어 이르되 우리에게 물을 주어 마시게 하
라 모세가 그들에게 이르되 너희가 어찌하여 나와 다투느냐
너희가 어찌하여 여호와를 시험하느냐

동일한 성경인데도 성경 말씀들은 하나님만을 주어로 말씀이 기록되어 있는 것이 아니라, 사람이 주어인 말씀, 사람이 주어이고 하나님은 사람이 어떻게 하는가에 따라 반응하시는 조건부 믿음으로 보이는 말씀, 또 오직 모든 것은 하나님이 다 하신다는 하나님만이 주어인 것을 알리는 말씀, 이런 세 가지 표현의 말씀이 성경의 여기저기에서 성경 말씀으로 섞여 있습니다. 그런데 사람이 자라가면서 자기 마음대로, 자기 믿음대로, 자기가 원하는 대로 세상 일이 되는 것이 아닌 것을 차차 알게 됩니다. 그래서 주어로 본 2단계 믿음이 되면 이것을 인정을 하고 조건부 믿음을 갖는 믿음이 성장하며 나타납니다.

2) 주어로 본 2단계 믿음 – 자신이 주어인 조건부 믿음

주어로 본 2단계 믿음은 자신이 해결할 수 없는 것을 자신보다 더 능력이 있을 것으로 기대하는 다른 어떤 대상이 해결해 줄 것을 믿는 믿음입니다. 그런데 문제는 이 믿음 역시 주어는 자신이고, 자신이 믿는 대상에게 자신이 어떻게 하는가 하는 조건부 믿음입니다.

그래서 주어로 본 1단계 믿음에서 주어로 본 2단계 믿음이 되면 자기가 원하는 것을 자신이 믿는 신이나 어떤 대상이 이루어주도록 정성을 다하려 합니다. 새벽에 정화수를 떠놓고 기도를 하기도 하고, 부처님에게 3000배를 하기도 하고, 무당 같으면 1000만 원짜리 상을 차리면 일이 잘 풀리지만 50만 원짜리 상을 차리면 어떻고

하는 식으로 조건부 믿음을 자신들이 믿는 신의 마음인 것으로 전하고 믿게 합니다.

하나님을 믿는 경우도 주어로 본 2단계 믿음에 있는 경우가 대부분입니다. 성경에서 주어로 본 2단계 믿음에 대해 기록해 놓은 대표적 말씀을 들어봅니다.

신 28 : 1-6

1 네가 네 하나님 여호와의 말씀을 삼가 듣고 내가 오늘 네게 명령하는 그의 모든 명령을 지켜 행하면 네 하나님 여호와께서 너를 세계 모든 민족 위에 뛰어나게 하실 것이라
2 네가 네 하나님 여호와의 말씀을 청종하면 이 모든 복이 네게 임하며 네게 이르리니
3 성읍에서도 복을 받고 들에서도 복을 받을 것이며
4 네 몸의 자녀와 네 토지의 소산과 네 짐승의 새끼와 소와 양의 새끼가 복을 받을 것이며
5 네 광주리와 떡 반죽 그릇이 복을 받을 것이며
6 네가 들어와도 복을 받고 나가도 복을 받을 것이니라

이 말씀은 복을 받는 조건의 말씀입니다. 하나님이 복을 주시겠다는 말씀이 얼핏 보면 자신도 잘 하면 하나님이 주시는 복을 받을 수도 있겠다는 생각이 들 수도 있겠지만, 그러나 하나님이 하시는 말씀을 귀 기울여 생각해보면 하나님이 주시는 복을 조건부로 받는 것이 얼마나 어려운 것인지 들리고 보입니다. 하나님이 복을 주시겠다고 말씀하신 조건은 하나님이 주신 모든 명령을 지켜 행하여야 복을 주신다는 말씀이지 일부만 지켜도가 아닙니다.

그리고 하나님이 저주를 하실 것에 대한 말씀은 어떻습니까?
하나님이 저주를 하실 조건에 대한 말씀은 이렇습니다.

신 28 : 14-19

14 내가 오늘 너희에게 명령하는 그 말씀을 떠나 좌로나 우로나 치우치지 아니하고 다른 신을 따라 섬기지 아니하면 이와 같으리라
15 네가 만일 네 하나님 여호와의 말씀을 순종하지 아니하여 내가 오늘 네게 명령하는 그의 모든 명령과 규례를 지켜 행하지 아니하면 이 모든 저주가 네게 임하며 네게 이를 것이니
16 네가 성읍에서도 저주를 받으며 들에서도 저주를 받을 것이요
17 또 네 광주리와 떡 반죽 그릇이 저주를 받을 것이요
18 네 몸의 소생과 네 토지의 소산과 네 소와 양의 새끼가 저주를 받을 것이며
19 네가 들어와도 저주를 받고 나가도 저주를 받으리라

어떻습니까?
하나님이 저주에 대한 조건으로 말씀하신 모든 명령과 규례를 행할 수 있겠는지요? 저는 아무리 봐도 하나님이 복을 주시는 조건은 지킬 수 없고, 하나님이 저주를 내리시는 것은 이 세상에 사는 사람은 누구라도 다 받을 수밖에 없는 것을, 하나님이 저주에 대한 조건부로 주시는 말씀으로 밖에는 이 말씀이 보이지 않습니다. 그러니 하나님을 믿고 하나님에게 조건부로 하나님의 복을 받는 육체가 과연 이 세상에 있겠느냐는 것입니다. 그래서 세상의 신들은 모두 조건부로 보응하는 신인 것을 말하지만, 예수님이 가르쳐주신 신약으로서의 성경 말씀은 이에 대해 조건부로 하나님의 복을 받는 것은 불가능한 것을 전합니다.

롬 3 : 10-20

10 기록된 바 의인은 없나니 하나도 없으며
11 깨닫는 자도 없고 하나님을 찾는 자도 없고
12 다 치우쳐 함께 무익하게 되고 선을 행하는 자는 없나니 하나도 없도다
13 그들의 목구멍은 열린 무덤이요 그 혀로는 속임을 일삼으며 그 입술에는 독사의 독이 있고
14 그 입에는 저주와 악독이 가득하고
15 그 발은 피 흘리는데 빠른지라
16 파멸과 고생이 그 길에 있어
17 평강의 길을 알지 못하였고
18 그들의 눈 앞에 하나님을 두려워함이 없느니라 함과 같으니라
19 우리가 알거니와 무릇 율법이 말하는 바는 율법 아래에 있는 자들에게 말하는 것이니 이는 모든 입을 막고 온 세상으로 하나님의 심판 아래 있게 하려 함이라
20 그러므로 율법의 행위로 그의 앞에 의롭다 하심을 얻을 육체가 없나니 율법으로는 죄를 깨달음이니라

따라서 세상 신이나 조상귀신을 믿는 것이 아닌, 하나님을 믿되 예수를 구원의 주 즉 예수님을 주어로 믿는 것은,

20 그러므로 율법의 행위로 그의 앞에 의롭다 하심을 얻을 육체가 없나니 율법으로는 죄를 깨달음이니라

를 깨닫고 인정하는 믿음이 되지 않으면 안 됩니다.

사도 바울은 이 깨달음으로 율법은 오직 죄를 깨닫게 하는 몽학선생(가정교사 또는 초등교사)인 것이지, 율법을 온전히 지킬 육체는 없다는 것을 단호히 하나님의 말씀으로 전한 것입니다. 따라서 2단계 조건부 믿음으로 마치 영생을 얻을 수 있는 것으로 전하면서 이것이 예수님이 알려주시는 복음으로 전하며 가르치는 것은 예수님이 말씀하시는 외식하는 자요, 회칠한 무덤이 될 수밖에 없는 믿음입니다. 사람의 세상 종교처럼 하나님이 복을 내려줄 정도로 선을 온전히 행하고, 거룩하게 사는 것으로 하나님이 의롭다 하시는 것이라면 예수님이 이 땅에 오셔서 십자가를 지고, 고통을 받으시며 죽으실 이유가 전혀 없기 때문입니다.

'예함성' 천국 길 내비게이션은 단호히 전합니다. 하나님이 주신 계명을 누구든지 철저히 지켜서 저주를 받지 않고, 영생을 얻는 복을 받을 수 있는 것으로 가르치고 전하며 이런 길을 천국 길로 안내한다면, 전하는 자와 따르는 자는 하나님의 길이 아닌 사람의 길을 따라 둘째 사망의 길로 들어갈 수밖에 없다는 것을 T형 갈림길 안내 말씀으로 분명히 알려 드립니다.

마 23 : 13-15

13 화 있을진저 외식하는 서기관들과 바리새인들이여 너희는 천국 문을 사람들 앞에서 닫고 너희도 들어가지 않고 들어가려 하는 자도 들어가지 못하게 하는도다
14 (없음)
15 화 있을진저 외식하는 서기관들과 바리새인들이여 너희는 교인 한 사람을 얻기 위하여 바다와 육지를 두루 다니다가 생기면 너희보다 배나 더 지옥 자식이 되게 하는도다

3) 주어로 본 3단계 믿음 – 하나님만 절대 주어인 믿음

하나님은 하나님의 백성을 지으신 이유를 어떻게 말씀을 하십니까?

사 43 : 7, 21

7 내 이름으로 불려지는 모든 자 곧 내가 내 영광을 위하여 창조한 자를 오게 하라 그를 내가 지었고 그를 내가 만들었느니라

……

21 이 백성은 내가 나를 위하여 지었나니 나를 찬송하게 하려 함이니라

이것이 하나님이 말씀하신 하나님의 백성에 대한 하나님의 창조 목적입니다. 따라서 이 말씀은 하나님의 복을 받고, 하나님의 저주를 받지 않는 것은 모든 것이 다 하나님의 온전한 은혜입니다. 그렇지 않으면 하나님의 백성이 된 것에 대해 하나님께 모든 영광을 돌리고 찬송을 드릴 이유가 없습니다. 이 말씀은 왜 그것을 깨닫지 못하느냐는 예수님의 말씀이기도 합니다.

하나님의 복을 받기 위해 사람인 자신이 하나님에게 무엇인가를 열심히 해서 하나님에게 받은 복이라면 그 복은 이미 온전한 하나님의 은혜가 아닌 하나님으로부터 삯을 받는 것입니다.

주어로 본 3단계 믿음은 하나님만이 주어인 믿음으로, 이 믿음이야말로 하나님의 진정한 은혜를 깨닫고, 하나님에게 모든 영광을 진정으로 돌리고, 하나님만을 찬양하는 믿음이라는 것을 말씀드립

니다. 주어로 본 3단계 믿음은 하나님의 창세 전 예정에 대한 믿음이 하나님의 절대 주권으로 주시는 은혜라는 것이 깨달아진 믿음으로, 사람이 어떻게 하는가에 따르는 조건부 믿음과는 다릅니다. 생각해보면 세상 사람은 어느 누구도 하나님의 창세 전 예정을 믿는 사람은 없습니다. 그러나 하나님의 창세 전 예정에 대한 믿음이 들어오면 하나님이 세상을 창조하실 때 사람인 나는 그 시간에 존재해 있을 수조차 없는데 하나님이 천국의 비유에 감추인 말씀들을 듣고 돌이켜 죄 사함을 얻게 하신 은혜가 온전히 하나님의 은혜인 것을 깨닫고, 예수님이 말씀하시는 복음과 진리의 일관성을 갖는 믿음이 됩니다.

하나님이 말씀하시는 하나님 백성의 창조 목적입니다.

사 43 : 7, 21

7 내 이름으로 불려지는 모든 자 곧 내가 내 영광을 위하여 창조한 자를 오게 하라 그를 내가 지었고 그를 내가 만들었느니라

......

21 이 백성은 내가 나를 위하여 지었나니 나를 찬송하게 하려 함이니라

그래서 주어로 본 3단계 믿음이 하나님의 속성이나, 하나님의 일하심이나, 하나님이 어떤 하나님이신가를 온전히 깨닫고 이러한 하나님의 은혜를 감사하고, 찬양하고, 영광을 돌리는 믿음이 되는 것을 '예함성' 천국 길 내비게이션은 강조해 천국 길 믿음으로 안내해 드리고 있습니다.

잠시 하나님의 백성을 삼으시는 하나님의 계획에 대한 말씀을 보겠습니다.

창 15 : 7-14

7 또 그에게 이르시되 나는 이 땅을 네게 주어 소유를 삼게 하려고 너를 갈대아인의 우르에서 이끌어 낸 여호와니라
8 그가 이르되 주 여호와여 내가 이 땅을 소유로 받을 것을 무엇으로 알리이까
9 여호와께서 그에게 이르시되 나를 위하여 삼 년 된 암소와 삼 년 된 암염소와 삼 년 된 숫양과 산비둘기와 집비둘기 새끼를 가져올지니라
10 아브람이 그 모든 것을 가져다가 그 중간을 쪼개고 그 쪼갠 것을 마주 대하여 놓고 그 새는 쪼개지 아니하였으며
11 솔개가 그 사체 위에 내릴 때에는 아브람이 쫓았더라
12 해 질 때에 아브람에게 깊은 잠이 임하고 큰 흑암과 두려움이 그에게 임하였더니
13 여호와께서 아브람에게 이르시되 너는 반드시 알라 네 자손이 이방에서 객이 되어 그들을 섬기겠고 그들은 사백 년 동안 네 자손을 괴롭히리니
14 그들이 섬기는 나라를 내가 징벌할지며 그 후에 네 자손이 큰 재물을 이끌고 나오리라

이 언약은 실제로 400년 후 하나님에 의해 그대로 이루어진 이스라엘 민족과 출애굽 사건입니다.
그리고 이 말씀은 다시 창세기 3장 말씀으로 거슬러 올라가면서 이렇게 이어집니다.

창 3 : 13-15

13 여호와 하나님이 여자에게 이르시되 네가 어찌하여 이렇게 하였느냐 여자가 이르되 뱀이 나를 꾀므로 내가 먹었나이다
14 여호와 하나님이 뱀에게 이르시되 네가 이렇게 하였으니 네가 모든 가축과 들의 모든 짐승보다 더욱 저주를 받아 배로 다니고 살아 있는 동안 흙을 먹을지니라
15 내가 너로 여자와 원수가 되게 하고 네 후손도 여자의 후손과 원수가 되게 하리니 여자의 후손은 네 머리를 상하게 할 것이요 너는 그의 발꿈치를 상하게 할 것이니라 하시고

이 말씀에서 뱀의 후손인 사탄 마귀의 후손들의 머리를 상하게 하실 것을 말씀하신 것은 창세 전에 이미 세우신 하나님의 계획입니다. 그래야 여인의 후손으로 뱀의 머리를 짓밟아 구원하실 예수 그리스도에 의한 계획이 이미 하나님에 의해 창세 전에 예정되어 있었던 것을 알게 되고, 이 믿음이 창세 전 하나님의 예정에 대한 믿음으로 확신을 주어 인간 중심인 자유의지나 사람의 믿음으로 왔다 갔다 하는 흔들리는 믿음이 되지 않게 됩니다.
예수님은 이 말씀을 복음과 진리의 말씀으로 이렇게 하십니다.

마 6 : 26-32

26 공중의 새를 보라 심지도 않고 거두지도 않고 창고에 모아 들이지도 아니하되 너희 하늘 아버지께서 기르시나니 너희는 이것들보다 귀하지 아니하냐
27 너희 중에 누가 염려함으로 그 키를 한 자라도 더할 수 있겠느냐
28 또 너희가 어찌 의복을 위하여 염려하느냐 들의 백합화가 어떻게 자라는가 생각하여 보라 수고도 아니하고 길쌈도 아니

하느니라
29 그러나 내가 너희에게 말하노니 솔로몬의 모든 영광으로도 입은 것이 이 꽃 하나만 같지 못하였느니라
30 오늘 있다가 내일 아궁이에 던져지는 들풀도 하나님이 이렇게 입히시거든 하물며 너희일까보냐 믿음이 작은 자들아
31 그러므로 염려하여 이르기를 무엇을 먹을까 무엇을 마실까 무엇을 입을까 하지 말라
32 이는 다 이방인들이 구하는 것이라 너희 하늘 아버지께서 이 모든 것이 너희에게 있어야 할 줄을 아시느니라

그렇기 때문에 예수님은 너희는 이렇게 기도하라고 하시면서 넘치는 양식이 아닌 일용할 양식을 구하라고 가르치십니다. 마찬가지로 하나님은 자기 백성인 이스라엘을 출애굽을 하게 하신 후 일용할 양식인 만나를 주시며 약속의 땅 가나안에 들어가기에 앞서 하나님의 백성으로 적합한 믿음이 되는 훈련을 시키신 것입니다.

여러분은 성경 말씀에서 아브라함에게 하나님이 택하신 믿음의 조상이 되도록 하신 하나님의 언약은 언제부터 있었을 것으로 생각하십니까?
다음과 같이 여러 대답이 있을 수 있습니다.

아브라함을 부르신 날?
아니면 아브라함이 태어난 날?
아니면 아브라함이 어머니의 태속에 있을 때?

하나님이 하시는 일의 속성은 시간과 공간에 가두어진 인간의 속성이 아닌, 영원성이 하나님의 속성입니다. 사람의 생각으로는 하

나님이 하시는 일에 대해 사람은 시간이나 공간으로 생각을 가두어져서 하지만 하나님에게는 시간이나 공간이 아무 의미가 없는 것을 알아야합니다. 이것을 온전히 깨달을 때 우리는 예수님이 말씀하시는 하나님만을 주어로 믿는 믿음으로 모든 성경 말씀과 하나님이 하시는 일이 깨달아지고, 들리는 믿음이 됩니다. 이렇게 주어로 본 3단계 믿음으로 오직 하나님이 모든 것을 주어로 하신 하나님이신 것을 진정으로 깨닫고, 인정을 할 때 하나님의 은혜를 깨달은 진정한 믿음에 이릅니다.

예수님은 말씀하십니다.

요 5 : 39

너희가 성경에서 영생을 얻는 줄 생각하고 성경을 연구하거니와 이 성경이 곧 내게 대하여 증언하는 것이니라

요 15 : 16

너희가 나를 택한 것이 아니요 내가 너희를 택하여 세웠나니 이는 너희로 가서 열매를 맺게 하고 또 너희 열매가 항상 있게 하여 내 이름으로 아버지께 무엇을 구하든지 다 받게 하려 함이라

누가 택하신다는 말씀입니까? 사람이 아닌 예수님이 택하신 것을 예수님은 분명히 말씀하십니다. 그리고 사도 요한은 하나님의 사랑하심에 대해 이렇게 전합니다.

요일 4 : 9-12

9 하나님의 사랑이 우리에게 이렇게 나타난 바 되었으니 하나님이 자기의 독생자를 세상에 보내심은 그로 말미암아 우리

를 살리려 하심이라
10 사랑은 여기 있으니 우리가 하나님을 사랑한 것이 아니요 하나님이 우리를 사랑하사 우리 죄를 속하기 위하여 화목 제물로 그 아들을 보내셨음이라
11 사랑하는 자들아 하나님이 이같이 우리를 사랑하셨은즉 우리도 서로 사랑하는 것이 마땅하도다
12 어느 때나 하나님을 본 사람이 없으되 만일 우리가 서로 사랑하면 하나님이 우리 안에 거하시고 그의 사랑이 우리 안에 온전히 이루어지느니라

이런 모든 것을 성령님으로 인해 깨달은 사도 바울은 어떻습니까?

엡 1 : 1-6
1 하나님의 뜻으로 말미암아 그리스도 예수의 사도 된 바울은 에베소에 있는 성도들과 그리스도 예수 안에 있는 신실한 자들에게 편지하노니
2 하나님 우리 아버지와 주 예수 그리스도로부터 은혜와 평강이 너희에게 있을지어다
3 찬송하리로다 하나님 곧 우리 주 예수 그리스도의 아버지께서 그리스도 안에서 하늘에 속한 모든 신령한 복을 우리에게 주시되
4 곧 창세 전에 그리스도 안에서 우리를 택하사 우리로 사랑 안에서 그 앞에 거룩하고 흠이 없게 하시려고
5 그 기쁘신 뜻대로 우리를 예정하사 예수 그리스도로 말미암아 자기의 아들들이 되게 하셨으니
6 이는 그의 사랑하시는 자 안에서 우리에게 거저 주시는 바 그

의 은혜의 영광을 찬송하게 하려는 것이라

4절에서 6절까지의 말씀을 다시 읽어 보겠습니다.

4 곧 창세 전에 그리스도 안에서 우리를 택하사 우리로 사랑 안에서 그 앞에 거룩하고 흠이 없게 하시려고
5 그 기쁘신 뜻대로 우리를 예정하사 예수 그리스도로 말미암아 자기의 아들들이 되게 하셨으니
6 이는 그의 사랑하시는 자 안에서 우리에게 거저 주시는 바 그의 은혜의 영광을 찬송하게 하려는 것이라

그래서 이런 말씀들이 일관성을 갖고 믿음으로 들어와야 예수님이 천국에 대해 비유로 말씀하신 모든 비유들이 온전히 들리는 귀가 됩니다.

막 4 : 9-12

9 또 이르시되 들을 귀 있는 자는 들으라 하시니라
10 예수께서 홀로 계실 때에 함께한 사람들이 열두 제자와 더불어 그 비유들에 대해 물으니
11 이르시되 하나님 나라의 비밀을 너희에게는 주었으나 외인에게는 모든 것을 비유로 하나니
12 이는 그들로 보기는 보아도 알지 못하며 듣기는 들어도 깨닫지 못하게 하여 돌이켜 죄 사함을 얻지 못하게 하려 함이라 하시고

마 13 : 34-42

34 예수께서 이 모든 것을 무리에게 비유로 말씀하시고 비유가

아니면 아무 것도 말씀하지 아니하셨으니

35 이는 선지자를 통하여 말씀하신 바 내가 입을 열어 비유로 말하고 창세부터 감추인 것들을 드러내리라 함을 이루려 하심이니라

36 이에 예수께서 무리를 떠나사 집에 들어가시니 제자들이 나아와 이르되 밭의 가라지의 비유를 우리에게 설명하여 주소서

37 대답하여 이르시되 좋은 씨를 뿌리는 이는 인자요

38 밭은 세상이요 좋은 씨는 천국의 아들들이요 가라지는 악한 자의 아들들이요

39 가라지를 뿌린 원수는 마귀요 추수 때는 세상 끝이요 추수꾼은 천사들이니

40 그런즉 가라지를 거두어 불에 사르는 것 같이 세상 끝에도 그러하리라

41 인자가 그 천사들을 보내리니 그들이 그 나라에서 모든 넘어지게 하는 것과 또 불법을 행하는 자들을 거두어 내어

42 풀무 불에 던져 넣으리니 거기서 울며 이를 갈게 되리라

천국의 아들들은 처음부터 예수님이 주권으로 뿌리신 씨로 천국의 비유를 듣고, 돌이켜 죄 사함을 얻는 은혜를 받는 복이 있는 귀가 되는 것을 천국 비유로 하신 말씀입니다. 따라서 예수님이 돌이켜 죄 사함을 얻는 귀를 말씀하시는 것은 하나님이 듣는 것을 허락하셔서 사람의 생각이나, 사람의 믿음이 아닌 하나님의 생각으로 돌이켜 죄 사함을 얻는 것을 말씀합니다. 그렇기 때문에 누구든지 자신이 죄 사함을 얻는 것을 세상 종교나 사람의 생각으로 죄 사함을 얻는 것으로 생각을 하고 믿는 것은 악한 자가 뿌린 마귀 씨로 예수를 믿는 가라지이기 때문인 것을 알아야합니다. 다시 말씀을

드리지만 돌이켜 죄 사함을 얻는 것을 하나님이 허락하시지 않은 자는 듣고 또 듣고, 보고 또 보아도 깨닫지 못한다는 말씀은 창세부터 예수님이 뿌리신 씨만 들을 수 있도록 감추어놓으신 아주 중요한 말씀입니다.

3. T형 갈림 – 원어로 본 믿음의 3단계

1) 원어로 본 1단계 믿음
 – 체험을 통해 얻게 되는 체험 믿음의 단계

마 8 : 1-13

1 예수께서 산에서 내려오시니 수많은 무리가 따르니라
2 한 나병환자가 나아와 절하며 이르되 주여 원하시면 저를 깨끗하게 하실 수 있나이다 하거늘
3 예수께서 손을 내밀어 그에게 대시며 이르시되 내가 원하노니 깨끗함을 받으라 하시니 즉시 그의 나병이 깨끗하여진지라
4 예수께서 이르시되 삼가 아무에게도 이르지 말고 다만 가서 제사장에게 네 몸을 보이고 모세가 명한 예물을 드려 그들에게 입증하라 하시니라
5 예수께서 가버나움에 들어가시니 한 백부장이 나아와 간구하여
6 이르되 주여 내 하인이 중풍병으로 집에 누워 몹시 괴로워하나이다
7 이르시되 내가 가서 고쳐 주리라
8 백부장이 대답하여 이르되 주여 내 집에 들어오심을 나는 감당하지 못하겠사오니 다만 말씀으로만 하옵소서 그러면 내 하인이 낫겠사옵나이다

9 나도 남의 수하에 있는 사람이요 내 아래에도 군사가 있으니 이더러 가라 하면 가고 저더러 오라 하면 오고 내 종더러 이 것을 하라 하면 하나이다

10 예수께서 들으시고 놀랍게 여겨 따르는 자들에게 이르시되 내가 진실로 너희에게 이르노니 이스라엘 중 아무에게서도 이만한 믿음을 보지 못하였노라

11 또 너희에게 이르노니 동 서로부터 많은 사람이 이르러 아브라함과 이삭과 야곱과 함께 천국에 앉으려니와

12 그 나라의 본 자손들은 바깥 어두운 데 쫓겨나 거기서 울며 이를 갈게 되리라

13 예수께서 백부장에게 이르시되 가라 네 믿은 대로 될지어다 하시니 그 즉시 하인이 나으니라

이런 체험을 통해 얻는 믿음이 '피스튜오' 믿음인데 영어로 말하면 'entrust'라고 번역할 수 있습니다. '피스튜오'믿음은 하나님을 믿는 자들에게 사람이 아닌 하나님에게 맡기는 믿음이 되도록 하시기 위해서 체험을 통해 하나님에 대한 믿음이 들어오도록 하시는 믿음입니다.

원어로 본 1단계 믿음은 체험을 통해서 믿게 되는 믿음인데, 이 믿음은 자신이 직접 체험해서 얻는 믿음뿐 아니라, 소문이나 다른 사람의 간증을 통해 들어오는 믿음도 체험을 통해 얻는 1단계 믿음으로 분류할 수 있습니다.

눅 5 : 17-26

17 하루는 가르치실 때에 갈릴리의 각 마을과 유대와 예루살렘에서 온 바리새인과 율법교사들이 앉았는데 병을 고치는 주

의 능력이 예수와 함께 하더라
18 한 중풍병자를 사람들이 침상에 메고 와서 예수 앞에 들여놓고자 하였으나
19 무리 때문에 메고 들어갈 길을 얻지 못한지라 지붕에 올라가 기와를 벗기고 병자를 침상째 무리 가운데로 예수 앞에 달아 내리니
20 예수께서 그들의 믿음을 보시고 이르시되 이 사람아 네 죄 사함을 받았느니라 하시니
21 서기관과 바리새인들이 생각하여 이르되 이 신성 모독 하는 자가 누구냐 오직 하나님 외에 누가 능히 죄를 사하겠느냐
22 예수께서 그 생각을 아시고 대답하여 이르시되 너희 마음에 무슨 생각을 하느냐
23 네 죄 사함을 받았느니라 하는 말과 일어나 걸어가라 하는 말이 어느 것이 쉽겠느냐
24 그러나 인자가 땅에서 죄를 사하는 권세가 있는 줄을 너희로 알게 하리라 하시고 중풍병자에게 말씀하시되 내가 네게 이르노니 일어나 네 침상을 가지고 집으로 가라 하시매
25 그 사람이 그들 앞에서 곧 일어나 그 누웠던 것을 가지고 하나님께 영광을 돌리며 자기 집으로 돌아가니
26 모든 사람이 놀라 하나님께 영광을 돌리며 심히 두려워하여 이르되 오늘날 우리가 놀라운 일을 보았다 하니라

예수님이 육의 병을 고쳐주시는 이유가 무엇이라고 말씀하십니까? 인자가 땅에서 죄를 사하는 권세가 있는 줄을 너희로 알게 하시기 위해서 육의 병을 고쳐주신다고 말씀하십니다. 그러니 이 말씀에서 벗어나면 잘못된 T형 갈림길에서 열심을 내는 신앙생활이 됩니다.

예수님이 육의 병을 고쳐주시는 이유는 땅에서의 죄 사함의 권세가 예수님에게 있는 것을 알게 하시기 위해서이지 육체의 병을 고치시는 능력을 보여주시기 위한 것이 아니라는 말씀입니다. 사실 육체의 병은 예수님이 아니어도 세상 의사들도 고쳐줄 수 있는 질병입니다. 그러나 영의 병 그 중에서도 사망에 이르게 하는 영의 병이나 영적인 불완전성은 어떻습니까? 예수님은 앉은뱅이, 귀머거리, 소경, 중풍병자, 문둥병자, 귀신들린 자, 생명의 피가 더러워진 혈루병 등등을 고쳐주신 이유는 영적인 불완전성을 예수님이 고쳐주실 하나님이요, 그리스도이신 것을 알게 하기 위해서입니다.

예수를 믿고 육체의 질병의 치유를 받는 의미는 단순히 예수님이 육체의 병을 고쳐주신 데에 있는 것이 아니라, 예수님이 말씀하신 죄 사함에 대한 표적으로 알고 깨닫는 믿음으로 체험의 믿음이 바뀌는 데에 있습니다. 그렇지 않으면 예수님을 육체의 문제를 해결해 주는 빵을 보고 믿는 믿음이 되어 예수님을 세상의 임금을 삼으려고 하니 결국 예수님을 떠나시게 하는 믿음이 된다는 것입니다. 따라서 체험을 통해 믿게 되는 믿음에 대해 선악을 말씀드리는 것이 아니라, 흔히 자신이 하나님을 잘 믿는 것으로 생각을 하며 간증을 하는, 예수 믿고 간절히 구했더니 예수님이 자신을 죽을 병에서 고쳐주시고 부도날 것에서 기기묘묘한 방법으로 구해주시고 하는 등의 체험은 예수님을 표적을 보고 믿는, 예수님이 기뻐하시는 수준 높은 영을 살리는 믿음이 아닙니다. 성경적으로 보면 이런 믿음은 예수님 보시기에 가장 낮은 단계의 믿음인 것을 알아야 합니다. 그래서 체험을 통한 믿음의 1단계 믿음에 머물러 있으면 안 된다는 것을 '예함성' 천국 길 내비게이션으로 말씀드리는 것입니다.

2) 원어로 본 2단계 믿음
- 1단계 믿음 후 진리와 복음을 깨달아 확신의 단계로 성장하는 믿음의 단계

원어로 본 2단계 믿음은 체험 즉 직접 체험과 간증 등을 통해 들어오는 1단계 믿음에서 예수님이 알게 하시는 진리와 복음을 깨닫고, 확신의 단계로 성장한 믿음입니다.

복음과 진리를 깨닫고 얻게 된 2단계 믿음은 헬라어로 동사 '페이도' 믿음입니다. 영어로는 동사 'convince', 명사로는 'confidence'라고 말할 수 있습니다. 우리말로는 확신으로 번역할 수 있습니다.

이 믿음을 성경 말씀에서 찾아보면 이렇습니다.

롬 8 : 29-39

29 하나님이 미리 아신 자들을 또한 그 아들의 형상을 본받게 하기 위하여 미리 정하셨으니 이는 그로 많은 형제 중에서 맏아들이 되게 하려 하심이니라
30 또 미리 정하신 그들을 또한 부르시고 부르신 그들을 또한 의롭다 하시고 의롭다 하신 그들을 또한 영화롭게 하셨느니라
31 그런즉 이 일에 대하여 우리가 무슨 말 하리요 만일 하나님이 우리를 위하시면 누가 우리를 대적하리요
32 자기 아들을 아끼지 아니하시고 우리 모든 사람을 위하여 내주신 이가 어찌 그 아들과 함께 모든 것을 우리에게 주시지 아니하겠느냐
33 누가 능히 하나님께서 택하신 자들을 고발하리요 의롭다 하

신 이는 하나님이시니

34 누가 정죄하리요 죽으실 뿐 아니라 다시 살아나신 이는 그리스도 예수시니 그는 하나님 우편에 계신 자요 우리를 위하여 간구하시는 자시니라

35 누가 우리를 그리스도의 사랑에서 끊으리요 환난이나 곤고나 박해나 기근이나 적신이나 위험이나 칼이랴

36 기록된 바 우리가 종일 주를 위하여 죽임을 당하게 되며 도살 당할 양 같이 여김을 받았나이다 함과 같으니라

37 그러나 이 모든 일에 우리를 사랑하시는 이로 말미암아 우리가 넉넉히 이기느니라

38 내가 확신하노니 사망이나 생명이나 천사들이나 권세자들이나 현재 일이나 장래 일이나 능력이나

39 높음이나 깊음이나 다른 어떤 피조물이라도 우리를 우리 주 그리스도 예수 안에 있는 하나님의 사랑에서 끊을 수 없으리라

하나님의 창세 전 예정에 의해 예수님이 자기 백성을 저희 죄에서 구원을 하시기 위해 오심으로써 하나님의 자녀가 되게 하신 것이기 때문에 내가 확신하노니 사망이나 생명이나, 천사들이나 권세 있는 자들이나, 현재 일이나 장래 일이나, 능력이나 높음이나 깊음이나, 다른 어떤 피조물이라도 우리를 우리 주 그리스도 예수 안에 있는 하나님의 사랑에서 끊을 수 없는 것은, 사람이 아닌, 하나님이 미리 정하신 그들을 또한 부르시고, 부르신 그들을 또한 의롭다 하시고, 의롭다 하신 그들을 또한 영화롭게 하시는 전지전능자인 하나님이시기 때문입니다. 그래서 어느 누구도 우리를 우리 주 그리스도 예수 안에 있는 하나님의 사랑과 끊을 수 없다는 것을 기독교 복음과 진리를 깨닫는 것으로 인하여 사도 바울이 확신한다는

말씀입니다.

하나님의 창세 전 예정에 대해 예지예정론은 하나님이 누가 구원을 받을 것인지를 창세 전에 미리 아신 것을 말씀하는 것이지, 하나님이 누구를 주권적으로 구원을 시키고, 누구를 구원하지 않을 것인가에 대해 29절 말씀을 인용합니다. 그러나 30절 말씀을 보면 하나님의 창세 전 예정에 대한 믿음이 복음과 진리로 사도 바울이 믿어지기 때문에 38절에서 '내가 확신하노니'라고 하는 것입니다. 왜냐하면 사람이 하는 일이나 믿음은 확신의 단계에 이르는 것이 불가능한 것이기 때문입니다. 그러니 베드로 사도가 예수님 앞에서 확신을 가지고 예수님을 절대로 부인하지 않을 것이라고 했지만 베드로뿐 아니라 예수님의 다른 제자들도 잡히지 않으려고 다 도망을 하고, 심지어 웃옷을 벗고 도망을 한 청년에 대한 말씀이 성경에 기록되어 있습니다. 이 말씀이 성경에 왜 기록되어 있는지를, 특히 인간의 자유의지나 믿음이나 확신을 강조하는 경우는 생각을 깊이 해야 합니다.

막 14 : 27-31

27 예수께서 제자들에게 이르시되 너희가 다 나를 버리리라 이는 기록된 바 내가 목자를 치리니 양들이 흩어지리라 하였음이니라

28 그러나 내가 살아난 후에 너희보다 먼저 갈릴리로 가리라

29 베드로가 여짜오되 다 버릴지라도 나는 그리하지 않겠나이다

30 예수께서 이르시되 내가 진실로 네게 이르노니 오늘 이 밤 닭이 두 번 울기 전에 네가 세 번 나를 부인하리라

31 베드로가 힘있게 말하되 내가 주와 함께 죽을지언정 주를 부인하지 않겠나이다 하고 모든 제자도 이와 같이 말하니라

그런데 이렇게 장담을 하고 확신을 하던 믿음이 결국은 어떻게 되었습니까?

막 14 : 50-52

50 제자들이 다 예수를 버리고 도망하니라
51 한 청년이 벗은 몸에 베 홑이불을 두르고 예수를 따라가다가 무리에게 잡히매
52 베 홑이불을 버리고 벗은 몸으로 도망하니라

물론 이런 말씀을 드리면 그렇기 때문에 하나님의 창세 전 예정은 모든 것을 미리 정하신 예정이 아닌 하나님이 미리 아신 예지예정인 것을 말씀하시는 것 아니냐고 할 수 있겠지만, 예지예정은 하나님의 속성 중 하나님의 전지성만 믿고, 하나님의 전지성 외의 다른 속성인 전능성, 주권성, 시간과 공간에 구애됨이 없으신 영원성 등은 믿지 않는 하나님의 속성에 대한 부분적 믿음으로, 하나님의 속성에 대한 일관성을 잃은 믿음입니다. 이것을 하나님 속성에 대한 총론으로 일관성을 가지고 생각을 해야합니다.

하나님의 속성에 대한 온전한 믿음이 없이는 하나님이 주시는 확신도 들어올 수 없습니다. 그렇기 때문에 예수님은 참새 한 마리도 하나님의 허락 없이는 떨어지지 않으며, 너희 머리카락 하나까지도 다 세신바 되신 하나님이라는 것, 그러니 너희는 세상 사람들처럼 무엇을 입을까 무엇을 먹을까 염려하지 말라고 말씀합니다. 이는 바로 하나님의 속성을 왜 하나님의 속성대로 믿지 않고 확신하지 못하느냐는 깨우침을 주시려는 예수님 말씀입니다.

롬 8:38절에서 '내가 확신하노니'는 헬라어 원어로 '페페이스마

이'입니다. '페페이스마이'는 '페이도'의 완료수동태인데 그 뜻은 '확신하다', '신념을 갖다', '설득하다', '담대하다' 등의 뜻을 갖는 단어입니다. 우리말 성경에 확신으로 번역된 믿음이라는 단어 중에는 '페이도'에서 나온 '페포이데시스'라는 믿음이 있습니다. 그런데 '페포이데시스'라는 단어는 성령의 가르침과 깨우침을 얻어 확신을 갖고 담대해질 때 '페포이데시스'라는 단어를 성경에서 일반적으로 씁니다. 그래서 '페포이데시스'라는 단어를 고후 1 : 15에서는 '확신'으로, 고후 10 : 2절에서는 '담대'로 쓰고 있는 것을 볼 수 있습니다.

하나님을 믿으면 하나님에 대한 체험을 누구든지 나름대로 합니다. 그런데 예수님이 깨닫게 하신 복음과 진리를 깊이 있게 깨닫게 되면 세상의 모든 일이 우주만물까지도 다 하나님이 세우신 창세전 계획에 따라 이루어지고 있는 것을 깨달아 낮은 단계의 믿음인 체험 믿음에서 복음과 진리를 깨닫는 좀 더 높은 단계의 믿음으로 믿음의 수준이 올라갑니다. 그래서 하나님의 이런 거대하고 큰 계획에 따른 일하심이 만물의 역사이고, 인간의 역사이고, 개인의 인생사인 것을 깨닫게 됩니다. 부르신 이도 하나님이며, 행하시는 이도 하나님이시니, 사도 바울은 자신이 하나님의 자녀나 하나님의 일꾼으로 쓰임 받는 것이 자신의 믿음은 물론 자신의 노력이 아닌 하나님의 은혜로 이루어지는 것을 깨닫고 이를 고백하고 이렇게 증거합니다.

롬 9 : 10-16

10 그뿐 아니라 또한 리브가가 우리 조상 이삭 한 사람으로 말미암아 임신하였는데

11 그 자식들이 아직 나지도 아니하고 무슨 선이나 악을 행하지 아니한 때에 택하심을 따라 되는 하나님의 뜻이 행위로 말미

암지 않고 오직 부르시는 이에게로 말미암아 서게 하려 하사

12 리브가에게 이르시되 큰 자가 어린 자를 섬기리라 하셨나니

13 기록된바 내가 야곱은 사랑하고 에서는 미워하였다 하심과 같으니라

14 그런즉 우리가 무슨 말을 하리요 하나님께 불의가 있느냐 그럴 수 없느니라

15 모세에게 이르시되 내가 긍휼히 여길 자를 긍휼히 여기고 불쌍히 여길 자를 불쌍히 여기리라 하셨으니

16 그런즉 원하는 자로 말미암음도 아니요 달음박질하는 자로 말미암음도 아니요 오직 긍휼히 여기시는 하나님으로 말미암음이니라

그래서 사도 바울은 이어지는 말씀에서,

롬 9 : 17-21

17 성경이 바로에게 이르시되 내가 이 일을 위하여 너를 세웠으니 곧 너로 말미암아 내 능력을 보이고 내 이름이 온 땅에 전파되게 하려 함이라 하셨으니

18 그런즉 하나님께서 하고자 하시는 자를 긍휼히 여기시고 하고자 하시는 자를 완악하게 하시느니라

19 혹 네가 내게 말하기를 그러면 하나님이 어찌하여 허물하시느뇨 누가 그 뜻을 대적하느냐 하리니

20 이 사람아 네가 누구이기에 감히 하나님께 반문하느냐 지음을 받은 물건이 지은 자에게 어찌 나를 이같이 만들었느냐 말하겠느뇨

21 토기장이가 진흙 한 덩이로 하나는 귀히 쓸 그릇을, 하나는 천히 쓸 그릇을 만드는 권한이 없느냐

라고 한 것입니다.

따라서 원어로 본 믿음의 2단계인 확신 단계는 하나님의 창세 전 예정과 예수 그리스도로 인한 죄 사함 복음이 확신에 이르게 하는 바탕입니다. 이렇게 모든 것이 사람의 노력이나 자신의 계획이나 자신이 달려가는 달음박질 때문이 아닌, 하나님의 예정된 계획에 따라 하나님의 은혜로 자신이 하나님에게 속한 자가 된 것을 깨닫고 감사하게 되는 단계로 믿음이 성숙해질 때, 성경은 이런 믿음의 상태를 '페포이데시스' 즉 자신이 확신 단계에 이른 믿음이 된다고 기록하고 있습니다. 그렇지만 '페포이데시스'믿음이 2단계 믿음인 이유는 아직 이 믿음이 성령이 맺게 하시는 열매인 충성의 단계에 이른 믿음은 아니기 때문입니다.

3) 원어로 본 3단계 믿음
  – 성령이 충성으로 맺게 하시는 성령의 열매가 나타나는 믿음의 단계

원어로 본 믿음의 3단계에서 말씀하는 믿음은 '피스토오'라는 헬라어 단어입니다.
이 단어의 형용사는 '피스토스'이고 명사는 '피스티스'입니다. 영어로는 'faithfulness'로 번역할 수 있습니다.
그런데 성령의 열매에서 충성으로 번역된 단어가 바로 이 '피스티스'라는 단어입니다.
우리가 잘 아는 대로 성령의 열매는 예수 그리스도라는 생명 나무에 붙은 가지가 되었기 때문에 성령이 맺게 하는 열매이지, 사람이 맺는 열매가 아닙니다.

그리고 원어적 의미에서 충성은 두 나라, 두 주인을 섬기지 않는 것입니다. 예수님은 두 주인인 하나님과 재물을 동시에 섬기는 믿음은 충성의 믿음이 아니라고 말씀하십니다.

마 6 : 24-34

24 한 사람이 두 주인을 섬기지 못할 것이니 혹 이를 미워하고 저를 사랑하거나 혹 이를 중히 여기고 저를 경히 여김이라 너희가 하나님과 재물을 겸하여 섬기지 못하느니라
25 그러므로 내가 너희에게 이르노니 목숨을 위하여 무엇을 먹을까 무엇을 마실까 몸을 위하여 무엇을 입을까 염려하지 말라 목숨이 음식보다 중하지 아니하며 몸이 의복보다 중하지 아니하냐
26 공중의 새를 보라 심지도 않고 거두지도 않고 창고에 모아들이지도 아니하되 너희 하늘 아버지께서 기르시나니 너희는 이것들보다 귀하지 아니하냐
27 너희 중에 누가 염려함으로 그 키를 한 자라도 더할 수 있겠느냐
28 또 너희가 어찌 의복을 위하여 염려하느냐 들의 백합화가 어떻게 자라는가 생각하여 보라 수고도 아니하고 길쌈도 아니하느니라
29 그러나 내가 너희에게 말하노니 솔로몬의 모든 영광으로도 입은 것이 이 꽃 하나만 같지 못하였느니라
30 오늘 있다가 내일 아궁이에 던져지는 들풀도 하나님이 이렇게 입히시거든 하물며 너희일까보냐 믿음이 작은 자들아
31 그러므로 염려하여 이르기를 무엇을 먹을까 무엇을 마실까 무엇을 입을까 하지 말라
32 이는 다 이방인들이 구하는 것이라 너희 하늘 아버지께서 이

모든 것이 너희에게 있어야 할 줄을 아시느니라
33 너희는 먼저 그의 나라와 그의 의를 구하라 그리하면 이 모든 것을 너희에게 더하시리라
34 그러므로 내일 일을 위하여 염려하지 말라 내일 일은 내일이 염려할 것이요 한 날의 괴로움은 그 날로 족하니라

30절 '믿음이 작은 자들아'에서의 믿음은, 작다는 뜻의 '올리고스'와 믿음이라는 뜻의 '피스티스'가 결합된 '올리고피스토이'입니다.

예수님이 생각하시는 믿음이 작은 자들은 '피스티스' 즉 충성이 작은 자를 말씀합니다. 따라서 예수님이 말씀하시는 원어적 의미로 본 믿음은 하나님과 재물을 함께 섬기지 않는 오직 하나님만을 섬기는 믿음이 예수님이 기뻐하시는 큰 믿음인 충성임을 알 수 있습니다. 그래서 두 주인을 섬기지 않고 하나님만을 섬기는 충성된 믿음은

30 오늘 있다가 내일 아궁이에 던져지는 들풀도 하나님이 이렇게 입히시거든 하물며 너희일까보냐 믿음이 작은 자들아
31 그러므로 염려하여 이르기를 무엇을 먹을까 무엇을 마실까 무엇을 입을까 하지 말라
32 이는 다 이방인들이 구하는 것이라 너희 하늘 아버지께서 이 모든 것이 너희에게 있어야 할 줄을 아시느니라
33 너희는 먼저 그의 나라와 그의 의를 구하라 그리하면 이 모든 것을 너희에게 더하시리라
34 그러므로 내일 일을 위하여 염려하지 말라 내일 일은 내일이 염려할 것이요 한 날의 괴로움은 그 날로 족하니라

위의 말씀으로 알 수 있는, 세상 사람들처럼 무엇을 먹을까 무엇

을 입을까 무엇을 마실까 하는 것을 구하는 것이 아닌, 오직 하나님의 나라를 구하는 것이 예수님이 말씀하시는 두 주인을 섬기지 않는 충성된 큰 믿음인 것을 '예함성' 천국 길 내비게이션으로 전합니다.

이런 예수님이 말씀하시는 오직 그의 나라를 구하는 믿음이 마음 밭에 생명의 말씀으로 뿌리를 내려서 자라도록 누가복음 말씀을 다시 보겠습니다.

눅 12 : 15-31

15 그들에게 이르시되 삼가 모든 탐심을 물리치라 사람의 생명이 그 소유의 넉넉한 데 있지 아니하니라 하시고
16 또 비유로 그들에게 말하여 이르시되 한 부자가 그 밭에 소출이 풍성하매
17 심중에 생각하여 이르되 내가 곡식 쌓아 둘 곳이 없으니 어찌 할까 하고
18 또 이르되 내가 이렇게 하리라 내 곳간을 헐고 더 크게 짓고 내 모든 곡식과 물건을 거기 쌓아 두리라
19 또 내가 내 영혼에게 이르되 영혼아 여러 해 쓸 물건을 많이 쌓아 두었으니 평안히 쉬고 먹고 마시고 즐거워하자 하리라 하되
20 하나님은 이르시되 어리석은 자여 오늘 밤에 네 영혼을 도로 찾으리니 그러면 네 준비한 것이 누구의 것이 되겠느냐 하셨으니
21 자기를 위하여 재물을 쌓아 두고 하나님께 대하여 부요하지 못한 자가 이와 같으니라
22 또 제자들에게 이르시되 그러므로 내가 너희에게 이르노니

너희 목숨을 위하여 무엇을 먹을까 몸을 위하여 무엇을 입을까 염려하지 말라
23 목숨이 음식보다 중하고 몸이 의복보다 중하니라
24 까마귀를 생각하라 심지도 아니하고 거두지도 아니하며 골방도 없고 창고도 없으되 하나님이 기르시나니 너희는 새보다 얼마나 더 귀하냐
25 또 너희 중에 누가 염려함으로 그 키를 한 자라도 더할 수 있느냐
26 그런즉 가장 작은 일도 하지 못하면서 어찌 다른 일들을 염려하느냐
27 백합화를 생각하여 보아라 실도 만들지 않고 짜지도 아니하느니라 그러나 내가 너희에게 말하노니 솔로몬의 모든 영광으로도 입은 것이 이 꽃 하나만큼 훌륭하지 못하였느니라
28 오늘 있다가 내일 아궁이에 던져지는 들풀도 하나님이 이렇게 입히시거든 하물며 너희일까보냐 믿음이 작은 자들아
29 너희는 무엇을 먹을까 무엇을 마실까 하여 구하지 말며 근심하지도 말라
30 이 모든 것은 세상 백성들이 구하는 것이라 너희 아버지께서는 이런 것이 너희에게 있어야 할 것을 아시느니라
31 다만 너희는 그의 나라를 구하라 그리하면 이런 것들을 너희에게 더하시리라

그러니 자신이 새벽기도나 또는 기독교 신자들로 모인 모임에 모여서 내놓은 기도 제목이 세상 사람들과 하나님을 믿지 않는 이방인들이 염려하는 무엇을 먹을까 무엇을 마실까 하여 구하며 근심으로 기도 제목을 서로 내놓고 기도를 하는 것이라면, 곧 예수님이 말씀하시는 믿음이 적은 충성되지 못한 믿음인 것을 분별하고

알아야 합니다.

갈 5 : 22-24

22 오직 성령의 열매는 사랑과 희락과 화평과 오래 참음과 자비와 양선과 충성과
23 온유와 절제니 이같은 것을 금지할 법이 없느니라
24 그리스도 예수의 사람들은 육체와 함께 그 정욕과 탐심을 십자가에 못 박았느니라

이 말씀에서 충성이 바로 '피스티스'라는 단어입니다.

다시 한 번 강조해서 '예함성' 천국 길 내비게이션으로 위 말씀들을 정리하여 말씀드리고자 합니다.

사람인 자신이 하나님에게 충성을 하는 것을 보시고, 그 보응으로 하나님이 복을 주신다는 믿음은 세상 종교나 무당 등 세상 사람들도 다 그렇게 믿는 기복적 믿음입니다. 그래서 성령이 맺게 하시는 충성의 믿음인 최상의 3단계 믿음은 조건부 믿음이 아닌, 예수님이 말씀하신 대로 하나님과 재물인 두 주인을 섬기지 않고, 오직 하나님의 나라를 구하는 믿음입니다. 이것이 성령이 맺게 하신 충성의 믿음인 것을 깨닫고, 분별하는 지혜를 얻어 하나님이 거두실 예수님이 기뻐하시는 큰 복 있는 귀와 눈이 되는 충성의 열매를 맺은 자가 되기를 '예함성' 천국 길 내비게이션으로 말씀을 드립니다.

제4장
'예함성' 천국 길 내비게이션
구원에 대한 T형 갈림길

예·함·성
예수님과 **함**께
정**상**에서
내려다 보는 성경

제4장

'예함성' 천국 길 내비게이션

구원에 대한 T형 갈림길

1. 구원

교회를 다니면 예수님으로 인해서 죄 사함을 얻는 것에 대해 수없이 듣게 됩니다. 그렇기 때문에 예수님으로 인해서 죄 사함을 얻는다는 말씀을 아주 쉽게 생각을 합니다. 그러나 예수님으로 인해서 죄 사함을 얻는다는 복음은 기독교가 전하는 진리 중에서 대단히 깨닫기 어려운 복음이고 진리입니다. 다시 예수님이 하신 말씀을 귀를 기울여 들어보겠습니다.

막 4 : 9-12

9 또 이르시되 들을 귀 있는 자는 들으라 하시니라
10 예수께서 홀로 계실 때에 함께 한 사람들이 열두 제자와 더불어 그 비유들에 대해 물으니
11 이르시되 하나님 나라의 비밀을 너희에게는 주었으나 외인에게는 모든 것을 비유로 하나니

12 이는 그들로 보기는 보아도 알지 못하며 듣기는 들어도 깨닫지 못하게 하여 돌이켜 죄 사함을 얻지 못하게 하려 함이라 하시고

예수님이 말씀하시는 죄 사함을 얻는 것은 어떤 말씀일까요?
성경을 보면 사람은 영과 혼으로 나누어진 영혼, 그리고 몸과 육체(살)로 나누어진 육으로 되어 있는 것을 알려줍니다. 이것을 좀 더 쉽게 알 수 있도록 영어로 설명을 하면 영은 'spirit(헬라어 프뉴마)'이고, 혼은 'soul(헬라어 프쉬케)'입니다. 그리고 몸은 'body(헬라어 소마)', 육체(살)은 'flesh(헬라어 사륵스)'입니다.

그러면 죄 사함을 얻고 죄에서 구원을 얻는 구원은 어떤 말씀인가? 구원에 대한 헬라어 원문을 찾아보면 구원의 뜻은 이렇게 나누어집니다.

첫째 '소조' 구원입니다.

'소조'는 육적인 건강을 뜻하는 것에서 유래를 한, 육적 또는 영적인 회복에 관점을 두는 구원입니다.

'소조' 구원에 대한 성경 말씀의 예입니다.

눅 8 : 43-48

43 이에 열두 해를 혈루증으로 앓는 중에 아무에게도 고침을 받지 못하던 여자가
44 예수의 뒤로 와서 그 옷 가에 손을 대니 혈루증이 즉시 그쳤더라

45 예수께서 이르시되 내게 손을 댄 자가 누구냐 하시니 다 아니라 할 때에 베드로가 이르되 주여 무리가 밀려들어 미나이다

46 예수께서 이르시되 내게 손을 댄 자가 있도다 이는 내게서 능력이 나간 줄 앎이로다 하신대

47 여자가 스스로 숨기지 못할 줄 알고 떨며 나아와 엎드리어 그 손 댄 이유와 곧 나은 것을 모든 사람 앞에서 말하니

48 예수께서 이르시되 딸아 네 믿음이 너를 구원하였으니 평안히 가라 하시더라

이 말씀이 육적 건강을 회복하는 구원을 말씀하신 첫째 소조에 대한 말씀이라면, 영적 건강을 회복하게 되는 죄 사함에 쓰인 두 번째 '소조'는 다음 말씀입니다.

눅 7 : 37-50

37 그 동네에 죄를 지은 한 여자가 있어 예수께서 바리새인의 집에 앉아 계심을 알고 향유 담은 옥합을 가지고 와서

38 예수의 뒤로 그 발 곁에 서서 울며 눈물로 그 발을 적시고 자기 머리털로 닦고 그 발에 입맞추고 향유를 부으니

39 예수를 청한 바리새인이 이것을 보고 마음에 이르되 이 사람이 만일 선지자더면 자기를 만지는 이 여자가 누구며 어떠한 자 곧 죄인인 줄 알았으리라 하거늘

40 예수께서 대답하여 이르시되 시몬아 내가 네게 이를 말이 있다 하시니 그가 이르되 선생님 말씀하소서

41 이르시되 빚 주는 사람에게 빚진 자가 둘이 있어 하나는 오백 데나리온을 졌고 하나는 오십 데나리온을 졌는데

42 갚을 것이 없으므로 둘 다 탕감하여 주었으니 둘 중에 누가 그를 더 사랑하겠느냐

43 시몬이 대답하여 이르되 내 생각에는 많이 탕감함을 받은 자
니이다 이르시되 네 판단이 옳다 하시고
44 그 여자를 돌아보시며 시몬에게 이르시되 이 여자를 보느냐
내가 네 집에 들어올 때 너는 내게 발 씻을 물도 주지 아니
하였으되 이 여자는 눈물로 내 발을 적시고 그 머리털로 닦
았으며
45 너는 내게 입맞추지 아니하였으되 그는 내가 들어올 때로부
터 내 발에 입맞추기를 그치지 아니하였으며
46 너는 내 머리에 감람유도 붓지 아니하였으되 그는 향유를 내
발에 부었느니라
47 이러므로 내가 네게 말하노니 그의 많은 죄가 사하여졌도다
이는 그의 사랑함이 많음이라 사함을 받은 일이 적은 자는 적
게 사랑하느니라
48 이에 여자에게 이르시되 네 죄사함을 받았느니라 하시니
49 함께 앉아 있는 자들이 속으로 말하되 이가 누구이기에 죄도
사하는가 하더라
50 예수께서 여자에게 이르시되 네 믿음이 너를 구원하였으니
평안히 가라 하시니라

헬라어 '소조'는 육적인 병에 대한 치료를 받아 예수님의 능력으로 육적 건강이 회복이 되어 육적인 생명을 구원하게 되는 말씀으로부터 유래를 해서, 죄 사함을 얻고 영적인 회복으로 영적 생명을 얻는 것을 포함한 구원을 뜻하는 말씀이 '소조'라는 헬라어 단어입니다.

'소조' 구원은 육적인 병에서의 구원은 물론, 죄 사함을 얻고 죄로부터 자유함을 얻는 영적 구원에 이르기까지 널리 쓰이는 단어입니다.

두 번째 구원은 헬라어 단어인 '소텔'에서 나온 '소테리아'입니다.

'소테리아'는 건져내는 것을 뜻하는 구출이라는 단어에서 온 것으로 기독교적 의미, 즉 영적인 의미로 보면 건져내는 것을 뜻하는 '구조자' '구속자'라는 뜻이 됩니다. 그래서 '소테리아'는 자유함과 해방을 얻게 되는 구원으로 '소조'구원과 결국 같은 뜻입니다.

눅 19 : 1-10

1 예수께서 여리고로 들어가 지나가시더라
2 삭개오라 이름하는 자가 있으니 세리장이요 또한 부자라
3 그가 예수께서 어떠한 사람인가 하여 보고자 하되 키가 작고 사람이 많아 할 수 없어
4 앞으로 달려가서 보기 위하여 돌무화과나무에 올라가니 이는 예수께서 그리로 지나가시게 됨이러라
5 예수께서 그 곳에 이르사 쳐다보시고 이르시되 삭개오야 속히 내려오라 내가 오늘 네 집에 유하여야 하겠다 하시니
6 급히 내려와 즐거워하며 영접하거늘
7 뭇 사람이 보고 수군거려 이르되 저가 죄인의 집에 유하러 들어갔도다 하더라
8 삭개오가 서서 주께 여짜오되 주여 보시옵소서 내 소유의 절반을 가난한 자들에게 주겠사오며 만일 누구의 것을 빼앗은 일이 있으면 네 갑절이나 갚겠나이다
9 예수께서 이르시되 오늘 구원이 이 집에 이르렀으니 이 사람도 아브라함의 자손임이로다
10 인자가 온 것은 잃어버린 자를 찾아 구원하려 함이니라

이 말씀은 '소테리아'와 '소조'가 구원의 뜻으로 함께 쓰인 경우인

데, 9절 말씀에서 예수님이 삭개오가 아브라함의 후손이기 때문에 구원을 하신다는 말씀은 헬라어 '소테리아'이고, 10절에서의 구원은 '소조'를 쓰고 있습니다.

　9절의 '소테리아' 구원을 성경의 줄로 잡고 올라가보면 '소테리아' 구원은 하나님이 아브라함에게 하신 언약에 구원의 관점을 둔 구원이고, 10절 '소조'는 첫 아담으로 인해 죽은 영을 하나님의 뜻에 따라 하나님 나라의 비밀인 죄 사함을 얻게 함으로써 새 생명을 얻고 하나님 나라에 들어가게 하는 구원에 초점을 맞춘 구원인 것을 알 수 있습니다.

세 번째 구원을 의미하는 헬라어 단어는 '뤼오마이'입니다.

　헬라어 '뤼오마이'는 위험한 곳에서 자기 쪽으로 끌어당겨서 구출하는 것을 뜻하는 단어로 '구조하다' '끌어내다' '끌어당기다' '구하다' '구조하다' '인도하다'는 등의 여러 뜻이 있습니다. 영어로는 'deliver', 'drag', 'draw' 등으로 풀이할 수 있는 단어입니다.
　골로새서 1장을 보면 '뤼오마이'에서 나온 단어로 옮기는 구원에 대한 말씀을 잘 전해주고 있습니다.

골 1 : 13, 14

13 그가 우리를 흑암의 권세에서 건져내사 그의 사랑의 아들의 나라로 옮기셨으니
14 그 아들 안에서 우리가 속량 곧 죄 사함을 얻었도다

　13절 '그가 우리를 흑암의 권세에서 건져내사 그의 사랑의 아들의 나라로 옮기셨으니'라는 말씀에서 '건져내사'는 '뤼오마이'에

서 나온 '에르뤼사토'로 '뤼오마이'의 부정(不定) 과거 단수 동사입니다.

여기에 완전한 분리를 의미하는 전치사 '에크'를 써, 과거의 어느 정해지지 않은 때에 흑암의 장소인 사망에서 완전히 건져내서 하나님이 사랑하시는 아들의 나라에 하나님에 의해서 옮겨진 것을 '에르뤼사토'로 말씀합니다.

영어 성경은 이 말씀을 'For he has rescued us from the dominion of darkness and brought us into the kingdom of the Son he loves'로 번역을 했습니다.

14절에서 '그 아들 안에서 우리가 속량 곧 죄 사함을 얻었도다'에서 '속량'은 빚을 대신 갚아준 '속전'을 의미합니다. 죄 사함을 얻었다는 원형은 뜻이 '석방' 즉 '자유함'입니다. 그리고 14절 속량 곧 죄 사함을 얻었다는 말씀은 현재 시제로 된 동사입니다. 예수 그리스도의 속량으로 죄 사함을 얻은 것이 현재형으로 계속되고 있는 죄 사함인 것을 뜻합니다.

따라서 성경에서 말씀하는 구원은,

첫째, 육적인 병이나 영적인 병에서 치유함을 받고 하나님에 의해서 회복이 되는 구원,

둘째, 하나님의 언약으로 이루어지는 구원,

셋째, 모든 빚들(=모든 죄들)을 예수님이 대신 갚아 속량해 주심

으로써 흑암의 권세나 죄에서 예수님이 구출해서 옮겨놓는 구원,
 이렇게 성경에서 알려주는 구원에 대해 요약해서 말씀드릴 수 있습니다.

1) 예수님은 대속 제물로 누구에게 죄 값을 치르신 것인가?

 예수님이 대속 제물로 누구에게 죄 값을 치르신 것인가에 대해 초대 교회 때는 사탄 마귀에게 빚을 갚은 것으로 믿는 경우도 있습니다.
 그러나 하나님만이 주어가 되는 3단계 믿음으로 말씀을 보면, 하나님이신 예수님이 자기 백성의 죄 값으로 대신 갚으신 빚은 죄 사함을 얻게 하려고 하나님에게 드린 제사이기 때문에 하나님에게 빚을 갚으신 것입니다. 따라서 성경 말씀 전체를 일관되게 하나님만을 주어로 보는 눈이 되면, 성경에 기록된 하나님의 말씀에서 정말 많은 것을 사람의 생각이 아닌 하나님의 생각으로 깨달아지고, 보는 눈이 열리며 생각이 달라지고, 삶이 달라지는 것을 수시로 믿음과 체험에서 또 삶과 상황들에서 느끼고 알게 됩니다.

 모든 삶이나 죄를 정하시는 분도 하나님이 주어로 하시는 것이고, 죄를 사해주시는 이도 당연히 하나님이 주어로 하십니다. 그래서 죄에 대한 죄 값으로 어린 양 예수 그리스도가 대속 제물로 드려지는 것은 당연히 하나님에게 드려집니다. 그런데 예수님은 사람이 아닌 하나님이시기 때문에, 예수님이 자기 백성을 저희 죄들에서 구원을 하시기 위해서 대속 제물로 십자가에서 죽으심은 온전하고, 완벽한 죄 사함을 얻는 제사가 될 수밖에 없습니다. 따라서 이 죄 사함은 하나님으로부터 얻는 온전한 죄 사함이며 단회적 죄 사함이 될 수밖에 없습니다.

여호와의 증인은 예수님을 하나님이 아닌 하나님이 특별히 창조하신 하나님의 아들인 것으로 봅니다. 이처럼 어떤 눈으로 성경 말씀을 보느냐에 따라 예수님은 하나님의 피조물이지 하나님은 아니라는 것을 성경 말씀 중에서도 찾을 수 있고, 주장할 수 있는 근거 말씀이 물론 있습니다. 예를 들면 다음 말씀입니다.

골 1 : 15

그는 보이지 아니하는 하나님의 형상이시요 모든 피조물보다 먼저 나신 이시니

이 말씀을 여호와의 증인 같은 곳에서는 예수님은 하나님의 대속 제물로 하나님이 만드신 특별한 하나님의 피조물로 증거하는 말씀으로 봅니다. 그러나 이 말씀은 15절 말씀으로 끝나는 것이 아닙니다. 이어지는 16절 17절 말씀을 간과하니 눈은 있으나 보지 못하는 소경일 뿐입니다.

골 1 : 15-17

15 그는 보이지 아니하는 하나님의 형상이시요 모든 피조물보다 먼저 나신 이시니
16 만물이 그에게서 창조되되 하늘과 땅에서 보이는 것들과 보이지 않는 것들과 혹은 왕권들이나 주권들이나 통치자들이나 권세들이나 만물이 다 그로 말미암고 그를 위하여 창조되었고
17 또한 그가 만물보다 먼저 계시고 만물이 그 안에 함께 섰느니라

교회사를 보면 사도들 당시는 물론 사도 이후의 초대 교회에서

콘스탄티누스가 기독교를 공인한 후 아리우스라는 이단이 나옵니다. 예수님을 하나님의 특별한 피조물로 본 아리우스는 논란 끝에 4세기 니케아 종교회의에서 가톨릭에 의해 이단으로 정죄를 받습니다.

아리우스는 알렉산드리아에 있는 교회의 장로로 안디옥의 루키안의 제자입니다. 아리우스는 하나님과 말씀인 예수를 구분해서 하나님과 말씀인 예수는 근본적으로 다른 것이라는 논리를 펴는 주장을 했습니다. 하나님은 시작이 없는 분이지만 예수는 하나님의 아들로 시작이 있기 때문이라는 이유입니다. 이는 하나의 하나님으로 성부와 성자와 성령이 삼위일체인 정통 교리를 부인하는 것이므로 325년 지금의 터키 이즈니크인 니케아에서 이단으로 정죄를 받았습니다. 이런 믿음은 하나님의 속성인 하나님만이 온전하시다는 일관성을 놓친 잘못된 믿음임을 깨달을 수 있어야 합니다.

피조물은 어떤 경우도 하나님처럼 온전할 수 없으므로 이런 피조물로는 하나님 백성의 죄가 온전히 사해질 수 없습니다. 그래서 피조물이 아닌 온전한 하나님이 자기 백성을 저희 죄에서 구원할 자의 이름으로 하나님인 예수님이 친히 오신 것입니다.

요 1 : 1-14

1 태초에 말씀이 계시니라 이 말씀이 하나님과 함께 계셨으니 이 말씀은 곧 하나님이시니라
2 그가 태초에 하나님과 함께 계셨고
3 만물이 그로 말미암아 지은 바 되었으니 지은 것이 하나도 그가 없이는 된 것이 없느니라
4 그 안에 생명이 있었으니 이 생명은 사람들의 빛이라

5 빛이 어둠에 비치되 어둠이 깨닫지 못하더라
6 하나님께로부터 보내심을 받은 사람이 있으니 그의 이름은 요한이라
7 그가 증언하러 왔으니 곧 빛에 대하여 증언하고 모든 사람이 자기로 말미암아 믿게 하려 함이라
8 그는 이 빛이 아니요 이 빛에 대하여 증언하러 온 자라
9 참 빛 곧 세상에 와서 각 사람에게 비추는 빛이 있었나니
10 그가 세상에 계셨으며 세상은 그로 말미암아 지은 바 되었으되 세상이 그를 알지 못하였고
11 자기 땅에 오매 자기 백성이 영접하지 아니하였으나
12 영접하는 자 곧 그 이름을 믿는 자들에게는 하나님의 자녀가 되는 권세를 주셨으니
13 이는 혈통으로나 육정으로나 사람의 뜻으로 나지 아니하고 오직 하나님께로부터 난 자들이니라
14 말씀이 육신이 되어 우리 가운데 거하시매 우리가 그의 영광을 보니 아버지의 독생자의 영광이요 은혜와 진리가 충만하더라

그리고 히브리서는 예수님이 그림자가 아닌 본체인 것을 이렇게 알려줍니다.

히 10 : 1-14

1 율법은 장차 올 좋은 일의 그림자일 뿐이요 참 형상이 아니므로 해마다 늘 드리는 같은 제사로는 나아오는 자들을 언제나 온전하게 할 수 없느니라
2 그렇지 아니하면 섬기는 자들이 단번에 정결하게 되어 다시 죄를 깨닫는 일이 없으리니 어찌 제사 드리는 일을 그치지 아

니하였으리요

3 그러나 이 제사들에는 해마다 죄를 기억하게 하는 것이 있나니
4 이는 황소와 염소의 피가 능히 죄를 없이 하지 못함이라
5 그러므로 주께서 세상에 임하실 때에 이르시되 하나님이 제사와 예물을 원하지 아니하시고 오직 나를 위하여 한 몸을 예비하셨도다
6 번제와 속죄제는 기뻐하지 아니하시나니
7 이에 내가 말하기를 하나님이여 보시옵소서 두루마리 책에 나를 가리켜 기록된 것과 같이 하나님의 뜻을 행하러 왔나이다 하셨느니라
8 위에 말씀하시기를 주께서는 제사와 예물과 번제와 속죄제는 원하지도 아니하고 기뻐하지도 아니하신다 하셨고 (이는 다 율법을 따라 드리는 것이라)
9 그 후에 말씀하시기를 보시옵소서 내가 하나님의 뜻을 행하러 왔나이다 하셨으니 그 첫째 것을 폐하심은 둘째 것을 세우려 하심이라
10 이 뜻을 따라 예수 그리스도의 몸을 단번에 드리심으로 말미암아 우리가 거룩함을 얻었노라
11 제사장마다 매일 서서 섬기며 자주 같은 제사를 드리되 이 제사는 언제나 죄를 없게 하지 못하거니와
12 오직 그리스도는 죄를 위하여 한 영원한 제사를 드리시고 하나님 우편에 앉으사
13 그 후에 자기 원수들을 자기 발등상이 되게 하실 때까지 기다리시나니
14 그가 거룩하게 된 자들을 한 번의 제사로 영원히 온전하게 하셨느니라

가톨릭은 신부가 사제가 되어 하나님 백성의 죄 사함을 얻기 위해 의무적으로 반복하며 매일 제사를 하나님께 드리도록 합니다. 이처럼 사제가 하나님에게 죄 사함을 얻는 미사를 매일 드려야 하는 이유는 세례를 받고 원죄는 사해졌으나 자범죄는 그대로 남아 있다고 생각하기 때문입니다. 그러나 이런 믿음은 죄 사함을 얻는 T형 갈림길에서 잘못된 믿음으로 가는 길입니다.

히브리서 말씀을 11절부터 다시 한 번 보겠습니다.

11 제사장마다 매일 서서 섬기며 자주 같은 제사를 드리되 이 제사는 언제나 죄를 없게 하지 못하거니와
12 오직 그리스도는 죄를 위하여 한 영원한 제사를 드리시고 하나님 우편에 앉으사
13 그 후에 자기 원수들을 자기 발등상이 되게 하실 때까지 기다리시나니
14 그가 거룩하게 된 자들을 한 번의 제사로 영원히 온전하게 하셨느니라

가톨릭에서는 자신이 세례를 받은 이후에 지은 자범죄들을 사함 받으려면 일반성사와 판공성사를 통하도록 합니다. 자신들이 지은 죄들을 예수님을 대신한 사제들에게 고백하고, 미사를 드림으로써 죄 사함을 얻도록 교회법으로 정하고 있습니다. 그러나 이미 예수님이 십자가 대속으로 과거, 현재, 미래의 모든 죄들을 온전히 사하시니 가톨릭의 이런 믿음은 잘못된 믿음입니다. 그런데 개신교에서도 자범죄를 사함받기 위해 예배드리는 중에 통회 자복하는 순서가 있으니 가톨릭처럼 온전한 십자가 대속을 믿지 못하는 믿음인 것은 마찬가지입니다.

골 2 : 6-8 ; 11-15

6 그러므로 너희가 그리스도 예수를 주로 받았으니 그 안에서 행하되
7 그 안에 뿌리를 박으며 세움을 받아 교훈을 받은 대로 믿음에 굳게 서서 감사함을 넘치게 하라
8 누가 철학과 헛된 속임수로 너희를 사로잡을까 주의하라 이것은 사람의 전통과 세상의 초등학문을 따름이요 그리스도를 따름이 아니니라
......
11 또 그 안에서 너희가 손으로 하지 아니한 할례를 받았으니 곧 육의 몸을 벗는 것이요 그리스도의 할례니라
12 너희가 세례로 그리스도와 함께 장사되고 또 죽은 자들 가운데서 그를 일으키신 하나님의 역사를 믿음으로 말미암아 그 안에서 함께 일으키심을 받았느니라
13 또 범죄와 육체의 무할례로 죽었던 너희를 하나님이 그와 함께 살리시고 우리의 모든 죄를 사하시고
14 우리를 거스르고 불리하게 하는 법조문으로 쓴 증서를 지우시고 제하여 버리사 십자가에 못 박으시고
15 통치자들과 권세들을 무력화하여 드러내어 구경거리로 삼으시고 십자가로 그들을 이기셨느니라

13절에서 신학적으로 원죄와 자범죄, 또 가톨릭에서처럼 대죄와 소죄들로 죄를 나눌 수는 있으나, 모든 죄들이 예수님의 대속으로 온전히 사함 받은 것을 믿지 못하게 하는, 제한된 죄사함 믿음은 예수님이 깨닫게 하시는 복음이 아닙니다.

2) 복음 중의 복음, 복음의 핵심인 죄 사함 복음

예수님이 하나님 나라의 비밀로 들려주신 복음 중의 복음, 복음의 핵심인 죄 사함 복음으로 감추어진 비밀은 어떤 말씀일까요? 이제부터 그 비밀을 말씀드리겠습니다.

예수님이 이 땅에 오신 이유에 대한 말씀입니다.

마 1 : 18-21

18 예수 그리스도의 나심은 이러하니라 그의 어머니 마리아가 요셉과 약혼하고 동거하기 전에 성령으로 잉태된 것이 나타났더니
19 그의 남편 요셉은 의로운 사람이라 그를 드러내지 아니하고 가만히 끊고자 하여
20 이 일을 생각할 때에 주의 사자가 현몽하여 이르되 다윗의 자손 요셉아 네 아내 마리아 데려오기를 무서워하지 말라 그에게 잉태된 자는 성령으로 된 것이라
21 아들을 낳으리니 이름을 예수라 하라 이는 그가 자기 백성을 그들의 죄에서 구원할 자이심이라 하니라

이 말씀은 하나님이신 예수님이 육체의 몸으로 이 땅에 예수라는 이름으로 오신 이유를 사자를 통해 하나님이 알려주신 말씀입니다.

눅 4 : 16-19

16 예수께서 그 자라나신 곳 나사렛에 이르사 안식일에 늘 하시던 대로 회당에 들어가사 성경을 읽으려고 서시매

17 선지자 이사야의 글을 드리거늘 책을 펴서 이렇게 기록된 데를 찾으시니 곧

18 "주의 성령이 내게 임하셨으니 이는 가난한 자에게 복음을 전하게 하시려고 내게 기름을 부으시고 나를 보내사 포로된 자에게 자유를, 눈먼 자에게 다시 보게 함을 전파하며 눌린 자를 자유롭게 하고"

19 주의 은혜의 해를 전파하게 하려 하심이라 하였더라

하나님이신 예수님이 왜 예수라는 이름으로 오신 것인가에 대해 성경에서 증거한 말씀들을 요약해서 말씀드리면,

첫째, 예수님이 이 땅에 오신 것은 자기 백성을 저희 죄에서 구원을 하기 위해.

둘째, 가난한 자에게 복음을 전하게 하시려고 내게 기름을 부으시고 나를 보내사 포로된 자에게 자유를, 눈먼 자에게 다시 보게 함을 전파하며, 눌린 자를 자유케 하고 주의 은혜의 해를 전파하는 성경 말씀을 이루시기 위해 오신 것.

셋째, 그런데 '빛이 어두움에 비취되 어두움이 깨닫지 못하더라'는 것입니다.

요 1 : 1-5 ; 14

1 태초에 말씀이 계시니라 이 말씀이 하나님과 함께 계셨으니 이 말씀은 곧 하나님이시니라

2 그가 태초에 하나님과 함께 계셨고

3 만물이 그로 말미암아 지은 바 되었으니 지은 것이 하나도 그

가 없이는 된 것이 없느니라
4 그 안에 생명이 있었으니 이 생명은 사람들의 빛이라
5 빛이 어둠에 비치되 어둠이 깨닫지 못하더라
......
14 말씀이 육신이 되어 우리 가운데 거하시매 우리가 그의 영광을 보니 아버지의 독생자의 영광이요 은혜와 진리가 충만하더라

그러면 지금부터 성경에 기록된 말씀으로 '예함성' 천국 길 내비게이션으로 알려주는 질문을 하겠습니다. 한번 대답을 해보시기 바랍니다.

마 1 : 21

아들을 낳으리니 이름을 예수라 하라 이는 그가 자기 백성을 그들의 죄에서 구원할 자이심이라 하니라

이 말씀에서 예수님은 누구의 백성을 대상으로 말씀합니까?
"예수님의 백성입니다."

죄는 누구의 죄입니까?
"다른 사람이 아닌 저희 죄, 즉 예수님의 백성의 죄입니다."

예수라는 이름은 그러므로 무엇을 하는 이름입니까?
"예수라는 이름은 자기 백성을 저희 죄에서 구원을 하는 이름입니다."

다시 말씀을 드립니다.

예수라는 이름은 자기 백성을 저희 죄에서 구원하는 이름이지, 다른 백성이나 다른 백성의 죄를 구원하는 이름이 아닙니다. 이를 믿지 않으면 예수라는 이름을 믿지 않는 것이 됩니다. 이를 반드시 알아야 하므로 '예함성' 천국 길 내비게이션으로 반복하며 이 안내 말씀을 드립니다. 예수님은 하나님 나라의 비밀을 듣는 것이 허락되지 않은 자들에게 감추시기 위해서 비유로 말씀을 하십니다. 예수님이 하나님 나라의 비밀로 잃은 양 비유를 하신 이유도 마찬가지입니다. 잃어버린 드라크마나 아버지 곁을 떠난 둘째 아들 역시 처음부터 하나님의 소유이고, 하나님 아들이라는 점을 생각해 본 적이 있으신지요?

눅 15 : 3-13

3 예수께서 그들에게 이 비유로 이르시되
4 너희 중에 어떤 사람이 양 백 마리가 있는데 그 중의 하나를 잃으면 아흔아홉 마리를 들에 두고 그 잃은 것을 찾아내기까지 찾아다니지 아니하겠느냐
5 또 찾아낸즉 즐거워 어깨에 메고
6 집에 와서 그 벗과 이웃을 불러 모으고 말하되 나와 함께 즐기자 나의 잃은 양을 찾아내었노라 하리라
7 내가 너희에게 이르노니 이와 같이 죄인 한 사람이 회개하면 하늘에서는 회개할 것 없는 의인 아흔아홉으로 말미암아 기뻐하는 것보다 더하리라
8 어떤 여자가 열 드라크마가 있는데 하나를 잃으면 등불을 켜고 집을 쓸며 찾아내기까지 부지런히 찾지 아니하겠느냐
9 또 찾아낸즉 벗과 이웃을 불러 모으고 말하되 나와 함께 즐기자 잃은 드라크마를 찾아내었노라 하리라
10 내가 너희에게 이르노니 이와 같이 죄인 한 사람이 회개하면

하나님의 사자들 앞에 기쁨이 되느니라
11 또 이르시되 어떤 사람에게 두 아들이 있는데
12 그 둘째가 아버지에게 말하되 아버지여 재산 중에서 내게 돌아올 분깃을 내게 주소서 하는지라 아버지가 그 살림을 각각 나눠 주었더니
13 그 후 며칠이 안 되어 둘째 아들이 재물을 다 모아 가지고 먼 나라에 가 거기서 허랑방탕하여 그 재산을 낭비하더니

만인구원설이나 구원에 대한 자유의지론에서는 이 비유를 예수님이 집을 잃고 헤매고 있는 아무 양이나 등에 업고 돌아와 잔치를 베푸는 말씀으로 전합니다. 그러나 예수님이 아무 양이나 등에 업고 왔다면 도둑으로 몰릴 수도 있는데 동네사람들을 모아놓고 잃은 양을 찾았다며 소문나도록 잔치를 베풀 수 없을 것을 생각해야 합니다.

2. 구원의 3 단계

1) 구원의 1 단계 : 혼의 구원

성경적으로 보면 혼은 어떤 것인가?
사람은 영과 육이라는 두 가지 요소로 되어 있습니다. 그리고 영은 다시 영과 혼 즉 영혼으로 되어 있고, 육은 몸과 육체(살)로 되어 있는 것을 앞에서 말씀을 드렸습니다.

(1) 영혼

영은 헬라어 '프뉴마'로 영어는 'spirit'로 번역됩니다.

혼은 헬라어로 '프쉬케'인데 영어는 'soul'로 번역을 합니다.

(2) 몸과 살(육체)

'육'을 구성하는 '몸'과 '살'은
'몸'은 헬라어 '소마'입니다. 영어로는 'body'로 번역됩니다.
'살(육체)'은 헬라어 '사륵스'로 영어로는 'flesh'로 번역됩니다.

성경은 영, 혼, 몸, 살(육체)을 왜 이렇게 서로 다른 단어로 표현을 하는가?

이론이 있을 수 있겠으나, 복음교실 '예함성'은 영과 혼, 몸과 살(육체)에 대해 이렇게 정리 해서 성경적으로 분별할 수 있도록 알려줍니다. 이유는 영은 예수님이 말씀하시는 생명 즉 영생을 하게 하는 영적 생명과 연관이 있으며, 혼은 육이 죽었는가, 살았는가 하는 육적 생명과 연관이 있습니다.

창 2 : 7

여호와 하나님이 흙으로 사람을 지으시고 생기를 그 코에 불어넣으시니 사람이 생령이 된지라

'생령'은 '네페쉬 하야'인데 '네페쉬 하야'에서 '네페쉬'는 '혼', '하야'는 육적인 생명이 있는 살아있는 것을 뜻합니다. 그래서 우리말 성경이 '생령'으로 번역을 한 것은 '네페쉬 하야'가 '살아있는 혼' 즉 '생혼'이 된 것을 말씀하는 것이기 때문에 '생령'으로의 번역을 한 것은 올바른 번역이라고 할 수 없는 것을 참고로 말씀을 드립니다.

이 말씀은 영어 성경을 보면 이렇게 번역이 되어 있습니다.

7 And the LORD God formed man of the dust of the ground, and breathed into his nostrils the breath of life; and man became a living soul.(KJV)

7 the LORD God formed the man from the dust of the ground and breathed into his nostrils the breath of life, and the man became a living being.(NIV)

7절 말씀에서 life로 번역된 '생기'는 히브리어 원어로 '니쉬마트 하임'입니다.

'니쉬마트 하임'은 '살다' '활발하다' 등에서 나온 말로 '니쉬마트'는 '기운'을 뜻합니다. 기운을 뜻하는 '니쉬마트'가 '생명'을 뜻하는 '하이'의 복수형인 '하임'과 결합된 것이 '니쉬마트 하임'입니다. 따라서 이 말씀을 원문대로 번역을 한다면 '생명들의 기운'이 됩니다.

그러면 육적인 생명을 가진 세상적 의미의 생명체와 영적 의미를 가진 생명은 다른가, 같은가? 사람의 육적인 생명 즉 혼의 생명은 짐승과 다를 바 없는 '네페쉬'이지만 성경은 사람을 하나님의 형상과 모습을 닮도록 하나님이 창조하신 것을 알려줍니다.

창 1 : 26, 27

26 하나님이 이르시되 우리의 형상을 따라 우리의 모양대로 우리가 사람을 만들고 그들로 바다의 물고기와 하늘의 새와 가축과 온 땅과 땅에 기는 모든 것을 다스리게 하자 하시고
27 하나님이 자기 형상 곧 하나님의 형상대로 사람을 창조하시되 남자와 여자를 창조하시고

이 말씀에서 '형상'은 '첼렘'이고, '모양'은 '떼무트'입니다. '첼렘'의 뜻은 '그림자'이고, '떼무트'는 '닮다'에서 나온 말입니다. 따라서 "하나님이 이르시되 우리의 형상을 따라 우리의 모양대로 우리가 사람을 만들고"라는 말씀에서 알 수 있듯이 본체이신 하나님의 영이 떠나면 '첼렘' 즉 하나님의 형상과 '떼무트'인 하나님을 닮은 것도 당연히 사라집니다. 따라서 창세기 1장 26, 27절 말씀을 잘 깨달으면 첫 아담이 왜 죽은 자라고 성경에서 하는 것인지 깨닫게 됩니다. 생명의 본체이신 하나님의 영이 떠나시면 사람에게는 생명의 그림자조차 있을 수 없기 때문입니다. 그러나 하나님의 영이 떠나도 하나님의 생기(生氣)는 짐승처럼 생혼으로 사람에게 남아있으므로 육의 눈으로는 하나님이 떠나도 사람이 죽은 모습으로 보이지 않습니다.

성경적으로 보면 인간을 만든 재료는 생명과는 무관한 원자나 분자로 만들어놓으신 것이 사람이고 짐승입니다. 따라서 모든 짐승들과 동일한 미립자들로 사람이나 짐승을 만드시고, 하나님의 생기를 넣어서 생혼이 되게 하신 것이 사람입니다. 그러니까 하나님이 만드신 피조물인 사람은 사람 자체에 하나님을 닮은 모습이나 하나님의 본체와 동일한 형상이 있는 것이 아니라, 인간 자체는 짐승과 전혀 다를 것이 없는 생명이 전혀 없는 미립자들로 만들어졌는데 하나님이 그 안에 짐승과 달리 하나님을 닮은 형상과 모습이 되도록 하신 것입니다.

천국 길 내비게이션으로 이 말씀이 중요한 것은 하나님 앞에서 사람이 어떤 존재인지 이 말씀에서 반드시 알아야 하기 때문입니다. 생혼 즉, 영이 죽은 산 혼만 있는 사람은 아무리 예수님을 닮은 척 하고, 하나님을 닮은 능력이 있는 것처럼 해도 하나님 보시기에는 척하는 외식의 믿음이고, 거짓 신앙생활을 하는 자가 됩니다. 그래서 예수님은 거짓 믿음으로 하는 행위는 아무리 열심히 신앙생활을 해도 하나님을 기쁘시게 할 수 없기에 그런 신앙생활을 하지 말라고 예수님은 말씀하십니다.

혼은 육적인 생명이 있게 하는 살(육체) 즉 '살케'에 있는 생명을 말씀하고, 영은 헬라어 '소마'인 몸에 있는 것임을 예수님이 알려주십니다.

마 26 : 26-28

26 그들이 먹을 때에 예수께서 떡을 가지사 축복하시고 떼어 제자들에게 주시며 이르시되 받아서 먹으라 이것은 내 몸이니라 하시고
27 또 잔을 가지사 감사 기도하시고 그들에게 주시며 이르시되 너희가 다 이것을 마시라
28 이것은 죄 사함을 얻게 하려고 많은 사람을 위하여 흘리는 바 나의 피 곧 언약의 피니라

이 말씀에서 예수님이 말씀하신 '몸'이 헬라어 '소마'입니다. 따라서 몸은 성령으로 거듭나면 하나님의 영이 성령으로 그 안에 계시기 때문에 '소마'가 성전입니다.

고전 6 : 19, 20

19 너희 몸은 너희가 하나님께로부터 받은 바 너희 가운데 계신 성령의 전인 줄을 알지 못하느냐 너희는 너희 자신의 것이 아니라
20 값으로 산 것이 되었으니 그런즉 너희 몸으로 하나님께 영광

을 돌리라

우리가 하나님께 영광을 돌리는 것은 세상 종교인들처럼 우리의 육체를 고행을 해서 도를 닦고, 육체 즉 'flesh'를 수행해서 하나님께 영광을 돌리라는 말씀이 아닙니다. 하나님께 영광을 돌리는 것은 살리는 것에 무익한 육이 아니라 하나님의 영, 성령이 계시는 소마로만 드릴 수 있기 때문입니다.

다음은 혼에 대한 말씀입니다.

벧전 1 : 9
믿음의 결국 곧 영혼의 구원을 받음이라

이 말씀에서 영혼은 헬라어 원어로 보면 '혼'을 뜻하는 '프쉬케'입니다. 믿음으로 얻는 구원은 그 결국이 혼까지인 것입니다. 사람이 됐건, 짐승이 됐건, 식물이 됐건, 생명이 있는 생명체는 모두 혼이 있습니다. 그리고 식물이 태양을 향해 잎을 향하고 있는 것처럼 모든 생명체는 혼적인 생각이 육적인 생명체를 조종합니다. 인간은 이를 이성으로 일컫습니다. 따라서 이 말씀은 믿음도 결국 혼에서 나오는 생각인 것을 뜻하며, 믿음으로 얻는 혼의 구원까지가 구원의 1단계임을 알려주는 말씀입니다.

믿음의 결국으로 사람의 생각에서 하나님의 생각으로 돌이켜 얻는 죄 사함은 세상 종교에서 믿는 방법으로는 얻을 수 없습니다. 하나님의 방법으로 얻는 은혜의 법, 성령의 법으로 예수 그리스도로 인해 온전히 죄 사함을 얻는 것입니다. 따라서 이를 혼이 깨닫고, 믿음이 들어와 마음으로 믿게 되면 성령으로 영이 거듭나 하나님의 자녀가 됩니다.

사도 바울은 로마서에서 이 말씀을 이렇게 전합니다.

롬 10 : 10

사람이 마음으로 믿어 의에 이르고 입으로 시인하여 구원에 이르느니라

이 말씀은 우리말이 모두 능동태 말씀인 것처럼 번역이 되어 있으나 헬라어 원문으로 보면 이 말씀은 모두 수동태입니다. 성경에서 말씀이 수동태로 기록되는 이유는 하나님이 신적 권능으로 주어로 일하시는 것을 알게 하기 위해서입니다. 그래서 이 말씀을 원어의 뜻을 살려서 번역을 다시 하면, 다음과 같습니다.

"사람이 마음으로 믿어져서 하나님이 옳게 여기시는 의에 이르게 되며, 입으로 이를 시인하게 될 때 하나님이 주어로 구원에 이르게 하시는 것을 알라"

2) 구원의 2 단계 : 영의 거듭남

구원의 2 단계는 예수님이 말씀하신 하나님 나라의 비밀을 깨닫고, 혼이 돌이켜 죄 사함을 얻으면 성령을 선물로 받아 성령으로 거듭나는 단계입니다.

물세례는 혼의 생각을 사람의 생각에서 하나님의 생각으로 바뀌어야 죄 사함을 얻는 것을 알도록 하는 예식이지만, 성령세례는 성령으로 거듭나는 것이므로 사람의 주권 영역이 아닙니다.

골 2 : 12-15

12 너희가 세례로 그리스도와 함께 장사되고 또 죽은 자들 가운데서 그를 일으키신 하나님의 역사를 믿음으로 말미암아 그 안에서 함께 일으키심을 받았느니라
13 또 범죄와 육체의 무할례로 죽었던 너희를 하나님이 그와 함께 살리시고 우리의 모든 죄를 사하시고
14 우리를 거스르고 불리하게 하는 법조문으로 쓴 증서를 지우시고 제하여 버리사 십자가에 못 박으시고
15 통치자들과 권세들을 무력화하여 드러내어 구경거리로 삼으시고 십자가로 그들을 이기셨느니라

이렇게 죄사함을 얻는 물세례로 죽고, 하나님이 성령으로 하나님의 자녀로 다시 태어나게 하시는 것이 성령으로 거듭나는 거듭남입니다. 그래서 예수님은 성령으로 다시 나지 않으면 하나님 나라를 볼 수 없다고 하신 것입니다.

요 3 : 3-7

3 예수께서 대답하여 이르시되 진실로 진실로 네게 이르노니 사람이 거듭나지 아니하면 하나님의 나라를 볼 수 없느니라
4 니고데모가 이르되 사람이 늙으면 어떻게 날 수 있사옵나이까 두 번째 모태에 들어갔다가 날 수 있사옵나이까
5 예수께서 대답하시되 진실로 진실로 네게 이르노니 사람이 물과 성령으로 나지 아니하면 하나님의 나라에 들어갈 수 없느니라
6 육으로 난 것은 육이요 영으로 난 것은 영이니
7 내가 네게 거듭나야 하겠다 하는 말을 놀랍게 여기지 말라
8 바람이 임의로 불매 네가 그 소리는 들어도 어디서 와서 어디

로 가는지 알지 못하나니 성령으로 난 사람도 다 그러하니라

이 말씀에서 물은 죄 사함에 대한 혼의 믿음을 뜻하며, 성령은 죄 사함에 대한 혼의 믿음이 마음으로 믿어져서 의에 이르게 되어 이를 입으로 시인을 하게 되고, 구원에 이르는 것을 뜻합니다. 그래서 예수님은 죄 사함에 대한 온전한 믿음이 없이 세례를 받으면 세례를 받아도 심판대 앞에서는 정죄를 받는 것을 알려주십니다.

막 16 : 16
믿고 세례를 받는 사람은 구원을 얻을 것이요 믿지 않는 사람은 정죄를 받으리라

이에 대한 말씀은 세례에 대한 안내 말씀을 드릴 때 다시 말씀 드리겠습니다.

8 바람이 임의로 불매 네가 그 소리는 들어도 어디서 와서 어디로 가는지 알지 못하나니 성령으로 난 사람도 다 그러하니라

이 말씀은 성령으로 거듭남이 성령이 그 주권으로 거듭나게 하실 수도 있고 아닐 수도 있다는 말씀이지, 성령으로 거듭남이 인간의 믿음이 주어가 돼서 인간이 성령으로 거듭나게도 하고, 거듭나지 않게도 할 수 있다는 말씀이 아닙니다. 그렇기 때문에 구원파에서처럼 성령으로 거듭나는 날을 반드시 알아야 성령으로 거듭난 것으로 가르치는 것은 성령을 모독하는 잘못된 믿음입니다. 왜냐하면 성령으로 거듭남은 자신이 알고 있는 지식이나 자기 믿음으로 거듭나는 것이 아니라 전적으로 성령의 주권이기 때문입니다. 이것이 바로 모든 이단들이 자신들이야말로 성령으로 거듭난 자라고 하면

서도 자기들끼리도 성령으로 거듭남에 대한 지식이 일치되지 않는 이유이기도 합니다.

그리고 거듭남에서 반드시 깨닫고 알아야 하는 것은 물세례로 사람은 죽고, 성령으로 다시 거듭나면 새로운 피조물이 된다는 말씀입니다.

고후 5 : 14-17

14 그리스도의 사랑이 우리를 강권하시는도다 우리가 생각하건대 한 사람이 모든 사람을 대신하여 죽었은즉 모든 사람이 죽은 것이라
15 그가 모든 사람을 대신하여 죽으심은 살아 있는 자들로 하여금 다시는 그들 자신을 위하여 살지 않고 오직 그들을 대신하여 죽었다가 다시 살아나신 이를 위하여 살게 하려 함이라
16 그러므로 우리가 이제부터는 어떤 사람도 육신을 따라 알지 아니하노라 비록 우리가 그리스도도 육신을 따라 알았으나 이제부터는 그같이 알지 아니하노라
17 그런즉 누구든지 그리스도 안에 있으면 새로운 피조물이라 이전 것은 지나갔으니 보라 새 것이 되었도다

17절 "그런즉 누구든지 그리스도 안에 있으면 새로운 피조물이라 이전 것은 지나갔으니 보라 새 것이 되었도다"라는 말씀은 말씀 그대로 성령에 의해 새로운 피조물이 된 것을 말씀합니다. 따라서 성령으로 거듭남을 사람의 생각으로 이해하는 것은 불가능합니다.

3) 구원의 3 단계 : 육체의 부활과 새 하늘과 새 땅 하나님의 나라에 들어가는 구원

하나님이 하시는 하나님 백성에 대한 구원의 3단계는 지금의 물질세계가 새 하늘과 새 땅으로 하나님의 재창조에 의해서 전혀 다른 창조로 바뀌는 것처럼, 생명의 부활로 지금의 육체가 새롭게 바뀌어 하나님의 의가 새 하늘과 새 땅에서 구원의 완성을 이루는 단계입니다.

하나님의 나라와 이 나라에서 영생을 하게 하는 부활체가 된 몸은 영원히 죽지 않고, 다시는 썩지도 않기 때문에 구원 완성은 마지막 심판 후에 있을 것을 말씀합니다.

마 24 : 21, 22

21 이는 그 때에 큰 환난이 있겠음이라 창세로부터 지금까지 이런 환난이 없었고 후에도 없으리라
22 그 날들을 감하지 아니하면 모든 육체가 구원을 얻지 못할 것이나 그러나 택하신 자들을 위하여 그 날들을 감하시리라

따라서 육체의 구원이 생명의 부활로 이루어지는 최후 심판이 끝이 나야 하나님이 말씀하는 구원의 최종적 완성이 다 이루어집니다. 이 나라가 바로 하나님의 의가 온전히 이루어지는 새 하늘과 새 땅에서 하나님과 함께 자기 백성이 영생을 하도록 하는 하나님의 나라이기 때문입니다.

그래서 성경은 구원이 완전히 이루어지는 완성된 하나님 나라를 이렇게 알려줍니다.

계 21 : 1-12

1 또 내가 새 하늘과 새 땅을 보니 처음 하늘과 처음 땅이 없어졌고 바다도 다시 있지 않더라

2 또 내가 보매 거룩한 성 새 예루살렘이 하나님께로부터 하늘에서 내려오니 그 준비한 것이 신부가 남편을 위하여 단장한 것 같더라

3 내가 들으니 보좌에서 큰 음성이 나서 이르되 보라 하나님의 장막이 사람들과 함께 있으매 하나님이 그들과 함께 계시리니 그들은 하나님의 백성이 되고 하나님은 친히 그들과 함께 계셔서

4 모든 눈물을 그 눈에서 닦아 주시니 다시는 사망이 없고 애통하는 것이나 곡하는 것이나 아픈 것이 다시 있지 아니하리니 처음 것들이 다 지나갔음이러라

5 보좌에 앉으신 이가 이르시되 보라 내가 만물을 새롭게 하노라 하시고 또 이르시되 이 말은 신실하고 참되니 기록하라 하시고

6 또 내게 말씀하시되 이루었도다 나는 알파와 오메가요 처음과 마지막이라 내가 생명수 샘물을 목마른 자에게 값없이 주리니

7 이기는 자는 이것들을 상속으로 받으리라 나는 그의 하나님이 되고 그는 내 아들이 되리라

8 그러나 두려워하는 자들과 믿지 아니하는 자들과 흉악한 자들과 살인자들과 음행하는 자들과 점술가들과 우상 숭배자들과 거짓말하는 모든 자들은 불과 유황으로 타는 못에 던져지리니 이것이 둘째 사망이라

9 일곱 대접을 가지고 마지막 일곱 재앙을 담은 일곱 천사 중 하나가 나아와서 내게 말하여 이르되 이리 오라 내가 신부 곧

어린 양의 아내를 네게 보이리라 하고
10 성령으로 나를 데리고 크고 높은 산으로 올라가 하나님께로부터 하늘에서 내려오는 거룩한 성 예루살렘을 보이니
11 하나님의 영광이 있어 그 성의 빛이 지극히 귀한 보석 같고 벽옥과 수정 같이 맑더라
12 크고 높은 성곽이 있고 열두 문이 있는데 문에 열두 천사가 있고 그 문들 위에 이름을 썼으니 이스라엘 자손 열두 지파의 이름들이라

계 22 : 1-5

1 또 그가 수정 같이 맑은 생명수의 강을 내게 보이니 하나님과 및 어린 양의 보좌로부터 나와서
2 길 가운데로 흐르더라 강 좌우에 생명나무가 있어 열두 가지 열매를 맺되 달마다 그 열매를 맺고 그 나무 잎사귀들은 만국을 치료하기 위하여 있더라
3 다시 저주가 없으며 하나님과 그 어린 양의 보좌가 그 가운데에 있으리니 그의 종들이 그를 섬기며
4 그의 얼굴을 볼 터이요 그의 이름도 그들의 이마에 있으리라
5 다시 밤이 없겠고 등불과 햇빛이 쓸 데 없으니 이는 주 하나님이 그들에게 비치심이라 그들이 세세토록 왕 노릇 하리로다

따라서 예수님이 말씀하시는 하나님의 의가 온전히 이루어지는 구원의 완성은 신천신지와 생명의 부활, 하나님 및 어린 양이 성전이 되는 영원히 변치 않는 하나님의 나라가 될 때 영원한 그 결국이 됩니다.

제5장

'예함성' 천국 길 내비게이션

죄 사함

예수님이 대신 갚아주신 빚

제5장

'예함성' 천국 길 내비게이션
죄 사함

    교회에 다니면서 예수님이 지신 십자가로 인해서 우리의 모든 죄가 다 사해진 것이라는 설교를 자주 듣습니다. 그리고 예수님이 모든 인류의 죄를 대신해서 십자가에서 피를 흘려 죽으셨기 때문에 예수를 믿기만 하면 누구든지 생명을 얻어서 구원을 받아 천국에 간다고 믿는 사람들이 많습니다. 그래서 자신이 예수를 믿기 때문에 하나님의 자녀로 예수님을 닮은 모습으로 살려고 애를 쓰고, 다시는 죄를 짓지 않고 거룩하게 살려고-이런 사람도 정작 별로 없지만-노력을 하기도 합니다.

    그러나 '예함성' 천국 길 내비게이션은 T형 갈림길에서 이런 믿음은 천국으로 들어가는 길이 아닌 것을 말씀드립니다. 그 이유는 예수님이 유대인들에게 너희가 율법을 온전히 잘 지켜서 하나님의 백성이 되어 영생을 하는 것은 불가능한데 왜 너희가 깨닫지 못하느냐는 말씀에서 알 수 있습니다.

예수님은 하나님이 하신 것이 아니면 세상 종교인들과 같은 외식이 될 수밖에 없다는 말씀을 진리와 복음으로 말씀하십니다. 예수님이 깨닫게 하시려는 복음은 사람이 할 수 없다는 자기 부인(否認)과 그래서 하나님이신 예수님이 대신해 주신다는 대신성입니다. 따라서 예수님은 또 다른 보혜사 성령이 너희에게 오시는 것을 기뻐하라고 말씀하십니다. 하나님으로부터 죄 사함을 얻고 의롭다 여김을 받아 하나님과 함께 영생하는 것을 사람이 할 수 있다면 예수님이 오실 이유도, 성령을 예수님이 보내실 이유도 없기 때문입니다.

'예함성' 천국 길 내비게이션은 죄 사함을 얻는 믿음에 대해 크게 세 가지 믿음으로 나눕니다.

1. 구원파가 전하는 죄 사함

첫 번째 죄 사함 믿음은 구원파에서 전하는 죄 사함에 대한 믿음입니다.
구원파에서는 비 구원파인 일반 교인들에게 대강 다음과 같은 질문과 대답을 유도합니다.

구원파 교회에 다니는 사람의 질문 ;
"당신은 죄 사함을 얻은 것을 믿습니까?" 혹은 "당신은 구원을 받으셨습니까?"
일반 교회에 다니는 사람의 대답 ;
"예, 죄 사함을 얻은 것을 믿습니다." 혹은 "예, 구원을 받았습니다."
[참고 : 이 뒤부터는 죄 사함과 구원을 동일한 질문과 답으로 보

기로 합니다.]

구원파 교회에 다니는 사람의 질문 ;
"왜 자신이 죄 사함을 얻었다고 생각합니까?"
일반 교회에 다니는 사람의 대답 ;
"예수님이 내 죄를 다 사해주셨다고 믿기 때문에 나는 죄 사함을 얻은 것을 믿습니다."

구원파 교회에 다니는 사람의 질문 ;
"그러면 당신은 모든 죄가 다 사해진 것을 진정으로 믿습니까?"
일반 교회에 다니는 사람의 대답 ;
"그럼요. 물론이지요. 예수를 믿으면 예수님 피로 우리의 모든 죄가 씻어지는 것이니까 제가 지은 과거 현재 미래의 모든 죄가 다 사해진 것을 믿지요."

그러면서 너무 당연한 것을 왜 그런 식으로 묻느냐 하는 마음으로 일반 교회 다니는 사람들이 구원파에게 대답을 합니다. 그러면 구원파 사람은 다시 묻습니다.
"그러면 당신은 죄 사함을 얻은 후 죄를 짓습니까? 안 짓습니까?"
일반 교회 다니는 사람 ;
"죄 사함을 받았다고 해서 어떻게 죄를 안 지을 수 있나요. 물론 죄를 짓지요."

구원파 교회 다니는 사람 ;
"그러면 당신은 죄인입니까 의인입니까?"
일반 교회 다니는 사람 ;

"죄를 지으니까 죄인이지 무슨 의인이겠습니까?"

구원파 교회 다니는 사람 ;
"지금 죽으면 천국에 갈 수 있다고 확신하십니까?"

요즘은 교회에서 무조건 천국에 간다고 아멘, 아멘을 시키니까 천국 간다고 자신 있게 말을 하지만, 얼마 전까지만 해도 "지금 죽으면 천국에 갈 수 있는 확신이 있습니까? 없습니까?"라고 단도직입적으로 물으면 자신 있게 "예"라고 대답을 하는 사람이 별로 없었습니다. 사실은 지금도 마음속으로는 별로 달라진 것이 없으리라 생각을 합니다. 그래서 일반 교회 다니는 사람들은 대부분 자신이 없어서 이런 식으로 대답을 합니다.

일반 교회 다니는 사람 ;
"글쎄요. 그래서 천국 가기 위해 거룩하게 살려고 노력은 하지만 잘 안 되기는 해요."

구원파 교회 다니는 사람 ;
"조금 전에 분명히 모든 죄가 다 사해진 것으로 믿는다고 해놓고, 왜 다시 나는 죄인이라고 합니까?"
그리고 나서 예수님이 지신 십자가 대속으로 죄 사함을 얻는 것에 대해 구원파적인 믿음을 다음과 같이 설명을 합니다.

"죄 사함을 얻었으면 의인입니다. 그래서 자신이 죄 사함을 얻었다고 하면서 의인으로 믿지 않고 죄인으로 믿는 것은 죄 사함을 얻은 것이 아닙니다. 죄 사함을 얻지 않으면 성령으로 거듭날 수가 없고, 성령으로 거듭나지 않으면 그 안에 생명이 없습니다. 생명이 그 안에 없으면 생명책에 녹명되지 못하고, 생명책에 녹명되어 있지 않으면 천국에 들어가는 것은 불가능합니다. 예수님이 십자가에서 돌아가시면서 다 이루었다고 하신 말씀은 인류의 모든 죄를 대신 지시고 죽으시므로 인류의 모든 죄가 예수님에게 전가된 것을 선포하시는 말씀입니다. 그러니 예수님이 2000여 년 전 우리의 모든 죄를 다 사하신 것을 믿음으로 믿으면 죄 사함을 얻고 의인이 되어 성령으로 거듭나서 새 생명을 얻고 천국에 가지만, 죄 사함을 얻었다고 말은 하면서도 자신의 의인이 된 것을 믿지 않으면 새 생명을 얻은 것이 아니기 때문에 생명책에 녹명이 될 수 없고 생명책에 기록이 되어 있지 않으면 지옥 불에 던져질 수밖에 없습니다.

따라서 예수님이 십자가에서 우리 죄를 대신해 완료형으로 우리 죄 값을 대신 다 갚으신 것을 믿어야 진정한 죄 사함을 얻고, 성령으로 거듭나서 새 생명을 얻어 천국에 들어가는 것입니다. 그렇기 때문에 이것을 알고 믿는 날이 바로 새 생명을 얻은 영적 생일이 되는 것입니다. 그래서 구원파 믿음을 갖는 사람은 자신에 대해 새 생명이라는 말을 아주 좋아하고, 그 날을 자신이 생명을 얻어서 다시 태어난 영적 생일로 기억을 하며 기뻐합니다."

이런 구원파 믿음이 예수님이 깨닫게 하시는 복음적 믿음에 맞는 믿음인가요?

구원파적 죄 사함에 대한 핵심은 그리스도 예수로 인한 죄 사함은 온전하기 때문에 자신을 죄인이 아닌 의인으로 믿어야 예수님이 말씀하시는 죄 사함을 얻는 거라는 겁니다.

즉, 구원파에서는 죄 사함을 얻으면 더 이상 죄인이 아닌 의인이므로 죄를 아무리 지어도 그 죄 때문에 다시 회개할 필요가 없다고 말하고 있습니다. 왜냐하면 자신이 죄 사함을 얻었다고 하면서 죄 때문에 다시 회개를 한다면 이는 자신을 의인이 아닌 죄인으로 믿는 것이 되기 때문입니다. 자신이 죄인이라면 아직 생명책에 기록되지 않은 영이니 심판대 앞에서 죄인으로 심판받아 지옥에 가는 것은 당연합니다. 이것이 구원파 죄 사함에 대한 믿음입니다. 그러나 하나님이 죄 사함을 주시는 것처럼 말하지만 조금만 깊게 생각해 보면 사람의 지식이나 사람의 믿음으로 죄 사함을 얻는 것으로 믿어 버리는 믿음에 그 바탕을 두기 때문에 구원파 죄 사함은 잘못된 죄 사함일 수밖에 없습니다.

그런데 요즘 구원파를 이단이라고 하면서도 죄 사함을 얻으면 죄인이 아닌 의인이 된 것으로 죄 사함을 전하는 일반 교회 목사님들이 많이 나타납니다. 구원파를 이단이라고 말하면서 구원파 죄 사함을 전하니 이 또한 영적 분별력이 없는 소경이기는 마찬가지입니다.

2. 가톨릭과 대부분의 개신교가 믿는 죄 사함

두 번째 죄 사함 믿음은 가톨릭과 대부분의 개신교회가 가르치고 전하는 죄 사함에 대한 믿음입니다.
이 믿음은 죄를 원죄와 자범죄로 나누는 것이 특징이고, 물세례를 받으면 첫 아담으로부터 전가된 원죄는 사함을 받지만, 세례를 받아도 자신이 짓는 자범죄는 그대로 있기 때문에 자신이 지은 모든 자범죄를 다시 하나님 앞에 회개를 해야만 천국에 들어간다는 믿음입니다.

죄를 원죄와 자범죄로 나눈 믿음은 가톨릭 교회의 믿음이기는 하지만 가톨릭은 자신들이 지은 자범죄에 대해 죄 사함을 얻기 위해서 신부에게 고백성사를 하고 미사를 드려 죄 사함을 받도록 하고 있으며, 개신교는 하나님과 사람 사이에 중보자인 신부를 부인하기 때문에 자신이 지은 자범죄를 하나님 앞에 직접 통회자복을 하는 회개를 통해 죄 사함을 얻은 후, 예배를 드리도록 하는 것이 가톨릭과 다를 뿐입니다. 그러나 이것은 죄 사함에 대한 가톨릭의 믿음과 본질적으로 다를 바 없는 죄 사함 믿음입니다.

3. '예함성'이 전하는 기쁜 소식 죄 사함 복음

세 번째 죄 사함에 대한 믿음은 복음교실이 '예함성' 천국 길 내비게이션으로 전하는 죄 사함 믿음입니다.

'예함성'에서 전하는 죄사함은 자신이 지은 죄가 아무리 주홍 같을지라도 눈처럼 양털처럼 예수님이 흘리신 보혈로 깨끗이 씻어진 것이 마음으로 믿어지게 되는 믿음에 그 바탕을 둡니다. 언뜻 구원파적 죄 사함과 비슷하게 들릴지 모르지만, 구원파처럼 의인이 된 것으로 믿는 믿음이 아니기 때문에 전혀 다릅니다. 죄 사함을 얻어도 의인이 아닌 죄인인 것을 예함성은 분명히 합니다.

'예함성' 천국 길 내비게이션은 어떤 책보다 예수님이 말씀하시는 복음 – 성경적으로 가장 정확하고 분명하게 오류가 없이 죄 사함을 얻는다는 말씀 – 이 무슨 말씀인지를 알려드리기 위해 세 가지 비유로 예화를 들어 말씀드립니다.

죄 사함 비유를 세 가지로 말씀을 드리는 것은 인간의 언어나 관계 등으로 하나님이 하시는 일을 간단히 아는 것은 결코 쉬운 것이 아니기 때문에, 예수님도 천국에 대한 말씀을 여러 가지 비유로 알려주시는 말씀을 하셨고 또, 하나님과 하나님을 믿는 자의 관계도 세상적으로 보면 전혀 서로 맞지 않은 관계로 말씀을 하십니다. 예를 들면 예수님은 자신은 신랑이시고 예수를 믿는 자를 신부인 것으로 말씀하시기도 하고, 하나님과의 관계를 하나님의 백성, 하나님의 자녀, 청지기, 종, 친구 등으로 알려줍니다. 그러나 생각을 해보면 이런 관계는 세상적으로는 사실상 있을 수 없는 관계입니다. 어떻게 동일한 사람이 아버지와 아들에서 종의 관계가 되기도 하고, 신랑과 신부 관계가 되기도 하겠습니까? 그런데 하나님의 하시는 일이나 관계를 사람의 예로 한두 가지 경우로 알려주는 것은 불가능하기 때문에 성경은 하나님의 사랑이나 관계나 은혜 등을 여러 말씀들을 통해 알려주는 것입니다. 따라서 이제부터 '예함성'으로 전하는 기쁜 소식인 죄 사함 복음을 지금부터 최대한 상세히 그리고 쉽게 깨달을 수 있도록 설명 드리도록 하겠습니다.

1) 예수님이 말씀하시는 죄, 단수(單數) 죄와 복수(復數) 죄들

예수님이 말씀하시는 죄가 무엇인지 정확히 아는 분은 질문을 해 보면 의외로 많지 않습니다. 죄가 무엇인가를 물어보면 대부분 두 가지 대답이 나옵니다.

첫 번째는 과녁에서 빗나간 것이 죄라는 대답입니다.
두 번째는 세상에서 일반적으로 생각하는 사전적 의미의 죄와 예수님이 말씀하시는 죄가 같은 것으로 생각하는 대답입니다.

원어 성경을 보면 죄에 대해 단수인 죄와 복수인 죄들로 구분되는데 단수 죄와 복수 죄들은 어떤 차이가 있는 것일까요?
예수님이 죄에 대해서 직접 하신 말씀을 먼저 들어봅니다.

요 16 : 7-9

7 그러하나 내가 너희에게 실상을 말하노니 내가 떠나가는 것이 너희에게 유익이라 내가 떠나가지 아니하면 보혜사가 너희에게로 오시지 아니할 것이요 가면 내가 그를 너희에게로 보내리니
8 "그가 와서 죄에 대하여, 의에 대하여, 심판에 대하여 세상을 책망하시리라"
9 죄에 대하여라 함은 그들이 나를 믿지 아니함이요

예수님이 말씀하시는 죄는 무엇입니까? 예수님은 예수를 믿지 않는 것이 죄라고 하십니다.

그런데 이 죄는 단수 죄로 말씀에 기록되어 있습니다. 그러면 왜 예수님은 예수를 믿지 않는 것이 죄이고, 그 죄를 단수로 말씀을 하시는 것입니까?

예수님은 사람들이 침상을 메고 와서 지붕을 뚫고 내려놓은 한 중풍병자를 고쳐주시면서 이런 말씀을 하십니다.

눅 5 : 17-26

17 하루는 가르치실 때에 갈릴리의 각 마을과 유대와 예루살렘에서 온 바리새인과 율법교사들이 앉았는데 병을 고치는 주의 능력이 예수와 함께 하더라
18 한 중풍병자를 사람들이 침상에 메고 와서 예수 앞에 들여놓고자 하였으나
19 무리 때문에 메고 들어갈 길을 얻지 못한지라 지붕에 올라가 기와를 벗기고 병자를 침상째 무리 가운데로 예수 앞에 달아 내리니

20 예수께서 그들의 믿음을 보시고 이르시되 이 사람아 네 죄 사함을 받았느니라 하시니
21 서기관과 바리새인들이 생각하여 이르되 이 신성모독 하는 자가 누구냐 오직 하나님 외에 누가 능히 죄를 사하겠느냐
22 예수께서 그 생각을 아시고 대답하여 이르시되 너희 마음에 무슨 생각을 하느냐
23 네 죄 사함을 받았느니라 하는 말과 일어나 걸어가라 하는 말이 어느 것이 쉽겠느냐
24 그러나 인자가 땅에서 죄를 사하는 권세가 있는 줄을 너희로 알게 하리라 하시고 중풍병자에게 말씀하시되 내가 네게 이르노니 일어나 네 침상을 가지고 집으로 가라 하시매
25 그 사람이 그들 앞에서 곧 일어나 그 누웠던 것을 가지고 하나님께 영광을 돌리며 자기 집으로 돌아가니
26 모든 사람이 놀라 하나님께 영광을 돌리며 심히 두려워하여 이르되 오늘날 우리가 놀라운 일을 보았다 하니라

예수님이 중풍병자를 고쳐주시는 이유가 무엇입니까? 인자가 땅에서 죄를 사하는 권세가 있는 줄을 너희로 알게 하시기 위해서 중풍병자를 고쳐주신다고 말씀하십니다. 그런데 오늘날과 마찬가지로 많은 사람들이 죄 사함 때문이 아니라 육적인 병을 고쳐주시니 하나님께 영광을 돌립니다. 그러나 하나님께 돌리는 이런 영광은 세상 사람과 다를 바 없는, 살리는 것에 무익한 기복 신앙이 되는 것을 알아야합니다.

예수님의 말씀대로 예수님이 육의 병을 고쳐주시는 것에 대해 땅에서의 죄 사함을 얻게 하시는 표적으로 보고, 하나님께 영광을 돌리는 믿음이 되려면 어떤 믿음이 되어야합니까? '예함성' 천국

길 내비게이션은 단수 죄와 복수 죄들에 대해 예화를 들어 말씀드립니다.

문둥병은 나병 균에 의해 문둥병에 걸리게 되는 병입니다. 문둥병에 걸리면 일정 기간은 문둥병에 걸린 모습이 별로 나타나지 않다가 일정 기간이 지나면서 겉모습에도 문둥병이 나타나서 피부가 썩어가고 뼈들이 녹으면서 추한 모습으로 변해가다가 결국 죽습니다.

현재는 이와 유사한 질병이 에이즈가 있는데 문둥병이나 에이즈에 걸린 것을 의사가 무엇으로 진단합니까? 겉모습이 아닌 몸 안에 나병 균이나 에이즈 균이 있는지에 따라 환자인지 아닌지를 진단합니다. 다시 말해서 겉모습이 문둥병자가 아닌 것처럼 깨끗하게 보인다고 해도 몸 안에 나병 균이 있다면 그 사람은 문둥병자로 진단받습니다.

예수를 믿지 않는 것이 원인균에 해당하는 단수 죄이고 그 죄로 인해 겉으로 나타나는 증상들이 복수인 죄들입니다. 그래서 예수님이 자신을 믿지 않는 것이 단수로 죄라고 말씀하십니다. 성경에 기록된 수많은 죄들이나 세상의 사전적 의미의 죄들은 예수를 믿지 않는 것으로 인해 나타나는 죄의 증상들인 것입니다. 이것을 '예함성' 천국 길 내비게이션으로 알려드립니다.

요 16 : 8, 9

8 "그가 와서 죄에 대하여, 의에 대하여, 심판에 대하여 세상을 책망하시리라"

9 죄에 대하여라 함은 그들이 나를 믿지 아니함이요

2) 예수님이 동일하게 보시는 죄와 빚

다음은 예수님이 알려주신 주의 기도 중 일부입니다.

마 6 : 12

우리가 우리에게 죄 지은 자를 사하여 준 것 같이 우리 죄를 사하여 주시옵고

이 말씀을 영어 성경으로 살펴봅니다.

12 Forgive us our debts, as we also have forgive our debtors.

'우리가 우리에게 빚진 자를 용서해 준 것 같이 우리의 빚을 용서해 주시고'로 번역이 됩니다.

이처럼 예수님이 죄와 빚을 동일하게 보시는 이유는, 첫 아담이 에덴동산에서 양식과 모든 것을 거저 받고 통치하도록 하나님이 은혜를 베푸시나, 마귀인 뱀의 유혹에 넘어가서 하나님의 은혜를 배신했기 때문입니다. 예수님처럼 죄와 빚을 동일하게 생각해보면, 예수님이 온 천하보다도 네 생명이 귀하다고 하시고 그 모든 빚을 십자가 대속으로 대신 갚아주시는 것에 대해 우리는 깊은 감사를 드리게 됩니다.

눅 7 : 37-49

37 그 동네에 죄를 지은 한 여자가 있어 예수께서 바리새인의 집에 앉아 계심을 알고 향유 담은 옥합을 가지고 와서

38 예수의 뒤로 그 발 곁에 서서 울며 눈물로 그 발을 적시고 자기 머리털로 닦고 그 발에 입맞추고 향유를 부으니

39 예수를 청한 바리새인이 이것을 보고 마음에 이르되 이 사람이 만일 선지자라면 자기를 만지는 이 여자가 누구며 어떠한 자 곧 죄인인 줄을 알았으리라 하거늘

40 예수께서 대답하여 이르시되 시몬아 내가 네게 이를 말이 있다 하시니 그가 이르되 선생님 말씀하소서

41 이르시되 빚 주는 사람에게 빚진 자가 둘이 있어 하나는 오백 데나리온을 졌고 하나는 오십 데나리온을 졌는데

42 갚을 것이 없으므로 둘 다 탕감하여 주었으니 둘 중에 누가 그를 더 사랑하겠느냐

43 시몬이 대답하여 이르되 내 생각에는 많이 탕감함을 받은 자니이다 이르시되 네 판단이 옳다 하시고

44 그 여자를 돌아보시며 시몬에게 이르시되 이 여자를 보느냐 내가 네 집에 들어올 때 너는 내게 발 씻을 물도 주지 아니하였으되 이 여자는 눈물로 내 발을 적시고 그 머리털로 닦았으며

45 너는 내게 입맞추지 아니하였으되 그는 내가 들어올 때로부터 내 발에 입맞추기를 그치지 아니하였으며

46 너는 내 머리에 감람유도 붓지 아니하였으되 그는 향유를 내 발에 부었느니라

47 이러므로 내가 네게 말하노니 그의 많은 죄가 사하여졌도다 이는 그의 사랑함이 많음이라 사함을 받은 일이 적은 자는 적게 사랑하느니라

48 이에 여자에게 이르시되 네 죄사함을 받았느니라 하시니

49 함께 앉아 있는 자들이 속으로 말하되 이가 누구이기에 죄도 사하는가 하더라

3) 가출 소녀와 가출 소녀의 모든 빚을 갚아준 아버지 예화

죄 사함에 대해 가출 소녀를 다시 찾은 아버지를 비유로 말씀드립니다.

신문에 오래 전에 났던 사건으로 큰 그룹 회사의 회장 집에 늦둥이 외동딸이 있었습니다.

이 아이는 회장님 외동딸로 모든 유산 상속을 받을 딸이었기 때문에 정말 귀하게, 귀하게 자라고 있었는데 너무 사랑만해서 그랬는지 이 여자 아이가 6학년으로 12살이 되던 해에 가출을 했습니다. 그리고 그 귀한 외동딸은 납치범들에게 잡혀서 450만 원에 이상한 곳으로 팔려갔습니다. 다시 이 여자 아이는 그곳에서 5700만 원에 다른 곳으로 또 팔려갔습니다. 마지막으로 간 곳에서 포주가 아이에게 네가 너무 예뻐서 3억을 주고 사게 되었다고 말하면서 너는 이제 내 딸이다, 그러니 엄마가 옷도 사주고 화장품도 사주겠다, 나하고 잘 살아보자고 하더랍니다. 그런데 그 포주는 말과 다르게 이 아이에게 밤이고 낮이고 힘든 성 매매를 시켜 성노예로 만들어 버렸습니다. 혹 몸이 아프거나 하여 쉬면 모두 계산을 해서 빚으로 기록해 놓고, 자신은 사달라고 한 적도 없는데 싸구려 옷과 화장품 사준 것, 밥값까지도 모두 빚으로 계산을 해서 장부에 기록을 해놓았습니다.

이 여자 아이는 자신도 모르게 엄청난 빚을 지게 되었고, 그 빚이 점점 더 늘어나면서 포주에게서 도저히 벗어날 수 없는 종이 되어 버렸습니다.

예수님은 말씀하십니다.

요 8 : 44

너희는 너희 아비 마귀에게서 났으니 너희 아비의 욕심을 너희도 행하고자 하느니라 그는 처음부터 살인한 자요 진리가 그 속에 없으므로 진리에 서지 못하고 거짓을 말할 때마다 제 것으로 말하나니 이는 저가 거짓말쟁이요 거짓의 아비가 되었음이니라

여자 아이는 처음 잡혀갔을 때는 벗어나려고 도망도 쳐보고 여러 시도도 해 보았지만, 매번 도로 잡혀와 매를 맞고 더 심한 감시를 당하게 됐습니다. 결국 이 여자 아이는 도망치는 것을 포기하고, 점점 그런 생활에 익숙해져 정상적인 삶을 포기하는 단계까지 가게 되었습니다.

한편 회장 집은 귀하고 귀한 사랑하는 어린 딸이 갑자기 집에 돌아오지 않으니 어떻게 되었겠습니까? 온 집안이 발칵 뒤집히는 것은 너무 당연합니다. 딸아이를 찾기 위해 부모는 할 수 있는 일은 모두 다 해보았지만 딸아이를 15년이 지나도 찾을 수가 없었습니다.

15년이 넘도록 끈질기게 딸아이를 찾다가 딸을 잃은 지 16년이 되던 해에 드디어 딸이 잡혀있는 곳을 아버지가 알게 된 것입니다. 딸을 찾기 위해 아버지는 경찰에 신고를 하고 경찰과 함께 그곳에 갔는데 이미 딸아이를 빼돌린 뒤였습니다. 게다가 그 소식을 들은 포주가 불량배에게 딸을 죽여서 수장시키라고 했다는 주변 사람들의 말을 듣고 아버지는 깜짝 놀랐습니다. 하마터면 큰 실수를 할 뻔 했다는 것을 알게 된 아버지는 다시는 경찰에 신고를 하지 않았습니다. 오히려 자기 딸이 어디에 있는지 알려주면 그 사람에게도 많은 돈을 후사하겠으며 딸을 데리고 있는 사람도 자기 진 빚이 얼마가 됐든지 간에 100% 다 갚아줄 거라는 소문을 내고 다녔습니다. 무지한 범죄 집단이 자기 기업을 물려받을 딸을 죽여 버리면 이

보다 더 큰 낭패가 없기 때문입니다.

아버지의 진심이 통했는지 또는 현상금을 건 돈 때문인지 많은 사람들이 잃어버린 딸을 찾는데 도움을 주었고, 드디어 딸이 있는 곳을 알려주는 사람이 나타났습니다. 아버지는 약속한 대로 그 사람에게 후한 사례를 했고, 그 동안 딸이 졌다는 빚을 군소리 없이 딸을 대신해서 다 갚아주었고, 포주로부터 사랑스러운 자기 딸을 구원해서 집으로 데리고 돌아왔습니다. 그리고 기업을 물려줄 딸인데 오랜 세월 동안 잃어버렸다가 다시 찾았으니 아버지는 얼마나 기뻤겠습니까?

눅 15 : 1-32

1 모든 세리와 죄인들이 말씀을 들으러 가까이 나아오니
2 바리새인과 서기관들이 수군거려 이르되 이 사람이 죄인을 영접하고 음식을 같이 먹는다 하더라
3 예수께서 그들에게 이 비유로 이르시되
4 너희 중에 어떤 사람이 양 백 마리가 있는데 그 중의 하나를 잃으면 아흔아홉 마리를 들에 두고 그 잃은 것을 찾아내기까지 찾아다니지 아니하겠느냐
5 또 찾아낸즉 즐거워 어깨에 메고
6 집에 와서 그 벗과 이웃을 불러 모으고 말하되 나와 함께 즐기자 나의 잃은 양을 찾아내었노라 하리라
7 내가 너희에게 이르노니 이와 같이 죄인 한 사람이 회개하면 하늘에서는 회개할 것 없는 의인 아흔아홉으로 말미암아 기뻐하는 것보다 더하리라
8 어떤 여자가 열 드라크마가 있는데 하나를 잃으면 등불을 켜고 집을 쓸며 찾아내기까지 부지런히 찾지 아니하겠느냐
9 또 찾아낸즉 벗과 이웃을 불러 모으고 말하되 나와 함께 즐기

자 잃은 드라크마를 찾아내었노라 하리라

10 내가 너희에게 이르노니 이와 같이 죄인 한 사람이 회개하면 하나님의 사자들 앞에 기쁨이 되느니라
11 또 이르시되 어떤 사람에게 두 아들이 있는데
12 그 둘째가 아버지에게 말하되 아버지여 재산 중에서 내게 돌아올 분깃을 내게 주소서 하는지라 아버지가 그 살림을 각각 나눠 주었더니
13 그 후 며칠이 안 되어 둘째 아들이 재물을 다 모아 가지고 먼 나라에 가 거기서 허랑방탕하여 그 재산을 낭비하더니
14 다 없앤 후 그 나라에 크게 흉년이 들어 그가 비로소 궁핍한지라
15 가서 그 나라 백성 중 한 사람에게 붙여 사니 그가 그를 들로 보내어 돼지를 치게 하였는데
16 그가 돼지 먹는 쥐엄 열매로 배를 채우고자 하되 주는 자가 없는지라
17 이에 스스로 돌이켜 이르되 내 아버지에게는 양식이 풍족한 품꾼이 얼마나 많은가 나는 여기서 주려 죽는구나
18 내가 일어나 아버지께 가서 이르기를 아버지 내가 하늘과 아버지께 죄를 지었사오니
19 지금부터는 아버지의 아들이라 일컬음을 감당하지 못하겠나이다 나를 품꾼의 하나로 보소서 하리라 하고
20 이에 일어나서 아버지께로 돌아가니라 아직도 거리가 먼데 아버지가 그를 보고 측은히 여겨 달려가 목을 안고 입을 맞추니
21 아들이 이르되 아버지 내가 하늘과 아버지께 죄를 지었사오니 지금부터는 아버지의 아들이라 일컬음을 감당하지 못하겠나이다 하나

22 아버지는 종들에게 이르되 제일 좋은 옷을 내어다가 입히고 손에 가락지를 끼우고 발에 신을 신기라

23 그리고 살진 송아지를 끌어다가 잡으라 우리가 먹고 즐기자

24 이 내 아들은 죽었다가 다시 살아났으며 내가 잃었다가 다시 얻었노라 하니 그들이 즐거워하더라

25 맏아들은 밭에 있다가 돌아와 집에 가까이 왔을 때에 풍악과 춤추는 소리를 듣고

26 한 종을 불러 이 무슨 일인가 물은대

27 대답하되 당신의 동생이 돌아왔으매 당신의 아버지가 건강한 그를 다시 맞아 들이게 됨으로 인하여 살진 송아지를 잡았나 이다 하니

28 그가 노하여 들어가고자 하지 아니하거늘 아버지가 나와서 권한대

29 아버지께 대답하여 이르되 내가 여러 해 아버지를 섬겨 명을 어김이 없거늘 내게는 염소 새끼라도 주어 나와 내 벗으로 즐기게 하신 일이 없더니

30 아버지의 살림을 창녀들과 함께 삼켜 버린 이 아들이 돌아오매 이를 위하여 살진 송아지를 잡으셨나이다

31 아버지가 이르되 얘 너는 항상 나와 함께 있으니 내 것이 다 네 것이로되

32 이 네 동생은 죽었다가 살아났으며 내가 잃었다가 얻었기로 우리가 즐거워하고 기뻐하는 것이 마땅하다 하니라

하나님이 주인이던 잃어버린 양과 하나님의 아들인 가출한 탕자를 비유로 예수님은 하나님 나라에 대해 말씀하십니다. 그런데 많은 교회에서 이 비유들을 만인구원설로 설교를 합니다. 예수님이 길을 잃고 헤매는 아무 양이나 등에 업고 와서 기뻐하며 잔치를 하

시는 것으로 전하거나, 돌아온 탕자가 회개를 하고 돌아온 것에만 초점을 맞춰서 말씀을 전하는 경우가 많습니다.

예수님이 비유로 말씀하시는 집을 나간 작은아들은 처음부터 누구의 아들입니까?

하나님의 자녀이고 하나님의 양입니다. 그렇기 때문에 예수님이 천국 비유로 말씀하시는 이 비유들은 만인구원이 아닌 처음부터 하나님이 주인인 것을 전제로 하는 말씀입니다. 그래서 예수님은 잃어버린 양을 찾았을 때 기쁨으로 등에 업고 돌아와서 잃어버린 양의 값하고는 비교가 안 되는 많은 비용을 아낌없이 들여 기쁨의 큰 잔치를 베푸시는 것입니다.

'예함성' 천국 길 내비게이션은 하나님의 백성, 하나님의 자녀, 하나님의 양이 하나님의 변할 수 없는 예정에 의해 창세 전부터 정해져 있는 것을 잘 깨달을 수 있도록 반복해서 말씀드립니다.

예수님이 말씀하시는 하나님의 뜻에 대한 말씀입니다.

요 6 : 37-40

37 아버지께서 내게 주시는 자는 다 내게로 올 것이요 내게 오는 자는 내가 결코 내쫓지 아니하리라
38 내가 하늘에서 내려온 것은 내 뜻을 행하려 함이 아니요 나를 보내신 이의 뜻을 행하려 함이니라
39 나를 보내신 이의 뜻은 내게 주신 자 중에 내가 하나도 잃어버리지 아니하고 마지막 날에 다시 살리는 이것이니라
40 내 아버지의 뜻은 아들을 보고 믿는 자마다 영생을 얻는 이것이니 마지막 날에 내가 이를 다시 살리리라 하시니라

그러므로 예수님이 "내 아버지의 뜻은 아들을 보고 믿는 자마다"라고 하신 말씀은 하나님이 예수님에게 주시는 자 중에서 예수님을 보고 믿는 자입니다. 따라서 하나님의 뜻은 하나님이 주권적으로 예수님에게 맡길 자를 창세 전에 예정하시고, 그 예정된 자는 누구든지 예수님이 하나도 잃어버리지 아니하고 마지막 날에 다시 살리는 이것입니다.

(1) 앞에서 든 예화에서 딸의 빚을 대신 갚아준 사람은 누구입니까?

기업을 물려줄 가출소녀의 아버지입니다.

(2) 그러면 딸은 자신이 진 빚을 자기 능력으로 갚을 수 있었습니까?

딸은 자신이 진 빚을 스스로는 전혀 갚을 방법도 능력도 없습니다.

(3) 아버지가 빚을 대신 갚아준 후 딸과 포주와의 관계는 어떻게 됩니까?

아버지가 딸을 대신해서 모든 빚을 다 갚아주었기 때문에 딸은 포주에게 남아있는 빚이 없습니다. 그 딸은 포주로부터 완전히 벗어나게 된 것입니다. 만약 딸이 이를 믿지 못하고 계속 포주의 종노릇을 한다면 아버지의 마음은 얼마나 속상할 것이며 사람들은 그런 딸을 정말 한심하다 생각할 것입니다.

롬 6 : 14-18

14 죄가 너희를 주장하지 못하리니 이는 너희가 법 아래에 있지 아니하고 은혜 아래에 있음이라

15 그런즉 어찌하리요 우리가 법 아래에 있지 아니하고 은혜 아래에 있으니 죄를 지으리요 그럴 수 없느니라
16 너희 자신을 종으로 내주어 누구에게 순종하든지 그 순종함을 받는 자의 종이 되는 줄을 너희가 알지 못하느냐 혹은 죄의 종으로 사망에 이르고 혹은 순종의 종으로 의에 이르느니라
17 하나님께 감사하리로다 너희가 본래 죄의 종이더니 너희에게 전하여 준 바 교훈의 본을 마음으로 순종하여
18 죄로부터 해방되어 의에게 종이 되었느니라

(4) 아버지가 빚을 대신 갚아준 딸은 아버지 집에 돌아온 후 아버지에게 빚이 있습니까? 없습니까?

아버지가 대신 갚아준 딸의 빚은 딸이 아버지에게 갚은 것은 아니므로 집에 돌아온 딸은 아버지에게 그대로 빚이 있습니다. 딸이 자기 대신 빚을 갚아준 아버지에 대한 마음의 빚은 당연히 있는 빚이지만 그러나 이 빚은 갚아야 할 빚은 아닙니다.

사도 바울은 이 말씀을 죄에서 해방되어 의에게 종이 된 것으로 표현하여 알려주며 19절 말씀을 이어갑니다.

롬 6 : 19-23

19 너희 육신이 연약하므로 내가 사람의 예대로 말하노니 전에 너희가 너희 지체를 부정과 불법에 내주어 불법에 이른 것 같이 이제는 너희 지체를 의에게 종으로 내주어 거룩함에 이르라
20 너희가 죄의 종이 되었을 때에는 의에 대하여 자유로웠느니라
21 너희가 그 때에 무슨 열매를 얻었느냐 이제는 너희가 그 일을 부끄러워하나니 이는 그 마지막이 사망임이라

22 그러나 이제는 너희가 죄로부터 해방되고 하나님께 종이 되어 거룩함에 이르는 열매를 맺었으니 그 마지막은 영생이라
23 죄의 삯은 사망이요 하나님의 은사는 그리스도 예수 우리 주 안에 있는 영생이니라

그래서 죄를 빚으로 생각하면 그리스도 예수로 인해 모든 빚이 다 갚아져서 더 이상 마귀의 종, 죄의 종이 아닌 것이 마음으로 믿어지게 됩니다.
그러나 대신 자기 빚을 갚아준 아버지에게는 그대로 빚이 있으므로 왜 빚이 있는 죄인인가 하는지를 잘 깨달을 수 있게 됩니다.

그래서 사도 바울은 죄 사함에 대한 말씀을 전하면서,

14 죄가 너희를 주장하지 못하리니 이는 너희가 법 아래에 있지 아니하고 은혜 아래 있음이라

고 한 것입니다.

그런데 이를 잘 모르기 때문에 예수를 믿으면서도 사람의 생각이나 세상 종교인의 믿음으로 신앙생활을 하게 되는 것입니다.
죄 사함과 하나님의 은혜를 온전히 깨달은 사도 바울은 어떻게 믿고 전하고 있습니까?

롬 8 : 1-6
1 그러므로 이제 그리스도 예수 안에 있는 자에게는 결코 정죄함이 없나니
2 이는 그리스도 예수 안에 있는 생명의 성령의 법이 죄와 사망

의 법에서 너를 해방하였음이라
3 율법이 육신으로 말미암아 연약하여 할 수 없는 그것을 하나 님은 하시나니 곧 죄로 말미암아 자기 아들을 죄 있는 육신의 모양으로 보내어 육신에 죄를 정하사
4 육신을 따르지 않고 그 영을 따라 행하는 우리에게 율법의 요구가 이루어지게 하려 하심이니라
5 "육신을 따르는 자는 육신의 일을, 영을 따르는 자는 영의 일을 생각하나니"
6 육신의 생각은 사망이요 영의 생각은 생명과 평안이니라

사도 바울이 왜 "육신의 생각은 사망이요 영의 생각은 생명과 평안이니라"라고 하는지 잘 생각하고 깨달을 수 있어야합니다.

가출 소녀와 아버지가 가출한 자기 딸의 빚을 대신 갚아준 것과 예수님이 왜 빚과 죄를 같은 것으로 말씀을 하시는지 잘 깨달았다면, 예수님의 대속으로 죄 사함을 얻었어도 의인이 아닌, 하나님에게는 빚을 그대로 진 자이며, 더구나 앞으로도 우리는 더 많은 빚 즉, 죄를 하나님에게 지을 자이며 그럼에도 하나님은 의롭다고 칭하시니 어찌 은혜가 아닐 수 없는지 분명히 분별을 할 수 있을 것입니다.

(5) 딸은 자신을 구해서 아버지의 기업을 물려주려고 하는 아버지에게 어떤 마음이 되어야 하겠습니까?

포주로부터 건져내주신 아버지에게는 늘 빚진 자의 마음으로 자신이 입은 은혜를 감사하고, 찬양을 하는 입술이 되어야 합니다. 이 은혜를 잊지 말고 늘 인정을 하고, 이 마음으로 하나님을 찬양하고 예수님께 감사를 드리고, 하나님 말씀에 순종하는 자가 되어야 합니다.

롬 6 : 12-18

12 그러므로 너희는 죄가 너희 죽을 몸을 지배하지 못하게 하여 몸의 사욕에 순종하지 말고
13 또한 너희 지체를 불의의 무기로 죄에게 내주지 말고 오직 너희 자신을 죽은 자 가운데서 다시 살아난 자 같이 하나님께 드리며 너희 지체를 의의 무기로 하나님께 드리라
14 죄가 너희를 주장하지 못하리니 이는 너희가 법 아래에 있지 아니하고 은혜 아래에 있음이라
15 그런즉 어찌하리요 우리가 법 아래에 있지 아니하고 은혜 아래에 있으니 죄를 지으리요 그럴 수 없느니라
16 너희 자신을 종으로 내주어 누구에게 순종하든지 그 순종함을 받는 자의 종이 되는 줄을 너희가 알지 못하느냐 혹은 죄의 종으로 사망에 이르고 혹은 순종의 종으로 의에 이르느니라
17 하나님께 감사하리로다 너희가 본래 죄의 종이더니 너희에게 전하여 준 바 교훈의 본을 마음으로 순종하여
18 죄로부터 해방되어 의에게 종이 되었느니라

(6) 집으로 다시 돌아온 딸과 아버지의 관계는 이전의 포주와의 관계와는 전혀 다른 관계입니다.

포주가 가출 소녀를 딸이라고 부르는 것과 딸을 찾고 기뻐하는 아버지는 전혀 다릅니다. 포주와는 달리 아버지는 사랑하는 마음으로 빚을 대신 갚아줍니다. 그래서 자신이 진 죽음의 빚을 대신 갚아주신 하나님이신 것을 모르고 이런 기쁜 복음을 전하지 않는다면 예수님은 자기를 믿지 않는 자라고 말씀하는 것입니다.

요 5 : 39, 40

39 너희가 성경에서 영생을 얻는 줄 생각하고 성경을 연구하거니와 이 성경이 곧 내게 대하여 증언하는 것이니라
40 그러나 너희가 영생을 얻기 위하여 내게 오기를 원하지 아니하는도다

'예함성' 천국길 내비게이션은 이런 성경적이고 복음적 이유로 구원파에서 전하는 죄 사함 믿음이 잘못된 믿음이라는 것입니다. 왜냐하면 포주에게는 빚이 없지만 자식의 빚을 대신 갚아준 아버지에게는 자신이 갚지 못한 빚이 그대로 있기 때문입니다. 따라서 이것이 예수님이 대신 갚아주신 빚에 대해 하나님이 빚이 없는 의인으로 말씀하지 않는 이유이고 칭의(의롭다 일컬음)만을 하신 이유입니다.

롬 6 : 12-23

12 그러므로 너희는 죄가 너희 죽을 몸을 지배하지 못하게 하여 몸의 사욕에 순종하지 말고
13 또한 너희 지체를 불의의 무기로 죄에게 내주지 말고 오직 너희 자신을 죽은 자 가운데서 다시 살아난 자 같이 하나님께 드리며 너희 지체를 의의 무기로 하나님께 드리라
14 죄가 너희를 주장하지 못하리니 이는 너희가 법 아래에 있지 아니하고 은혜 아래에 있음이라
15 그런즉 어찌하리요 우리가 법 아래에 있지 아니하고 은혜 아래에 있으니 죄를 지으리요 그럴 수 없느니라
16 너희 자신을 종으로 내주어 누구에게 순종하든지 그 순종함을 받는 자의 종이 되는 줄을 너희가 알지 못하느냐 혹은 죄의 종으로 사망에 이르고 혹은 순종의 종으로 의에 이르느니라
17 하나님께 감사하리로다 너희가 본래 죄의 종이더니 너희에게

전하여 준 바 교훈의 본을 마음으로 순종하여
18 죄로부터 해방되어 의에게 종이 되었느니라
19 너희 육신이 연약하므로 내가 사람의 예대로 말하노니 전에 너희가 너희 지체를 부정과 불법에 내주어 불법에 이른 것 같이 이제는 너희 지체를 의에게 종으로 내주어 거룩함에 이르라
20 너희가 죄의 종이 되었을 때에는 의에 대하여 자유로웠느니라
21 너희가 그 때에 무슨 열매를 얻었느냐 이제는 너희가 그 일을 부끄러워하나니 이는 그 마지막이 사망임이라
22 그러나 이제는 너희가 죄로부터 해방되고 하나님께 종이 되어 거룩함에 이르는 열매를 맺었으니 그 마지막은 영생이라
23 죄의 삯은 사망이요 하나님의 은사는 그리스도 예수 우리 주 안에 있는 영생이니라

4. 하나님이 율법으로 정하신 죄 사함 방법

죄 사함 방법에 대해 하나님이 구약으로 주신 율법이 기록된 성경 말씀으로 살펴봅니다.

하나님이 율법으로 정하신 죄 사함 방법은 하나님의 백성으로 하나님이 택하신 자들이 죄를 지으면 자신을 대신해서 죄가 없는 짐승을 대신 죽임으로써 지은 죄를 사함을 받도록 하는 방법입니다.

율법으로 정한 이런 죄 사함 방법은 예수가 그리스도로 오셔서 죄 사함을 얻게 할 그림자입니다. 왜냐하면 하나님이 만드신 피조물로는 온전한 죄 사함을 얻을 수 없기 때문입니다.

그림자는 본체가 없으면 그림자도 바로 사라집니다. 예수님은 본

체입니까? 그림자입니까?
  예수님은 본체이십니다.

요 14 : 8, 9

8 빌립이 이르되 주여 아버지를 우리에게 보여 주옵소서 그리하면 족하겠나이다
9 예수께서 이르시되 빌립아 내가 이렇게 오래 너희와 함께 있으되 네가 나를 알지 못하느냐 나를 본 자는 아버지를 보았거늘 어찌하여 아버지를 보이라 하느냐

부활하신 예수님이 제자들의 곁을 떠나 하늘로 가시는 말씀입니다.

행 1 : 10, 11

10 올라가실 때에 제자들이 자세히 하늘을 쳐다보고 있는데 흰 옷 입은 두 사람이 그들 곁에 서서
11 이르되 갈릴리 사람들아 어찌하여 서서 하늘을 쳐다보느냐 너희 가운데서 하늘로 올려지신 이 예수는 하늘로 가심을 본 그대로 오시리라 하였느니라

  생명의 부활체가 되신 예수님은 더 이상 변하지 않는 모습입니다. 그래서 너희 가운데서 하늘로 올려지신 이 예수는 하늘로 가심을 본 그대로 오시리라 한 것입니다.
  본체이신 예수님이 단번에 모든 죄들을 온전히 덮으시는 피가 되는 제사가 된다는 말씀입니다.

히 9 : 19-28

19 모세가 율법대로 모든 계명을 온 백성에게 말한 후에 송아지

와 염소의 피 및 물과 붉은 양털과 우슬초를 취하여 그 두루마리와 온 백성에게 뿌리며
20 이르되 이는 하나님이 너희에게 명하신 언약의 피라 하고
21 또한 이와 같이 피를 장막과 섬기는 일에 쓰는 모든 그릇에 뿌렸느니라
22 율법을 따라 거의 모든 물건이 피로써 정결하게 되나니 피 흘림이 없은즉 사함이 없느니라
23 그러므로 하늘에 있는 것들의 모형은 이런 것들로써 정결하게 할 필요가 있었으나 하늘에 있는 그것들은 이런 것들보다 더 좋은 제물로 할지니라
24 그리스도께서는 참 것의 그림자인 손으로 만든 성소에 들어가지 아니하시고 바로 그 하늘에 들어가사 이제 우리를 위하여 하나님 앞에 나타나시고
25 대제사장이 해마다 다른 것의 피로써 성소에 들어가는 것 같이 자주 자기를 드리려고 아니하실지니
26 그리하면 그가 세상을 창조한 때부터 자주 고난을 받았어야 할 것이로되 이제 자기를 단번에 제물로 드려 죄를 없이 하시려고 세상 끝에 나타나셨느니라
27 한 번 죽는 것은 사람에게 정해진 것이요 그 후에는 심판이 있으리니
28 이와 같이 그리스도도 많은 사람의 죄를 담당하시려고 단번에 드리신 바 되셨고 구원에 이르게 하기 위하여 죄와 상관없이 자기를 바라는 자들에게 두 번째 나타나시리라

5. 죄 사함을 위해서 하나님께 드리는 제사들

하나님이 정하신 죄 사함을 위한 율법의 제사들은 번제, 소제,

속죄제, 화목제, 속건제입니다. 이 다섯 가지 제사 중에 번제, 소제, 속죄제, 화목제에 대한 말씀만 드리도록 합니다.

1) 번제

레 1 : 1-9

1 여호와께서 회막에서 모세를 부르시고 그에게 말씀하여 이르시되
2 이스라엘 자손에게 말하여 이르라 너희 중에 누구든지 여호와께 예물을 드리려거든 가축 중에서 소나 양으로 예물을 드릴지니라
3 그 예물이 소의 번제이면 흠 없는 수컷으로 회막 문에서 여호와 앞에 기쁘게 받으시도록 드릴지니라
4 그는 번제물의 머리에 안수할지니 그를 위하여 기쁘게 받으심이 되어 그를 위하여 속죄가 될 것이라
5 그는 여호와 앞에서 그 수송아지를 잡을 것이요 아론의 자손 제사장들은 그 피를 가져다가 회막 문 앞 제단 사방에 뿌릴 것이며
6 그는 또 그 번제물의 가죽을 벗기고 각을 뜰 것이요
7 제사장 아론의 자손들은 제단 위에 불을 붙이고 불 위에 나무를 벌여 놓고
8 아론의 자손 제사장들은 그 뜬 각과 머리와 기름을 제단 위의 불 위에 있는 나무에 벌여 놓을 것이며
9 그 내장과 정강이를 물로 씻을 것이요 제사장은 그 전부를 제단 위에서 불살라 번제를 드릴지니 이는 화제라 여호와께 향기로운 냄새니라

하나님이 구약으로 주신 율법으로 번제가 진행되는 과정입니다. 하나님의 백성인 이스라엘 백성은 자기가 지은 죄로 인해 여호와께 예물을 드리고, 죄 사함을 얻으려면 자기 죄를 대신해 죽을 대속 제물이 될 짐승을 데리고 제사장에게 옵니다. 제사장은 성소 뜰 안에 있는 회막문 앞으로 죄 지은 사람과 희생제물을 데리고 갑니다. 회막문 앞에서 죄지은 하나님의 백성이 무릎을 꿇고 죄 없는 짐승의 머리에 손을 얹고 안수를 합니다. 이렇게 하면 죄지은 사람의 죄가 대속 제물에게 넘어가도록 하나님이 죄 사함의 길을 열어 놓으셨기 때문에, 죄지은 사람의 죄는 사해지고 대신 죄를 짊어져 더러워진 대속 제물은 불로 태워져 죽게 됩니다. 이것이 번제입니다.

구약의 율법으로 정한 죄 사함 방법은 하나님이 만드신 피조물로 대속 제물을 하나님께 드리기 때문에 온전한 죄 사함을 얻을 수 없습니다. 그래서 하나님의 백성이 죄를 지을 때마다 매번 죄 사함을 얻기 위해서 제사를 드리게 했습니다. 그러나 신약의 죄 사함은 어떻습니까? 구약의 죄 사함이 아닌 예수님 자신이 본체로 대속 제물이 되어서 드린 완전한 제사이기 때문에 단회적으로 온전한 죄 사함을 얻게 하시는 율법의 완성입니다.

요 19 : 25-30

25 예수의 십자가 곁에는 그 어머니와 이모와 글로바의 아내 마리아와 막달라 마리아가 섰는지라
26 예수께서 자기의 어머니와 사랑하시는 제자가 곁에 서 있는 것을 보시고 자기 어머니께 말씀하시되 여자여 보소서 아들이니이다 하시고
27 또 그 제자에게 이르시되 보라 네 어머니라 하신대 그 때부터 그 제자가 자기 집에 모시니라

28 그 후에 예수께서 모든 일이 이미 이루어진 줄 아시고 성경을 응하게 하려 하사 이르시되 내가 목마르다 하시니
29 거기 신 포도주가 가득히 담긴 그릇이 있는지라 사람들이 신 포도주를 적신 해면을 우슬초에 매어 예수의 입에 대니
30 예수께서 신 포도주를 받으신 후에 이르시되 다 이루었다 하시고 머리를 숙이니 영혼이 떠나가시니라

2) 소제

레 2 : 1, 2

1 누구든지 소제의 예물을 여호와께 드리려거든 고운 가루로 예물을 삼아 그 위에 기름을 붓고 또 그 위에 유향을 놓아
2 아론의 자손 제사장들에게로 가져갈 것이요 제사장은 그 고운 가루 한 움큼과 기름과 그 모든 유향을 가져다가 기념물로 제단 위에서 불사를지니 이는 화제라 여호와께 향기로운 냄새니라

이스라엘 지방은 사막지대이기 때문에 곡물이 귀합니다. 그래서 곡물을 가루로 만들 때 껍질을 벗기지 않고 껍질째 넣습니다. 여호와께 드리는 소제를 위한 가루는 껍질을 벗겨 고운 가루를 만들어서 드리되, 고운 가루에 다시 기름을 붓고 유향을 넣으라고 합니다. 이것을 아론의 자손 제사장들에게로 가져오면 제사장은 그 고운 가루 한 웅큼과 기름과 그 모든 유향을 취해서 기념물로 단 위에 불사르도록 해 화제로 드립니다. 그 향기가 여호와께 향기로운 냄새가 되는 것은 번제에서와 마찬가지입니다.

소제는 번제로 드릴 대속제물을 살 돈이 없는 가난한 하나님의

백성이 죄를 지었을 때 죄 사함을 위한 제사 방법입니다. 따라서 소제 또한 피조물로 드려지는 제사이니 번제와 마찬가지로 온전한 제사가 아닌 죄 사함의 그림자일 뿐입니다.

3) 속죄제

레 4 : 1-35

1 여호와께서 모세에게 말씀하여 이르시되
2 이스라엘 자손에게 말하여 이르라 누구든지 여호와의 계명 중 하나라도 그릇 범하였으되
3 만일 기름 부음을 받은 제사장이 범죄하여 백성의 허물이 되었으면 그가 범한 죄로 말미암아 흠 없는 수송아지로 속죄제물을 삼아 여호와께 드릴지니
4 그 수송아지를 회막 문 여호와 앞으로 끌어다가 그 수송아지의 머리에 안수하고 그것을 여호와 앞에서 잡을 것이요
5 기름 부음을 받은 제사장은 그 수송아지의 피를 가지고 회막에 들어가서
6 그 제사장이 손가락에 그 피를 찍어 여호와 앞 곧 성소의 휘장 앞에 일곱 번 뿌릴 것이며
7 제사장은 또 그 피를 여호와 앞 곧 회막 안 향단 뿔들에 바르고 그 송아지의 피 전부를 회막 문 앞 번제단 밑에 쏟을 것이며
8 또 그 속죄제물이 된 수송아지의 모든 기름을 떼어낼지니 곧 내장에 덮인 기름과 내장에 붙은 모든 기름과
9 두 콩팥과 그 위의 기름 곧 허리 쪽에 있는 것과 간에 덮인 꺼풀을 콩팥과 함께 떼어내되
10 화목제 제물의 소에게서 떼어냄 같이 할 것이요 제사장은 그

것을 번제단 위에서 불사를 것이며

11 그 수송아지의 가죽과 그 모든 고기와 그것의 머리와 정강이와 내장과

12 똥 곧 그 송아지의 전체를 진영 바깥 재 버리는 곳인 정결한 곳으로 가져다가 불로 나무 위에서 사르되 곧 재 버리는 곳에서 불사를지니라

13 만일 이스라엘 온 회중이 여호와의 계명 중 하나라도 부지중에 범하여 허물이 있으나 스스로 깨닫지 못하다가

14 그 범한 죄를 깨달으면 회중은 수송아지를 속죄제로 드릴지니 그것을 회막 앞으로 끌어다가

15 회중의 장로들이 여호와 앞에서 그 수송아지 머리에 안수하고 그것을 여호와 앞에서 잡을 것이요

16 기름 부음을 받은 제사장은 그 수송아지의 피를 가지고 회막에 들어가서

17 "그 제사장이 손가락으로 그 피를 찍어 여호와 앞, 휘장 앞에 일곱 번 뿌릴 것이며"

18 또 그 피로 회막 안 여호와 앞에 있는 제단 뿔들에 바르고 그 피 전부는 회막 문 앞 번제단 밑에 쏟을 것이며

19 그것의 기름은 다 떼어 제단 위에서 불사르되

20 그 송아지를 속죄제의 수송아지에게 한 것 같이 할지며 제사장이 그것으로 회중을 위하여 속죄한즉 그들이 사함을 받으리라

21 그는 그 수송아지를 진영 밖으로 가져다가 첫번 수송아지를 사름 같이 불사를지니 이는 회중의 속죄제니라

22 만일 족장이 그의 하나님 여호와의 계명 중 하나라도 부지중에 범하여 허물이 있었는데

23 그가 범한 죄를 누가 그에게 깨우쳐 주면 그는 흠 없는 숫염

소를 예물로 가져다가

24 그 숫염소의 머리에 안수하고 여호와 앞 번제물을 잡는 곳에서 잡을지니 이는 속죄제라

25 제사장은 그 속죄 제물의 피를 손가락에 찍어 번제단 뿔들에 바르고 그 피는 번제단 밑에 쏟고

26 그 모든 기름은 화목제 제물의 기름 같이 제단 위에서 불사를지니 이같이 제사장이 그 범한 죄에 대하여 그를 위하여 속죄한즉 그가 사함을 얻으리라

27 만일 평민의 한 사람이 여호와의 계명 중 하나라도 부지중에 범하여 허물이 있었는데

28 그가 범한 죄를 누가 그에게 깨우쳐 주면 그는 흠 없는 암염소를 끌고 와서 그 범한 죄로 말미암아 그것을 예물로 삼아

29 그 속죄제물의 머리에 안수하고 그 제물을 번제물을 잡는 곳에서 잡을 것이요

30 제사장은 손가락으로 그 피를 찍어 번제단 뿔들에 바르고 그 피 전부를 제단 밑에 쏟고

31 그 모든 기름을 화목제물의 기름을 떼어낸 것 같이 떼어내 제단 위에서 불살라 여호와께 향기롭게 할지니 제사장이 그를 위하여 속죄한즉 그가 사함을 받으리라

32 그가 만일 어린 양을 속죄제물로 가져오려거든 흠 없는 암컷을 끌어다가

33 그 속죄제 제물의 머리에 안수하고 번제물을 잡는 곳에서 속죄제물로 잡을 것이요

34 제사장은 그 속죄제물의 피를 손가락으로 찍어 번제단 뿔들에 바르고 그 피는 전부 제단 밑에 쏟고

35 그 모든 기름을 화목제 어린 양의 기름을 떼낸 것 같이 떼내어 제단 위 여호와의 화제물 위에서 불사를지니 이같이 제사

장이 그가 범한 죄에 대하여 그를 위하여 속죄한즉 그가 사함
을 받으리라

속죄를 받기 위해서 속죄제를 드릴 때 대속 제물로 여러 짐승들
이 있고 또 속죄를 위한 속제 제물로 수컷이 아닌 암컷 어린양으
로 드리도록 하는 등 복잡해 보입니다. 그러나 이 속죄제에서 중요
한 것은 대속 제물이 어린 양이냐 암소냐 숫소냐 곡물이냐 짐승이
냐가 아닙니다. 죄를 지은 하나님의 백성은 죄가 없는 대속 제물로
죄 사함을 얻도록 하는 죄 사함 방법을 사람이 아닌 하나님이 정하
신 점이 중요합니다.

4) 화목제

레 3 : 1-11

1 사람이 만일 화목제의 제물을 예물로 드리되 소로 드리려면 수컷이나 암컷이나 흠 없는 것으로 여호와 앞에 드릴지니
2 그 예물의 머리에 안수하고 회막 문에서 잡을 것이요 아론의 자손 제사장들은 그 피를 제단 사방에 뿌릴 것이며
3 그는 또 그 화목제의 제물 중에서 여호와께 화제를 드릴지니 곧 내장에 덮인 기름과 내장에 붙은 모든 기름과
4 두 콩팥과 그 위의 기름 곧 허리 쪽에 있는 것과 간에 덮인 꺼풀을 콩팥과 함께 떼어낼 것이요
5 아론의 자손은 그것을 제단 위의 불 위에 있는 나무 위의 번제물 위에서 사를지니 이는 화제라 여호와께 향기로운 냄새니라
6 만일 여호와께 예물로 드리는 화목제의 제물이 양이면 수컷이나 암컷이나 흠 없는 것으로 드릴지며

7 만일 그의 예물로 드리는 것이 어린 양이면 그것을 여호와 앞으로 끌어다가
8 그 예물의 머리에 안수하고 회막 앞에서 잡을 것이요 아론의 자손은 그 피를 제단 사방에 뿌릴 것이며
9 그는 그 화목제의 제물 중에서 여호와께 화제를 드릴지니 그 기름 곧 미골에서 벤 기름진 꼬리와 내장에 덮인 기름과 내장에 붙은 모든 기름과
10 두 콩팥과 그 위의 기름 곧 허리 쪽에 있는 것과 간에 덮인 꺼풀을 콩팥과 함께 떼어낼 것이요
11 제사장은 그것을 제단 위에서 불사를지니 이는 화제로 여호와께 드리는 음식이니라

레 7 : 11-15

11 여호와께 드릴 화목제물의 규례는 이러하니라
12 만일 그것을 감사함으로 드리려면 기름 섞은 무교병과 기름 바른 무교전병과 고운 가루에 기름 섞어 구운 과자를 그 감사제물과 함께 드리고
13 또 유교병을 화목제의 감사제물과 함께 그 예물로 드리되
14 그 전체의 예물 중에서 하나씩 여호와께 거제로 드리고 그것을 화목제의 피를 뿌린 제사장들에게로 돌릴지니라
15 감사함으로 드리는 화목제물의 고기는 드리는 그 날에 먹을 것이요 조금이라도 이튿날 아침까지 두지 말 것이니라

화목제는 하나님과 화목을 위해 드리도록 하나님이 정하신 제사이기 때문에 찬양제사 혹은 서원제라고도 합니다. 그래서 화목제는 첫째 감사제이고 둘째 기쁨으로 드리는 제사라는 뜻으로 낙헌제입니다.

번제, 소제, 속죄제, 속건제 등은 죄 사함을 위해 드려지는 제사이기 때문에 대속 제물은 더러워져 제사장이 먹을 수 없습니다. 그러나 화목제로 드려진 제물은 하나님과의 화목을 위해 드리는 제사이기 때문에 감사와 기쁨으로 제사장이 먹을 수 있도록 허락하고 있습니다.

예수님은 스스로 대속 제물이 되심으로써 하나님과 자기 백성 간의 죄로 인한 걸림돌을 완전히 없애시고 하나님과 화목케 하신 것입니다. 따라서 신약으로 하나님의 백성이 된 그리스도인은 감사와 기쁨의 예배로 드려야 하는데, 예수님이 하나님과 화목을 다 이루어 놓으신 것을 믿지 못해 예배를 드릴 때마다 통회자복하며 하나님과 막힌 죄 때문에 괴로워하는 예배를 드리면 하나님이 기뻐하시는 예배가 되는지 생각해 보시기 바랍니다.

마 15 : 9-14

9 사람의 계명으로 교훈을 삼아 가르치니 나를 헛되이 경배하는도다 하였느니라 하시고
10 무리를 불러 이르시되 듣고 깨달으라
11 입으로 들어가는 것이 사람을 더럽게 하는 것이 아니라 입에서 나오는 그것이 사람을 더럽게 하는 것이니라
12 이에 제자들이 나아와 가로되 바리새인들이 이 말씀을 듣고 걸림이 된 줄 아시나이까
13 예수께서 대답하여 이르시되 심은 것마다 내 하늘 아버지께서 심으시지 않은 것은 뽑힐 것이니
14 그냥 두라 그들은 맹인이 되어 맹인을 인도하는 자로다 만일 맹인이 맹인을 인도하면 둘이 다 구덩이에 빠지리라 하시니

사람은 어느 누구도 하나님 앞에 죄를 전혀 짓지 않거나, 지은 모든 죄들을 일일이 다 회개하여 하나님에게 죄 사함을 받아서 천국에 들어가는 것은 불가능합니다.

예를 들어, 운전을 하면서 신호 위반, 과속, 정지선 위반 등을 한 번도 하지 않는 사람은 없습니다. 교통 법규를 어긴 것은 범죄를 한 것이므로 하나님 앞에 잘못했다고 회개를 하는 것은 물론 자신이 범법한 이런 모든 죄들에 대해 경찰서에 가서 자신의 교통 법규 위반 사실을 말하고, 범칙금을 내야 진정한 회개가 됩니다. 아직도 자신이 지은 모든 죄들을 철저하게 회개해서 죄 사함 받을 수 있다고 생각하십니까?

마 5 : 21-26

21 옛 사람에게 말한 바 살인치 말라 누구든지 살인하면 심판을 받게 되리라 하였다는 것을 너희가 들었으나
22 나는 너희에게 이르노니 형제에게 노하는 자마다 심판을 받게 되고 형제에 대하여 라가라 하는 자는 공회에 잡혀가게 되고 미련한 놈이라 하는 자는 지옥 불에 들어가게 되리라
23 그러므로 예물을 제단에 드리려다가 거기서 네 형제에게 원망들을 만한 일이 있는 것이 생각나거든
24 예물을 제단 앞에 두고 먼저 가서 형제와 화목하고 그 후에 와서 예물을 드리라
25 너를 고발하는 자와 함께 길에 있을 때에 급히 사화하라 그 고발하는 자가 너를 재판관에게 내어주고 재판관이 옥리에게 내어주어 옥에 가둘까 염려하라
26 진실로 네게 이르노니 네가 한 푼이라도 남김이 없이 다 갚기 전에는 결단코 거기서 나오지 못하리라

예수님은 형제에게 노하는 자마다 심판을 받고 미련한 놈이라고 하면 지옥 불에 던져진다고 말씀합니다. 그러면서 네 형제에게 원망을 들을 만한 일이 있는 것이 생각이 나거든 "예물을 제단 앞에 두고 먼저 가서 형제와 화목하고 그 후에 와서 예물을 드리라"라고 하십니다.

요한일서는 어떻습니까?

요일 3 : 15

그 형제를 미워하는 자마다 살인하는 자니 살인하는 자마다 영생이 그 속에 거하지 아니하는 것을 너희가 아는 바라

형제를 미워하는 자마다 살인하는 자라고 합니다. 그러니 어떻게 하나님 앞에 의롭다 여김을 받고, 호리라도 죄를 즉 빚을 남기지 않고 다 해결하고 하나님에게 예배를 드리고 거룩하다 여김을 받는 육체가 있을 수 있겠습니까?

롬 2 : 12-15

12 무릇 율법 없이 범죄한 자는 또한 율법 없이 망하고 무릇 율법이 있고 범죄한 자는 율법으로 말미암아 심판을 받으리라
13 하나님 앞에서는 율법을 듣는 자가 의인이 아니요 오직 율법을 행하는 자라야 의롭다 하심을 얻으리니
14 (율법 없는 이방인이 본성으로 율법의 일을 행할 때에는 이 사람은 율법이 없어도 자기가 자기에게 율법이 되나니
15 이런 이들은 그 양심이 증거가 되어 그 생각들이 서로 혹은 고발하며 혹은 변명하여 그 마음에 새긴 율법의 행위를 나타내느니라)

하나님이 이방인에게는 율법 대신 양심을 주십니다. 그런데 양심에 어긋난 모든 죄들을 다 회개해서 천국에 들어간다고 하는 것은 율법이 있는 유대인과 다를 바가 없습니다.

5) 속건제

속건제 역시 죄 사함을 얻기 위한 제사이므로 이에 대한 말씀은 더 이상 드리지 않겠습니다.

레 5 : 15 - 19

15 누구든지 여호와의 성물에 대하여 부지중에 범죄하였으면 여호와께 속건제를 드리되 네가 지정한 가치를 따라 성소의 세겔로 몇 세겔 은에 상당한 흠 없는 숫양을 양 떼 중에서 끌어다가 속건제로 드려서
16 성물에 대한 잘못을 보상하되 그것에 오분의 일을 더하여 제사장에게 줄 것이요 제사장은 그 속건제의 숫양으로 그를 위하여 속죄한즉 그가 사함을 받으리라
17 만일 누구든지 여호와의 계명 중 하나를 부지중에 범하여도 허물이라 벌을 당할 것이니
18 그는 네가 지정한 가치대로 양 떼 중 흠 없는 숫양을 속건제물로 제사장에게로 가져갈 것이요 제사장은 그가 부지중에 범죄한 허물을 위하여 속죄한즉 그가 사함을 받으리라
19 이는 속건제니 그가 여호와 앞에 참으로 잘못을 저질렀음이니라

제6장
'예함성' 천국 길 내비게이션
세 가지 예화

〈죄와 사망의 본드〉

〈죄와 사망의 늪〉

제6장

'예함성' 천국 길 내비게이션
세 가지 예화

   기독교 신자인 우리는 흔히 기독교는 종교가 아니라는 말을 합니다. 그러나 종교학적으로 말하면 기독교는 종교입니다. 다만 기독교는 믿음의 대상이 하나님이라는 것인데 세상의 종교들에서 믿는 대상과 하나님이 다른 점은 하나님 자체와 하나님이 말씀하시는 진리가 세상 진리와 전혀 다른 진리를 말씀하고 있다는 점입니다.

   그런데 하나님을 믿는 많은 사람들이 하나님이 말씀하시는 진리와 세상 종교에서 말하는 진리가 어떻게 다른지 그것을 대부분 정확히 모르는 것입니다. 그러다보니 기독교는 종교가 아니라고 강변을 하면서도 세상 종교와 다를 것이 없는 말을 하는 경우가 많습니다.

   우리는 불교 또는 원불교 같은 유사 불교집단들에게서 진리는 하나라는 말을 흔히 듣습니다. 불교와 같은 세상 종교에서 진리는 결국 하나라고 하는 것은 세상의 모든 종교는 사람은 누구나 착하고 선하게 살아야 하는 것을 진리로 생각을 하기 때문입니다. 그래서 세상의 모든 종교들은 사람은 착하고 선하게 살아야 하는 것을 말하고, 사람이 착하고 선하게 살기 위해서는 어떻게 해야 하는가를 도로 정해서 가르치고, 사람이 착하고 선하게 사는 도를 깨닫고 실천하기 위해 많은 애를 쓰는 것입니다.

그런데 하나님은 무엇이라고 말씀을 하십니까?

롬 3 : 10-24

10 기록된 바 의인은 없나니 하나도 없으며
11 깨닫는 자도 없고 하나님을 찾는 자도 없고
12 다 치우쳐 함께 무익하게 되고 선을 행하는 자는 없나니 하나도 없도다

그러시면서,

13 그들의 목구멍은 열린 무덤이요 그 혀로는 속임을 일삼으며 그 입술에는 독사의 독이 있고
14 그 입에는 저주와 악독이 가득하고
15 그 발은 피 흘리는 데 빠른지라
16 파멸과 고생이 그 길에 있어
17 평강의 길을 알지 못하였고
18 그들의 눈 앞에 하나님을 두려워함이 없느니라

라고 하십니다.

그리고 하나님의 백성에게 준 율법은 어떻습니까? 하나님이 주신 율법은 세상 종교들처럼 하나님이 주신 율법을 잘 지켜서 하나님이 하시는 심판을 피하도록 하시려는 것이 아니라,

> 19 우리가 알거니와 무릇 율법이 말하는 바는 율법 아래에 있는 자들에게 말하는 것이니 이는 모든 입을 막고 온 세상으로 하나님의 심판 아래에 있게 하려 함이라
> 20 그러므로 율법의 행위로 그의 앞에 의롭다 하심을 얻을 육체가 없나니 율법으로는 죄를 깨달음이니라

라는 것입니다. 다시 말해서 하나님이 율법을 주신 것은 율법을 온전히 지키라는 것이 아니라, 하나님이 주신 율법을 통해서 율법의 행위로는 하나님 앞에 의롭다 하심을 얻을 육체가 없는 것이기 때문에, 하나님이 주신 율법은 너희가 율법을 지키지 못하는 얼마나 형편없는 죄인가를 깨닫게 하기 위해 율법을 주신 것이라는 말씀입니다. 그렇다고 하나님이 자기 백성을 율법을 지키지 못하는 죄인이기 때문에 심판을 해서 지옥으로 보내시는 것이 아니라, 하나님의 사랑으로 지옥으로 떨어질 자기 백성을 하나님과 함께할 해결책으로 대속제물의 율법을 자기 백성에게 주신 방법이,

> 21 이제는 율법 외에 하나님의 한 의가 나타났으니 율법과 선지자들에게 증거를 받은 것이라
> 22 곧 예수 그리스도를 믿음으로 말미암아 모든 믿는 자에게 미치는 하나님의 의니 차별이 없느니라
> 23 모든 사람이 죄를 범하였으매 하나님의 영광에 이르지 못하더니
> 24 그리스도 예수 안에 있는 속량으로 말미암아 하나님의 은혜

로 값없이 의롭다 하심을 얻은 자 되었느니라

되었다는 것입니다.

따라서 기독교는 종교가 아니라는 주장보다는 기독교는 세상 종교와는 다른데 세상의 종교는 모두 인간의 선을 주장하고, 그 선을 어떻게 해서든지 꺼내서 선하게 살아야 하는 것을 종교의 도로 생각을 하지만, 하나님은 인간은 선도 의도 없고, 오직 그리스도 예수 안에 있는 속량으로 말미암아 하나님의 은혜로 값없이 의롭다 하심을 얻는 길 외에는 모든 사람이 죄를 범하였으매 하나님의 영광에 이를 수 없는 것을 진리로 알려주는 점이 세상의 종교와는 전혀 다릅니다.

그런데 이런 하나님의 생각을 하나님을 믿는다는 많은 사람들이 모르고, 이런 진리를 깨닫지 못하기 때문에 예수님이 소경이요, 귀머거리라고 하는 것입니다. 그러니 이런 믿음은 유대인들과 다를 것이 없고, 세상 종교와 다를 것이 없는 믿음입니다.

하나님과 예수를 하나님으로 믿는 참 그리스도인이라면 기독교가 전하는 진리가 세상 종교가 전하는 진리와 어떻게 다른 것인지 정확히 깨닫고, 깨달은 진리를 전할 수 있어야 합니다. 따라서 기독교만이 전하는 세 가지 진리인 대신성 진리, 대속성 진리, 대표성 진리를 정확히 깨닫는 것이 기독교가 전하는 진리와 복음이 세상 종교와 어떻게 다른지 분별하는 지혜를 줍니다. 이를 위해, '예함성' 천국 길 내비게이션은 대신성 진리, 대속성 진리, 대표성 진리에 대한 세 가지 예화를 가지고 알려주고 있습니다. 따라서 대신성 진리, 대속성 진리, 대표성 진리를 정확히 깨닫고 마음으로 믿어져서 하나님으로부터 의롭다 하심을 얻고, 이를 입으로 시인을 해서 구원에 이르도록 세 가지 예화를 별도의 장으로 정했습니다.

1. 기독교가 전하는 대신성 진리, 대속성 진리, 대표성 진리에 대한 세 가지 예화

(1) 대신성 진리 예화 : 구원에 대한 예화 쥐 본드 예화와 죄의 늪 예화
(2) 대속성 진리 예화 : 가출 소녀의 빚과 대속으로 갚아준 아버지
(3) 대표성 진리 예화 : 죄와 죄들에 대한 예화

2. 기독교가 전하는 대신성 진리, 대속성 진리, 대표성 진리에 대한 세 가지 예화의 내용과 질문들

1) 대신성 진리와 이에 대한 예화

대신성 진리 예화는 왜 예수님이 대신 구원해 주셔야만 하는가를 수영 또는 늪, 쥐본드 예화로 알려줍니다.

구원의 대상은 스스로 구원할 수 없기 때문에 구원의 대상이 되는 것이지, 스스로 구원을 할 수 있는 것은 구원의 대상이 아닙니다. 예를 들어서 수영을 잘하는 수영 선수가 물에 들어가 있는데 그런 수영 선수를 물에서 구원을 한다면 수영 선수는 자신을 물에서 구원을 해준 감사함을 느끼지 않을 것입니다.

그런데 세상 종교는 이런 수영 선수가 수영을 잘 해서 태평양을 건너도록 수행을 하는 것을 구원으로 생각을 합니다. 그러나 기독

교에서는 수영 못하는 사람이 물에 빠진 사람을 구할 수 없듯이 죄인인 사람을 구원하는 것은 죄인끼리는 구원할 수 없습니다. 그래서 죄가 없으신 하나님이신 예수님만이 대신 구원을 할 수 있다는 것이 기독교가 전하는 구원입니다.

세상 종교는 기독교가 전하는 하나님만이 죄와 사망에서 구원을 하실 수 있다는 구원을 인간의 무책임한 타력 구원이라고 하며, 기독교가 전하는 타력 구원은 자신들이 전하는 자력 구원이 아닌 구원이기 때문에 무책임한 구원 진리라고 말합니다. 이 말을 잘 기억해 두시기 바랍니다.

기독교 구원을 말하면서도 세상 종교가 말하는 자력 구원을 진리인 것으로 전하는 경우가 기독교 안에서조차 구원론으로 허다하게 전합니다. 이는 신학적으로 인간의 자유의지에 의한 인간의 죄책론 때문입니다. 무슨 말인지 아시겠는지요? 어렵다면 여기서 한 없이 이에 대해 강론을 하고 있을 수 없는 것이므로 별도로 함께 복음교실을 통해 공부하기를 바랍니다.

다시 정리 해보겠습니다. 기독교가 복음으로 전하는 구원은 죄와 죄로 인한 사망에서의 구원입니다. 그런데 이것은 하나님이 아닌 인간은 스스로 죄와 죄로 인한 사망에서 자력으로 구원을 할 수 없다는 것입니다. 그래서 죄와 사망에서 인간을 구원하려면 인간이 아닌 하나님만이 하실 수 있다는 것이고, 그래서 예수님은 하나님의 피조물이 아닌, 예수님은 온전한 하나님이라는 것입니다.

그래서 구원 즉 죄와 사망은 인간 스스로의 자력으로는 죄와 사망에서 구원을 스스로 할 수 없기 때문에 하나님이 구원을 해주셔야 합니다. 이런 구원에 대한 예화를 복음교실은 수영을 할 줄 모르는 사람이 물에 빠진 것이나, 사람이 늪에 빠진 경우, 또 쥐가 쥐 본드에 붙은 경우를 예화로 왜 하나님이신 예수님만이 구원을 하실 수 있는 것인지에 대해 진리로 예화를 드리며 말씀드리겠습니다.

쥐가 쥐를 잡는 본드에 붙어 있는 것을 보면 신기하게도 쥐가 쥐 본드 한 가운데 들어가 있는 것을 봅니다. 왜 쥐가 이렇게 쥐 본드 한 가운데 들어가 있는 것일까요? 처음에 쥐가 쥐 본드에 한 발이 붙으면 쥐가 쥐 본드에 붙은 자신의 발을 떼어내기 위해 다른 발을 쥐 본드에 대고 발을 쥐 본드에서 떼어내려고 합니다. 그런데 쥐 본드에 붙은 발이 쥐 본드에서 떨어지지 않기 때문에 이번에는 다시 자유로운 다른 뒷발을 다시 쥐 본드에서 떼어내기 위해 붙이면 네 발이 다 붙게 됩니다. 쥐는 본드에 붙은 발들을 다시 떼어내려고 온 힘으로 애를 쓰기 때문에 힘이 있는 동안 점점 더 쥐 본드 가운데로 들어가게 됩니다.

늪에 빠진 경우도 마찬 가지입니다. 늪에 빠진 사람은 빠진 늪으로부터 빠져나오려고 발버둥을 치며 애를 쓰면 쓸수록 늪 속으로 점점 더 깊이 빠져들어서 빨리 죽게 될 뿐입니다.

이와 같이 하나님이 율법과 양심을 주시고 죄 아래 가두어두신 것을 말씀하시며, 어느 누구도 인간 스스로는 율법과 양심을 온전히 지켜서 하나님 앞에 죄 없다는 심판을 받고, 사망에서 건져내서 영생을 할 자는 없다고 하신 말씀이 바로 본드에 붙은 쥐나 늪에 빠진 경우와 같은 것을 말씀하시는 것입니다.

인간 스스로는 죄와 사망의 늪에서 스스로 빠져나올 수 없고,

빠져나오려고 애를 쓰면 쓸수록 점점 더 빠져드는 것입니다. 그런데 유대인들은 자신들은 이런 죄 아래 가두기 위해 주신 율법을 온전히 다 지켜서 하나님 앞에 의롭다 여김을 받고, 죄인이 아닌 거룩하고 의로운 사람으로 스스로 구원을 할 수 있다고 하니 예수님이 왜 내가 한 말에 대해 말귀를 못 알아듣는 것이냐고 하시며 답답해 하시는 것입니다.

하나님을 믿지 않는 이방인 역시 하나님이 주신 양심을 온전히 지켜서 하나님의 빛 가운에 들어가는데, 양심을 전혀 어기지 않아서 죄 없는 자로 여김을 받을 육체는 없는데 마치 자신들은 죄가 없다고 생각을 하는 것이나, 죄 사함을 하나님으로부터 얻어서 죄와 사망에서 구원을 받는 것으로 믿는다고 하면서도 자신들은 율법과 양심에 어긋나지 않게 산다고 생각합니다. 이런 이유로 하나님 앞에 의롭다 여김을 받을 수 있다고 생각을 합니다. 또, 그런 것이 예수님이 말씀하시는 복음이고 진리인 것으로 가르치고, 전하는 현재의 율법적 경건주의자들 역시 예수님이 말씀하시는 복음과 진리에 대한 소경이요, 귀머거리인 것은 마찬가지입니다. 그래서 예수님은 소경이 소경을 인도하여 둘 다 구덩이에 빠지게 된다고 말씀 하신 것입니다.

롬 2 : 12-16

12 무릇 율법 없이 범죄한 자는 또한 율법 없이 망하고 무릇 율법이 있고 범죄한 자는 율법으로 말미암아 심판을 받으리라
13 하나님 앞에서는 율법을 듣는 자가 의인이 아니요 오직 율법을 행하는 자라야 의롭다 하심을 얻으리니
14 (율법 없는 이방인이 본성으로 율법의 일을 행할 때에는 이 사람은 율법이 없어도 자기가 자기에게 율법이 되나니

15 이런 이들은 그 양심이 증거가 되어 그 생각들이 서로 혹은 고발하며 혹은 변명하여 그 마음에 새긴 율법의 행위를 나타내느니라)
16 곧 나의 복음에 이른 바와 같이 하나님이 예수 그리스도로 말미암아 사람들의 은밀한 것을 심판하시는 그 날이라

2) 대속성 진리와 이에 대한 예화

하나님의 피조물인 인간 스스로는 절대로 죄와 사망에서 구원하는 온전한 대속제물이 될 수 없습니다. 그래서 죄와 사망에서 자기 백성을 저희 모든 죄들에서 구원을 하기 위해 죄가 없으신 하나님이 친히 오셔서 온전한 대속 제물이 되십니다. 이것이 기독교가 전하는 변할 수 없는 절대 진리인 대속성 진리입니다.

(1) 죄 사함을 얻게 하는 대속성 진리는 하나님이 율법으로 정하신 것이다.

하나님으로부터 얻게 하는 죄 사함 율법에 대해서는 '예함성' 천국 길 내비게이션 제 5장에서 성경에 기록된 말씀들을 통해 말씀을 드렸기 때문에 여기서는 율법에 기록된 죄 사함을 위한 제사 등에 대한 말씀은 더 이상 자세히 드리지 않겠습니다. 하지만, 예수님이 이 땅에 오셔서 자기 백성을 저희 죄들에서 구원을 하시기 위해 십자가 대속을 하신 것은 사람이 정한 죄 사함 방법이 아니라, 하나님이 친히 정하신 하나님의 죄 사함 방법에 따른 것입니다. 예수님이 대속제물로 자기 백성을 저희 죄에서 구원을 하시기 위해 죽으신 것을 변할 수 없는 진리로 마음속에 잊지 말고 꼭 기억하시기 바랍니다. 그렇지 않으면 하나님에게 죄 사함을 얻는데 자꾸 세상적이고, 세상 종교적인 방법으로 하나님에게 다시 죄 사함을 얻

어야 하는 것으로 생각을 하고, 그런 죄 사함을 얻는 것을 하나님이 기뻐하는 믿음으로 생각하는 잘못된 믿음을 갖게 됩니다. 그러나 포주로부터 구원을 한 아버지는 포주와는 달리 죄와 빚을 동일하게 생각할 때 딸이 아버지에게 돌아온 후 짓는 죄들 즉 빚을 빚으로 생각하지 않는다는 것입니다. 그래서 죄 사함을 얻고 성령으로 거듭난 하나님의 자녀는 죄 사함을 온전히 믿지 못하게 하는 모든 믿음이 마귀가 주는 미혹인 것을 알아야 합니다. 그래서 이런 잘못된 믿음이 되지 않도록 성경적이고, 복음적이고, 율법적인 온전한 죄 사함을 얻는 믿음은 어떤 믿음이 되어야 하는가를 예화를 들어 '예함성' 천국 길 내비게이션으로 알려드리는 것입니다. 잘못된 믿음은 죄 사함을 얻는 믿음의 T형 갈림길에서 잘못된 길로 가는 열심이 되기 때문입니다.

(2) 율법으로 정하신 대속성 진리에 따른 죄 사함에 대한 예화

대속성 진리에 따른 죄 사함에 대해서 반드시 알고, 기억해야 할 것은 예수님은 죄와 빚을 죄 사함 복음에서 동일하게 보신다는 것입니다. 그래서 '예함성' 천국 길 내비게이션으로 하나님이 율법으로 정하신 대속성 진리에 따른 죄 사함에 대한 예화를 아버지의 은혜를 모르고, 아버지 기업 무름을 받을 가출 소녀가 가출을 한 후 많은 빚을 진 것에 대한 예화로 말씀드렸습니다. 아버지가 딸이 가출을 한 후 딸이 진 모든 빚을 대신 갚아준 가출 소녀의 예화로 기독교가 전하는 대속성 진리를 알려드리는 것입니다.

가출 소녀의 예화에서 아버지의 기업 무름을 받을 부잣집 딸이 가출을 합니다. 그 딸은 여기저기로 끌려 다니며 자신도 모르는 어마어마한 빚을 진 빚쟁이가 되는데, 아버지가 자신의 기업을 물려줄 딸을 찾아내서 딸의 모든 빚을 대신 갚아줌으로써 딸을 종으로 삼고 있던 포주로부터 그 딸은 자유함을 얻게 됩니다. 이 예화를 통해 예수님이 대신 자기 백성의 죄를 갚아서 죄에서 구원을 해주신 십자가 대속의 진리에 대해 말씀을 드린 것입니다.

그런데 예수님이 전하시는 복음과 신약 성경의 죄 사함에 대한 말씀에서 혼동을 일으키는 것이 있습니다. 빛과 어두움, 흰 것과 붉은 것처럼 명쾌하게 분별이 되는 죄 사함에 대한 믿음이 아닌, 무슨 말이 무슨 말인지, 알쏭달쏭한 죄 사함에 대한 믿음입니다.

가톨릭을 포함한 아마도 거의 대부분의 개신교까지도 예수님이 지신 십자가 대속으로 죄 사함을 얻어도 첫 아담으로 인해서 들어온 원죄와 세례를 받기 전까지 자신이 지은 자범죄는 모두 온전히 사함을 받는 것이지만, 세례를 받은 후 자신이 지은 자범죄는 다시 하나님 앞에 회개를 해야 하나님에게 죄 사함을 얻어서 천국에 들어가 천국 백성으로 영생을 한다는 죄 사함 믿음을 믿는 것입니다. 그러나 이것은 예수님이 지신 십자가 대속에 대해 모든 죄를 온전히 다 사해주시는 믿음이 아닌, 부분적 죄 사함을 믿는 믿음일 수밖에 없는 죄 사함 믿음입니다.

그러나 하나님의 말씀으로 전하는 성경은 부분적 죄 사함을 믿으라고 하지 않습니다.

롬 8 : 1, 2

1 그러므로 이제 그리스도 예수 안에 있는 자에게는 결코 정죄함이 없나니
2 이는 그리스도 예수 안에 있는 생명의 성령의 법이 죄와 사망의 법에서 너를 해방하였음이라

그러니 앞서 설명한 원죄, 자범죄에 대한 교리나 믿음이나 죄 사함은 뭔가 앞뒤가 안 맞는 이상한 믿음이 됩니다. 그래서 가톨릭 신자들은 온전한 죄 사함을 믿지 못하고 가톨릭에 다니면 빛도 아니고 어두움도 아닌 중간 세계 연옥에 들어가는 것으로 믿도록 교리를 정한 것입니다. 개신교는 가톨릭이 말하는 연옥은 부인하기 때문에 연옥 교리는 없지만 원죄, 자범죄 교리와 물세례 이후 지은 자범죄는 회개해야 하나님께 죄 사함을 얻어서 천국에 간다는 믿음은 가톨릭처럼 부분적 죄 사함을 믿는 가톨릭 교리 믿음과 다를 바 없는 믿음입니다. 또 개신교는 그러면서도 예수님 믿고 예수님을 영접한다고 하기만 하면 누구든지 다 구원을 받고, 하나님 자녀가 되어서 천국에 들어가는 것으로 믿는 믿음을 갖게도 합니다.

그래서 교회를 다니는 많은 사람들이 예수 믿고 교회에 다니기 때문에 천국 가는 것은 받아놓은 밥상으로 생각을 하고, 이제는 하나님 자녀로 이 세상에서 하나님 믿고 잘 먹고 잘 사는 기복신앙에 빠지게 하는 것입니다. 기복주의 신앙인들은 자기들은 예수 믿고, 영권과 물권을 지금까지 부족함이 없이 너무 많이 받은 것을 늘 자랑을 합니다. 그러면서도 기복주의 신앙인들이 늘 하는 말은 자신들은 기복신앙인들이 아니라는 것입니다.

예수님은 이것이 눈이 어두운 자인 것을 말씀하십니다.

마 6 : 22-26

22 눈은 몸의 등불이니 그러므로 네 눈이 성하면 온 몸이 밝을 것이요
23 눈이 나쁘면 온 몸이 어두울 것이니 그러므로 네게 있는 빛이 어두우면 그 어둠이 얼마나 더하겠느냐

24 한 사람이 두 주인을 섬기지 못할 것이니 혹 이를 미워하고 저를 사랑하거나 혹 이를 중히 여기고 저를 경히 여김이라 너희가 하나님과 재물을 겸하여 섬기지 못하느니라

25 그러므로 내가 너희에게 이르노니 목숨을 위하여 무엇을 먹을까 무엇을 마실까 몸을 위하여 무엇을 입을까 염려하지 말라 목숨이 음식보다 중하지 아니하며 몸이 의복보다 중하지 아니하냐

26 공중의 새를 보라 심지도 않고 거두지도 않고 창고에 모아 들이지도 아니하되 너희 하늘 아버지께서 기르시나니 너희는 이것들보다 귀하지 아니하냐

따라서 세상 염려로 하나님과 재물을 함께 섬기는 것은 그것이 곧 기복주의 신앙인 것을 이런 사람들은 알아야합니다. 그런데 이들이 눈이 어두워서 자신이 예수님이 하지 말라는 두 주인을 섬기고 있는 것을 모릅니다.

또, 자기 믿음을 자랑하는 구원파뿐만 아니라 일부 교회 목사님들까지도 구원파에서 주장하는 죄 사함을 얻으면 의인이 된 것이라는 잘못된 믿음을 구원에 대한 믿음으로 전하고 있는 것입니다. 그러나 한 번 죄 사함을 얻으면 바로 의인이 된다는 구원파나 가톨릭이나 잘못된 믿음인 것은 마찬가지입니다.

그러면 예수님이 알게 하시려는 죄 사함 복음을 가출 소녀의 예화로 어떻게 기독교가 전하는 대속성 진리를 정확히 깨닫게 할 수 있겠습니까?

예수님이 대속성 진리로 죄 사함에 대한 복음을 깨닫게 하시려는 바는 죄를 빚으로 동일하게 예수님이 보신다는 점입니다. 그래서

예수님이 주의 기도를 이렇게 하라고 제자들에게 알려주실 때도 원어로 보면 죄를 빚으로 말씀하고 있습니다.

"우리가 우리에게 빚진 자를 사해주듯이(용서해주듯이) 우리의 빚을 사해주시고(용서해주시고)"

그래서 죄를 빚과 동일하게 보시는 예수님 말씀에 따라 아버지가 가출소녀의 모든 빚을 대신 대속을 해서 포주에게서 가출소녀를 구해 준 예화로 대속성 진리를 설명합니다.

첫째, 가출 소녀는 포주에게 빚이 있는가 없는가를 생각해보면, 가출 소녀는 자신이 포주에게 빚을 갚은 것은 아니지만, 아버지가 대신 자신의 빚을 갚아줌으로써 포주에게는 더 이상 빚이 없고, 포주로부터 완전히 자유케 된 것입니다.

둘째, 그리고 그 대신 아버지에게는 어떻습니까? 가출한 소녀가 아버지의 집으로 돌아왔다고 해도 아버지에게는 자신의 능력으로는 도저히 갚을 수 없는 빚 즉 죄가 그대로 있는 것입니다. 그리고 아버지에게는 계속 빚을 지는 것이기 때문에 하나님이 다만 칭의는 하시지만 죄인이 아닌 의인이라고 하지는 않는다는 것입니다.

셋째, 그러면 아버지의 마음은 어떻겠습니까? 자신이 대신 빚을 갚아주고 딸을 집으로 데리고 와서 다시 아버지의 기업을 무릎 받게 해야 하기 때문에, 딸이 싫어하더라도 아버지는 딸에게 포주처럼 진 빚을 갚으라고 하는 것이 아니라 아버지가 물려줄 기업 무릎에 잘 맞는 딸이 되기를 원하고 그렇게 길러가게 됩니다.

이 말씀이 로마서 8장의 이런 말씀입니다.

롬 8 : 12-18

12 그러므로 형제들아 우리가 빚진 자로되 육신에게 져서 육신대로 살 것이 아니니라
13 너희가 육신대로 살면 반드시 죽을 것이로되 영으로써 몸의 행실을 죽이면 살리니
14 무릇 하나님의 영으로 인도함을 받는 사람은 곧 하나님의 아들이라
15 너희는 다시 무서워하는 종의 영을 받지 아니하고 양자의 영을 받았으므로 우리가 아빠 아버지라고 부르짖느니라
16 성령이 친히 우리의 영과 더불어 우리가 하나님의 자녀인 것을 증언하시나니
17 자녀이면 또한 상속자 곧 하나님의 상속자요 그리스도와 함께 한 상속자니 우리가 그와 함께 영광을 받기 위하여 고난도 함께 받아야 할 것이니라
18 생각하건대 현재의 고난은 장차 우리에게 나타날 영광과 비교할 수 없느니라

그래서 '예함성' 천국 길 네비게이션은 예수님이 대속으로 모든 빚 즉 모든 죄들을 온전히 다 갚아주신 가출한 딸의 아버지를 예화로써 대속성 진리 등의 예화를 계속해서 반복하며 천국 길 내비게이션으로 알려드리는 것입니다.

3) 대표성 진리와 이에 대한 예화

(1) 대표성 진리

대표성 진리는 첫 아담으로 인해서 모든 첫 아담의 후손이 죄인이 된 것처럼, 둘째 아담 예수로 인해서 성령으로 거듭난 하나님의 자녀는 둘째 아담 그리스도 예수 한 사람으로 인해 하나님이 의롭다 칭하시는 거룩한 칭의인이 된 것을 전하는 기독교 진리입니다.

롬 5 : 12, ; 17-19

12 그러므로 한 사람으로 말미암아 죄가 세상에 들어오고 죄로 말미암아 사망이 들어왔나니 이와 같이 모든 사람이 죄를 지었으므로 사망이 모든 사람에게 이르렀느니라

......

17 한 사람의 범죄로 말미암아 사망이 그 한 사람을 통하여 왕 노릇 하였은즉 더욱 은혜와 의의 선물을 넘치게 받는 자들은 한 분 예수 그리스도를 통하여 생명 안에서 왕노릇 하리로다

18 그런즉 한 범죄로 많은 사람이 정죄에 이른 것 같이 한 의로운 행위로 말미암아 많은 사람이 의롭다 하심을 받아 생명에 이르렀느니라

19 한 사람이 순종하지 아니함으로 많은 사람이 죄인 된 것 같이 한 사람이 순종하심으로 많은 사람이 의인이 되리라

(2) 대표성 진리에 대한 예화

하나님은 보이는 것을 통해 보이지 않는 하나님의 나라와 일을 깨달아가도록 하십니다. 성경에 많이 나오는 문둥병은 문둥병을 일으키는 나병 균이 몸 안에 있기 때문에 문둥병이 되는 것입니다. 다시 말해서 과거에 문둥병에 걸렸다가 완치되었다면 현재 모습이

추하더라고 몸 안에 문둥병을 일으키는 나병 균이 없으므로 그 사람은 문둥병자가 아닙니다. 그러나 반대로 겉모습은 사람들의 눈으로 보기에는 깨끗해 보인다고 해도 만약 그 몸 안에 단 한 마리의 나병 균만 들어 있다면 그 사람은 문둥병자로 진단을 받습니다.

[참고] 성경에 나오는 문둥병 등을 순화를 해서 다른 말로 쓰자는 주장이 있으나 이것은 성령이 알려주려는 진리와 복음에 대한 무지에서 나오는 것이기 때문에 복음교실이나 '예함성' 천국 길 내비게이션은 성경에 나오는 병들에 대해 다른 말로 바꾸어 표현하지 않습니다. 이런 병든 자의 모습이 바로 하나님이 보시는 영적 병자들의 모습이 어떤 것인지 알도록 하시는 것이기 때문입니다.

예수님은 죄에 대해 무엇이라고 말씀하시는가요?

예수님이 죄를 빚으로 말씀을 하시기도 하지만 예수님은 성령이 오시면 죄에 대해 이렇게 말씀하실 것을 제자들에게 알려주십니다.

요 16 : 7-9

7 그러하나 내가 너희에게 실상을 말하노니 내가 떠나가는 것이 너희에게 유익이라 내가 떠나가지 아니하면 보혜사가 너희에게로 오시지 아니할 것이요 가면 내가 그를 너희에게로 보내리니
8 "그가 와서 죄에 대하여, 의에 대하여, 심판에 대하여 세상을 책망하시리라"
9 죄에 대하여라 함은 그들이 나를 믿지 아니함이요

예수님이 성령님이 오시면 책망하신다는 죄가 무엇입니까?

예수님을 믿지 않는 것이 죄인 것을 성령님이 오시면 책망하신다고 말씀하십니다. 그런데 이때의 죄가 단수로 되어 있습니다. 따라서 성령이 오셔서 죄에 대해 책망하실 것은 세상이 생각하는 죄나, 세상 종교나 유대인들이 생각하는 죄가 아니라 예수님을 믿지 않은 죄입니다. 그런데 이 말씀에서 죄가 단수로 되어 있는 이유는 예수를 믿지 않는 것이 바로 영적인 병자로 사망에 이르게 되는 원인균이기 때문입니다.

따라서 유대인이나 세상이나 세상 종교에서 말하는 죄는 예수를 믿지 않음으로 인해서 나타나는 죄의 증상들로 사람들의 눈에는 죄로 보이는 것입니다. 그러니 이런 죄들은 복수 죄들이 됩니다. 복수 죄들은 예수를 믿지 않음으로 인해서 나타나는 죄의 증상들인 것입니다.

그래서 첫 아담으로 인해서 들어온 죄가 대표성 진리에 따라 둘째 아담 예수의 이름을 믿음으로 죄 사함을 얻고 성령으로 거듭나 하나님의 자녀가 되는 권세를 얻은 영이 되면 그 사람의 겉모습은 비록 이전의 죄인의 모습으로 보인다고 해도 모든 빚을 다 갚은, 더 이상 죄인이 아닌 것입니다. 이 대표성 진리를 원인균 예화로 '예함성' 천국길 내비게이션은 안내 말씀을 드리고 있습니다.

따라서 기독교만의 진리인 대신성 진리, 대속성 진리, 대표성 진리입니다. 대신성 진리는 구원에 대한 늪과 쥐 본드 비유로, 대속성 진리는 가출소녀의 빚을 온전히 갚아준 아버지로 인해서 가출소녀는 포주에게는 자유함을, 아버지에게는 아버지의 기업 무릎을 받을 빚진 자로 있는 것입니다. 그리고 대표성 진리는 문둥병이나 에이즈 병에 대한 원인균이 있는지에 따라 죄인인지 아닌지를 분별하는 영적 진단이 되는 것으로 세 가지 예화를 기억하면 기독교 복음과 진리가 어떻게 세상과 다른지 분명히 분별하고 알 수 있습니다.

제7장

'예함성' 천국 길 내비게이션

거듭남

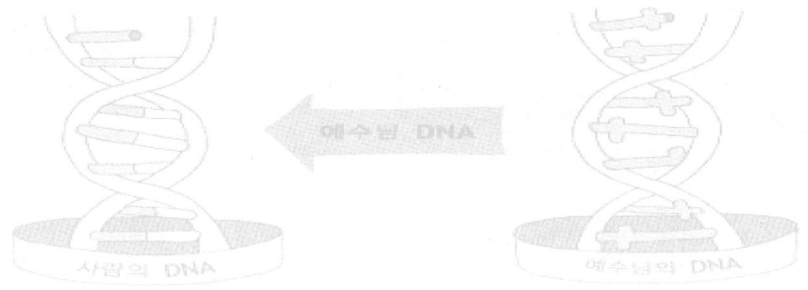

DNA가 바뀌는 것.
'Change'가 아닌 'Excnaged'

제7장

'예함성' 천국 길 내비게이션

거듭남

거듭남에 대해 반드시 기억해야 할 것을 말씀드리겠습니다.

첫째, 베드로 사도의 증언대로 죄 사함을 얻는 믿음으로 혼이 먼저 구원을 받아야 영이 거듭납니다.

벧전 1:9

믿음의 결국 곧 영혼의 구원을 받음이라

이 말씀에서 영혼으로 번역된 단어는 헬라어 '프쉬케'로 영어 'soul'에 해당하는 '혼'이라는 뜻입니다. 영어 성경 NIV나 KJV 성경은 이 말씀을 다음과 같이 번역하고 있습니다.

9 for you are receiving the goal of your faith, the salvation of your souls.(NIV)

9 Receiving the end of your faith, [even] the salvation of [your] souls.(KJV)

그리고 이 말씀에서 구원은 헬라어 '소테리아'로 사도 바울은 로마서 10장 10절에서 구원에 대해 이렇게 말씀을 전합니다.

로마서 10 : 10
사람이 마음으로 믿어 의에 이르고 입으로 시인하여 구원에 이르느니라

그런데 이 말씀이 헬라어 원문 성경은 어떻습니까? 이 말씀은 모두 수동태 말씀이라고 했습니다. 영어 성경은 '마음으로 믿어'에 대한 번역이 수동태로 번역되어 있지 않지만 헬라어 원문은 헬라어 '피스튜에타이'로 표현되어 있습니다. '피스튜에타이'는 믿음이라는 헬라어 '피스튜오'의 수동태 3인칭 단수 현재 동사입니다. 성경에서 말씀이 수동태로 되어 있는 것은 주어가 사람이 아닌 하나님이신 것을 분명히 알도록 하시기 위한 까닭입니다. 따라서 다시 하나님의 생각을 정확히 전하는 수동태 말씀으로 고려하여 다음처럼 번역해 보겠습니다.

'사람이 마음으로 믿어져야 의에 이르게 되고 이를 입으로 시인을 하게 되어져야 구원을 받게 된다.'

따라서 로마서 10장 10절 말씀은 구원의 주체가 모두 하나님이신 것은 말할 것도 없고, 하나님이신 성령이 가르쳐주시고 넣어주셔서 마음으로 믿어지는 믿음이 아니면 하나님이 하시는 구원에 이를 수 없다는 말씀입니다. 그렇기 때문에 성령으로 거듭나는 것은

사람의 믿음이나 의지나 결단 등 결코 사람이 할 수가 없습니다.

그런데 이단들은 예외 없이 자신들이 전하는 지식과 믿음으로 죄 사함을 얻고, 거듭난다고 전하며 그런 믿음을 기독교 진리요 복음인 것으로 주장합니다. 그러나 죄 사함이나 거듭남은 오직 하나님만이 주어로 하나님의 판단에 의해 이루어지는 것임을 '예함성' 천국 길 내비게이션으로 알려드립니다.

둘째, 거듭남은 성령으로 거듭나는 것이지 사람이 어떤 이유로도 주어가 되면 안 됩니다. 이단들뿐 아니라 많은 사람들이 자신이 알고 있는 지식이나 믿음으로 간단히 죄 사함도 얻고, 구원도 얻을 수 있다고 생각합니다. 그러니 죄 사함이나 거듭남은 누가 진정한 주어인지 한 순간도 놓치지 않고 기억해야 합니다. 이는 천국 길로 가는 대단히 중요한 T형 갈림길이 되기 때문입니다. 죄 사함이나 구원은 완성형이 아니라 현재형으로 지금도 계속되고 있습니다.

셋째, 성령으로 거듭난다는 것은 이전의 자신은 죽고 하나님이 성령으로 다시 낳게 하여 새로운 피조물이 되는 것입니다. 사람의 DNA는 죽고 하나님의 DNA로 바뀌니 이 소식이 기쁜 Good News 복음인 것입니다. 성령으로 거듭나면 예수라는 생명나무에 붙은 가지가 되어 예수님이 말씀하신 포도나무 비유대로 그 가지에는 저절로 예수님과 같은 DNA의 포도 열매가 맺히게 됩니다.

요 15 : 1-6

1 나는 참포도나무요 내 아버지는 농부라
2 무릇 내게 붙어 있어 열매를 맺지 아니하는 가지는 아버지께서 그것을 제거해 버리시고 무릇 열매를 맺는 가지는 더 열매

를 맺게 하려 하여 그것을 깨끗하게 하시느니라
3 너희는 내가 일러 준 말로 이미 깨끗하여졌으니
4 내 안에 거하라 나도 너희 안에 거하리라 가지가 포도나무에 붙어 있지 아니하면 스스로 열매를 맺을 수 없음 같이 너희도 내 안에 있지 아니하면 그러하리라
5 "나는 포도나무요 너희는 가지라 그가 내 안에, 내가 그 안에 거하면 사람이 열매를 많이 맺나니 나를 떠나서는 너희가 아무 것도 할 수 없음이라"
6 사람이 내 안에 거하지 아니하면 가지처럼 밖에 버려져 마르나니 사람들이 그것을 모아다가 불에 던져 사르느니라

넷째, 성령으로 거듭나면 그 영은 하나님의 자녀가 되는 권세를 얻은 영이기 때문에 하나님이신 성령이 모든 책임을 반드시 지시고, 하나님의 자녀로 자라게 하시고, 하나님이 기뻐하시는 열매를 반드시 맺게 합니다. 그러니 누군가가 거듭나도 지옥에 갈 수 있다고 한다면 그것은 그 사람이 거듭나지 않아서 성령이 주신 믿음이 들어오지 않아 그러는 것임을 알 수 있습니다. 성령으로 거듭난 하나님의 자녀는 절대로 하나님이 버리지 않습니다.

롬 8 : 30-39

30 또 미리 정하신 그들을 또한 부르시고 부르신 그들을 또한 의롭다 하시고 의롭다 하신 그들을 또한 영화롭게 하셨느니라
31 그런즉 이 일에 대하여 우리가 무슨 말 하리요 만일 하나님이 우리를 위하시면 누가 우리를 대적하리요
32 자기 아들을 아끼지 아니하시고 우리 모든 사람을 위하여 내주신 이가 어찌 그 아들과 함께 모든 것을 우리에게 주시지 아니하겠느냐

33 누가 능히 하나님께서 택하신 자들을 고발하리요 의롭다 하신 이는 하나님이시니

34 누가 정죄하리요 죽으실 뿐 아니라 다시 살아나신 이는 그리스도 예수시니 그는 하나님 우편에 계신 자요 우리를 위하여 간구하시는 자시니라

35 누가 우리를 그리스도의 사랑에서 끊으리요 환난이나 곤고나 박해나 기근이나 적신이나 위험이나 칼이랴

36 기록된 바 우리가 종일 주를 위하여 죽임을 당하게 되며 도살 당할 양 같이 여김을 받았나이다 함과 같으니라

37 그러나 이 모든 일에 우리를 사랑하시는 이로 말미암아 우리가 넉넉히 이기느니라

38 내가 확신하노니 사망이나 생명이나 천사들이나 권세자들이나 현재 일이나 장래 일이나 능력이나

39 높음이나 깊음이나 다른 어떤 피조물이라도 우리를 우리 주 그리스도 예수 안에 있는 하나님의 사랑에서 끊을 수 없으리라

그러면 왜 물세례를 받을 때 예수라는 그 이름을 믿음으로 죄 사함을 얻는 것이 마음으로 믿어져서, 이를 입으로 시인을 하게 되어야 구원을 받아서, 성령으로 거듭나 하나님의 자녀가 되는 것인가요?

행 2 : 38

베드로가 이르되 너희가 회개하여 각각 예수 그리스도의 이름으로 세례를 받고 죄 사함을 받으라 그리하면 성령의 선물을 받으리니

그런데 만약 죄 사함에 대한 온전한 믿음이 없이 세례를 받으면 어떻게 되겠습니까?

막 16 : 16

믿고 세례를 받는 사람은 구원을 얻을 것이요 믿지 않는 사람은 정죄를 받으리라

"믿지 않는 사람은 정죄를 받으리라"는 말씀이 무슨 말씀인지 다 알 것이므로 이에 대한 설명을 더 이상 하지 않겠습니다.

제8장

'예함성' 천국 길 내비게이션
회개와 세례

〈추한 내 모습〉

〈그리스도의 신부〉

제8장

'예함성' 천국 길 내비게이션

회개와 세례

1. 회개

행 2 : 38

베드로가 이르되 너희가 회개하여 각각 예수 그리스도의 이름으로 세례를 받고 죄 사함을 받으라 그리하면 성령의 선물을 받으리니

성경 말씀을 볼 때 중요하게 생각을 하며 보아야 하는 것은 사람의 생각이 아닌 성령이 주시는 생각으로 깨달음을 얻어야한다는 것입니다. 성경 말씀은 영이신 하나님의 생각을 사람의 말로 기록해 놓은 책이기 때문에 사람의 생각, 혼적인 생각으로 말씀을 들으면 영이신 하나님이 주시는 깨달음은 얻을 수 없습니다.

사전을 찾아보면, 우리말 사전에 회개는 "잘못을 뉘우치고 고침"

이라고 되어 있습니다.

그런데 사람의 생각으로 기록해 놓은 회개가 사전에 "잘못을 뉘우치고 고침"이라고 되어 있다면, 이런 회개는 혼적인 사람의 생각에서 나오는 회개일 수밖에 없습니다.

그러면 하나님이 생각하시는 회개는 어떤 회개를 말씀하시는 것인가? 회개에는 성경적으로 거울 회개와 창 회개가 있습니다.

거울은 거울에 비치는 것을 그대로 보이게 합니다. 만약 거울을 보다가 자기 얼굴에 뭐가 묻어 있거나 옷매무새가 잘못되어 있으면 거울을 보면서 다시 고칩니다. 이렇듯 거울은 거울에 비친 자신의 모습에 잘못된 점이 있으면 그 잘못된 점을 알게 합니다.

그런데 창은 어떻습니까? 창은 거울과 달리 다른 쪽을 바라볼 수 있습니다. 다시 말해서 창은 거울처럼 그대로 반사하지 않고 창을 통해 다른 쪽을 바라보게 합니다.

따라서 하나님이 유대인에게 주신 율법이나 이방인에게 주신 양심을 거울이라고 한다면, 창은 자신을 바라보는 예수 그리스도의 사랑, 은혜, 복음입니다. 거울에 비취는 자신은 율법을 어기고 양심을 어기는 추한 모습입니다. 그러나 사랑의 창, 은혜의 창, 복음의 창을 통해 보이는 자신의 모습은 사람의 생각이 아닌 하나님의 생각, 예수 그리스도의 생각, 성령의 생각으로 의롭다 여기시는 자신입니다. 그 모습은 하나님 자녀의 모습이고 그리스도의 사랑받는 신부의 모습입니다.

1) 거울 회개

거울 회개는 세례자 요한이 말하는 회개입니다. 세례 요한은 세례를 베풀면서 율법과 양심의 거울을 통해 보이는 죄들을 회개하라고 합니다.

마 3 : 1-10

1 그 때에 세례 요한이 이르러 유대 광야에서 전파하여 말하되
2 회개하라 천국이 가까이 왔느니라 하였으니
3 저는 선지자 이사야를 통하여 말씀하신 자라 일렀으되 광야에 외치는 자의 소리가 있어 가로되 너희는 주의 길을 준비하라 그의 오실 길을 곧게 하라 하였느니라
4 이 요한은 낙타털 옷을 입고 허리에 가죽 띠를 띠고 음식은 메뚜기와 석청이었더라
5 이 때에 예루살렘과 온 유대와 요단 강 사방에서 다 그에게 나아와
6 자기들의 죄를 자복하고 요단 강에서 그에게 세례를 받더니
7 요한이 많은 바리새인들과 사두개인들이 세례 베푸는 데로 오는 것을 보고 이르되 독사의 자식들아 누가 너희를 가르쳐 임박한 진노를 피하라 하더냐
8 그러므로 회개에 합당한 열매를 맺고
9 속으로 아브라함이 우리 조상이라고 생각하지 말라 내가 너희에게 이르노니 하나님이 능히 이 돌들로도 아브라함의 자손이 되게 하시리라
10 이미 도끼가 나무 뿌리에 놓였으니 좋은 열매 맺지 아니하는 나무마다 찍혀 불에 던져지리라

세례 요한이 하라는 회개는 천국이 가까워 왔다고는 하나 "손에 키를 들고 자기의 타작마당을 정하게 하사 알곡은 모아 곳간에 들이고 쭉정이는 꺼지지 않는 불에 태우시리라"는 율법적이고, 종교적인 회개를 하라는 구약적 믿음의 회개입니다. 이 회개는 율법이나 양심의 거울에 비추어 추한 자신이 보이는 거울 회개입니다.

그런데 예수님은 이런 세례 요한을 어떻게 말씀하십니까?

마 11 : 13-15

13 모든 선지자와 율법이 예언한 것은 요한까지니
14 만일 너희가 즐겨 받을진대 오리라 한 엘리야가 곧 이 사람이니라
15 귀 있는 자는 들을지어다

예수님이 세례 요한을 "모든 선지자와 율법이 예언한 것은 요한까지니"라고 하신 이유는 예수님으로 인해서 구약의 율법과 선지자를 통한 예언의 말씀들이 모두 이루어진 것을 알라는 말씀입니다.

그래서 사도 바울은,

롬 10 : 2-4

2 내가 증언하노니 그들이 하나님께 열심이 있으나 올바른 지식을 따른 것이 아니니라
3 하나님의 의를 모르고 자기 의를 세우려고 힘써 하나님의 의에 복종하지 아니하였느니라
4 그리스도는 모든 믿는 자에게 의를 이루기 위하여 율법의 마침이 되시니라

라고 한 것입니다. 이렇게 세례 요한의 거울 회개로는 율법의 마침이 될 수 없습니다.

2) 창 회개

회개는 일반적으로 자신이 지은 자범죄에 대한 회개를 생각하지만, 성경에서 알려주는 회개의 원래 뜻은 사람의 생각에서 하나님의 생각으로 돌이켜 하나님을 향하는 회개입니다. 그래서 요한의 거울 회개로는 그리스도 예수님이 주시는 자유함을 얻지 못하지만, 예수님이 말씀하시는 사람의 생각이 아닌 하나님의 생각으로 자신을 바라보는 창 회개를 하면 이제는 전혀 다른 자신의 모습이 보입니다.

예수님이 하게 하시는 회개는 어떤 회개입니까? 하나님의 은혜를 말씀하는 회개입니다. 율법의 마침이 되신 예수님으로 인해 자유케 하시는 은혜로, 예수님을 말씀하시는 천국 복음으로 네 생각을 돌이키라는 창 회개입니다.

마 4 : 12-17

12 예수께서 요한이 잡혔음을 들으시고 갈릴리로 물러가셨다가
13 나사렛을 떠나 스불론과 납달리 지경 해변에 있는 가버나움에 가서 사시니
14 이는 선지자 이사야를 통하여 하신 말씀을 이루려 하심이라 일렀으되
15 스불론 땅과 납달리 땅과 요단 강 저편 해변 길과 이방의 갈릴리여
16 흑암에 앉은 백성이 큰 빛을 보았고 사망의 땅과 그늘에 앉은

자들에게 빛이 비취었도다 하였느니라
17 이 때부터 예수께서 비로소 전파하여 가라사대 회개하라 천국이 가까이 왔느니라 하시더라

이렇게 예수님이 자기 백성을 자유케 하시기 위해 오셨는데 하나님의 백성이라는 유대인들은 이 기쁜 소식을 전하는 복음을 전혀 깨닫지 못합니다.

그래서 예수님은 말씀하십니다.

요 3 : 12-18

12 내가 땅의 일을 말하여도 너희가 믿지 아니하거든 하물며 하늘의 일을 말하면 어떻게 믿겠느냐
13 하늘에서 내려온 자 곧 인자 외에는 하늘에 올라간 자가 없느니라
14 모세가 광야에서 뱀을 든 것 같이 인자도 들려야 하리니
15 이는 그를 믿는 자마다 영생을 얻게 하려 하심이니라
16 하나님이 세상을 이처럼 사랑하사 독생자를 주셨으니 이는 그를 믿는 자마다 멸망하지 않고 영생을 얻게 하려 하심이라
17 하나님이 그 아들을 세상에 보내신 것은 세상을 심판하려 하심이 아니요 그로 말미암아 세상이 구원을 받게 하려 하심이라
18 그를 믿는 자는 심판을 받지 아니하는 것이요 믿지 아니하는 자는 하나님의 독생자의 이름을 믿지 아니하므로 벌써 심판을 받은 것이니라

예수님은 또 누가복음에서 이렇게 참 회개에 대한 말씀을 하십

니다. 그리고 예수님은 이 복음이 너희 귀에 응하였으니 이 복음을 전하라고 하십니다.

눅 4 : 14-21 ; 43, 44

14 예수께서 성령의 능력으로 갈릴리에 돌아가시니 그 소문이 사방에 퍼졌고
15 친히 그 여러 회당에서 가르치시매 뭇 사람에게 칭송을 받으시더라
16 예수께서 그 자라나신 곳 나사렛에 이르사 안식일에 늘 하시던 대로 회당에 들어가사 성경을 읽으려고 서시매
17 선지자 이사야의 글을 드리거늘 책을 펴서 이렇게 기록된 데를 찾으시니 곧
18 "주의 성령이 내게 임하셨으니 이는 가난한 자에게 복음을 전하게 하시려고 내게 기름을 부으시고 나를 보내사 포로된 자에게 자유를, 눈먼 자에게 다시 보게 함을 전파하며 눌린 자를 자유롭게 하고"
19 주의 은혜의 해를 전파하게 하려 하심이라 하였더라
20 책을 덮어 그 맡은 자에게 주시고 앉으시니 회당에 있는 자들이 다 주목하여 보더라
21 이에 예수께서 그들에게 말씀하시되 이 글이 오늘 너희 귀에 응하였느니라 하시니

……

43 예수께서 이르시되 내가 다른 동네들에서도 하나님의 나라 복음을 전하여야 하리니 나는 이 일을 위해 보내심을 받았노라 하시고
44 갈릴리 여러 회당에서 전도하시더라

3) 말씀으로 찾아 본 창 회개와 거울 회개

세례자 요한이 전하는 거울 회개와 예수님이 생명의 복음으로 전하는 창 회개를 분별할 수 있도록 천국 길 내비게이션으로 말씀의 예를 들어보겠습니다.

(1) 창 회개

롬 3 : 23, 24

23 모든 사람이 죄를 범하였으매 하나님의 영광에 이르지 못하더니
24 그리스도 예수 안에 있는 속량으로 말미암아 하나님의 은혜로 값없이 의롭다 하심을 얻은 자 되었느니라

롬 4 : 2-8

2 만일 아브라함이 행위로써 의롭다 하심을 받았으면 자랑할 것이 있으려니와 하나님 앞에서는 없느니라
3 성경이 무엇을 말하느냐 아브라함이 하나님을 믿으매 그것이 그에게 의로 여겨진 바 되었느니라
4 일하는 자에게는 그 삯이 은혜로 여겨지지 아니하고 보수로 여겨지거니와
5 일을 아니할지라도 경건하지 아니한 자를 의롭다 하시는 이를 믿는 자에게는 그의 믿음을 의로 여기시나니
6 일한 것이 없이 하나님께 의로 여기심을 받는 사람의 복에 대하여 다윗이 말한 바
7 불법이 사함을 받고 죄가 가리어짐을 받는 사람들은 복이 있고

8 주께서 그 죄를 인정하지 아니하실 사람은 복이 있도다 함과
같으니라

롬 6 : 17, 18

17 하나님께 감사하리로다 너희가 본래 죄의 종이더니 너희에게
전하여 준 바 교훈의 본을 마음으로 순종하여
18 죄로부터 해방되어 의에게 종이 되었느니라

롬 8 : 1, 2

1 그러므로 이제 그리스도 예수 안에 있는 자에게는 결코 정죄
함이 없나니
2 이는 그리스도 예수 안에 있는 생명의 성령의 법이 죄와 사망
의 법에서 너를 해방하였음이라

롬 10 : 1-3

1 형제들아 내 마음에 원하는 바와 하나님께 구하는 바는 이스
라엘을 위함이니 곧 그들로 구원을 받게 함이라
2 내가 증언하노니 그들이 하나님께 열심히 있으나 올바른 지
식을 따른 것이 아니니라
3 하나님의 의를 모르고 자기 의를 세우려고 힘써 하나님의 의
에 복종하지 아니하였느니라

갈 5 : 4

율법 안에서 의롭다 함을 얻으려 하는 너희는 그리스도에게서 끊
어지고 은혜에서 떨어진 자로다

엡 1 : 4-6

4 곧 창세 전에 그리스도 안에서 우리를 택하사 우리로 사랑 안에서 그 앞에 거룩하고 흠이 없게 하시려고
5 그 기쁘신 뜻대로 우리를 예정하사 예수 그리스도로 말미암아 자기의 아들들이 되게 하셨으니
6 이는 그의 사랑하시는 자 안에서 우리에게 거저 주시는 바 그의 은혜의 영광을 찬송하게 하려는 것이라

엡 2 : 8, 9

8 너희는 그 은혜에 의하여 믿음으로 말미암아 구원을 받았으니 이것은 너희에게서 난 것이 아니요 하나님의 선물이라
9 행위에서 난 것이 아니니 이는 누구든지 자랑하지 못하게 함이라

이 말씀들은 사도 바울이 전하는 사람의 생각이 아닌 하나님의 생각으로 바라보게 하시는 창 회개를 말씀하는 복음입니다. 그러나 같은 사도 바울이지만 거울 회개를 말씀할 때는 어떻습니까?

(2) 거울 회개

롬 2 : 1-5

1 "그러므로 남을 판단하는 사람아, 누구를 막론하고 네가 핑계하지 못할 것은 남을 판단하는 것으로 네가 너를 정죄함이니 판단하는 네가 같은 일을 행함이니라"
2 이런 일을 행하는 자에게 하나님의 심판이 진리대로 되는 줄 우리가 아노라
3 "이런 일을 행하는 자를 판단하고도 같은 일을 행하는 사람

아, 네가 하나님의 심판을 피할 줄로 생각하느냐"
4 혹 네가 하나님의 인자하심이 너를 인도하여 회개하게 하심을 알지 못하여 그의 인자하심과 용납하심과 길이 참으심이 풍성함을 멸시하느냐
5 다만 네 고집과 회개하지 아니한 마음을 따라 진노의 날 곧 하나님의 의로우신 심판이 나타나는 그 날에 임할 진노를 네게 쌓는도다

이런 말씀의 예는 성경에 수없이 많기 때문에 더 이상 말씀의 예를 들지 않겠습니다. 천국 길 내비게이션으로 성경에 기록된 말씀 중 어떤 말씀이 창 회개 말씀이고, 어떤 말씀이 거울 회개를 하라는 말씀인지는 이 정도의 예가 되는 말씀으로도 잘 분별이 될 것입니다.

2. 세례

1) 성령세례 물세례와

(1) 성령세례

물세례는 죄 사함을 얻게 하는 믿음을 넣어주는 세례이고, 성령세례는 사람의 생각이 아닌 하나님의 생각으로 돌이켜 죄 사함을 얻으면 선물로 받는 세례로 간단히 정리할 수 있습니다.

행 2 : 38-41

38 베드로가 이르되 너희가 회개하여 각각 예수 그리스도의 이름으로 세례를 받고 죄 사함을 받으라 그리하면 성령의 선물을 받으리니

39 이 약속은 너희와 너희 자녀와 모든 먼 데 사람 곧 주 우리 하나님이 얼마든지 부르시는 자들에게 하신 것이라 하고
40 또 여러 말로 확증하며 권하여 이르되 너희가 이 패역한 세대에서 구원을 받으라 하니
41 그 말을 받은 사람들은 세례를 받으매 이 날에 신도의 수가 삼천이나 더하더라

세례는 신약에서 알려주는 두 가지 세례가 있습니다. 물세례와 성령세례입니다. 물세례와 성령세례는 다른 점이 무엇입니까? 물세례는 사람이 주는 세례이고, 성령세례는 하나님이신 성령이 친히 베푸시는 세례입니다.

물세례는 죄 사함에 대한 온전한 복음을 깨닫지 못해도 세례를 받을 수 있지만, 성령세례는 하나님이신 성령이 친히 베푸시는 세례이기 때문에 하나님으로부터 죄 사함을 온전히 얻어야만 성령이 하나님의 자녀로 다시 낳으셔서 하나님의 자녀가 되게 하십니다.

그런데 성령세례가 사람이 아닌 성령이 베푸시는 세례인 것을 정확히 깨닫지 못한 가톨릭은 견진세례를 성령세례로 교리를 정해서 물세례를 받고 일정 기간이 지나면 견진세례를 줍니다. 그러나 이것은 성령이 주시는 세례가 아닌 사람이 주는 세례이기 때문에 성령세례라고 할 수 없습니다.

막 1 : 4-8

4 세례 요한이 광야에 이르러 죄 사함을 받게 하는 회개의 세례를 전파하니
5 온 유대 지방과 예루살렘 사람이 다 나아가 자기 죄를 자복하

고 요단 강에서 그에게 세례를 받더라
6 요한은 낙타털 옷을 입고 허리에 가죽 띠를 띠고 메뚜기와 석청을 먹더라
7 그가 전파하여 이르되 나보다 능력 많으신 이가 내 뒤에 오시나니 나는 굽혀 그의 신발끈을 풀기도 감당하지 못하겠노라
8 나는 너희에게 물로 세례를 베풀었거니와 그는 너희에게 성령으로 세례를 베푸시리라

이 말씀은 물세례는 사람인 요한 자신이 줄 수 있지만 성령세례는 사람이 주는 세례가 아니기 때문에 예수님만이 베푸실 수 있다는 말씀입니다. 성령세례는 하나님이신 성령이 주시는 세례인 만큼 물세례보다 당연히 우선되는 세례입니다.

행 10 : 47, 48
47 이에 베드로가 가로되 이 사람들이 우리와 같이 성령을 받았으니 누가 능히 물로 세례 베풂을 금하리요 하고
48 명하여 예수 그리스도의 이름으로 세례를 베풀라 하니라 그들이 베드로에게 며칠 더 머물기를 청하니라

방언을 받는 것을 성령세례를 받은 것으로 알고 그렇게 가르치는 교회도 있습니다. 그러나 방언은 성령이 주시는 은사 중 하나이지 방언이 성령세례를 받은 증거는 아닙니다. 왜냐하면 요즘은 불교에서도 방언을 받는 경우가 있고, 성령세례는 반드시 죄 사함을 얻어야 성령으로 거듭나는 세례인데, 방언은 죄 사함을 얻지 않아도 방언을 하기 때문입니다. 이것은 당시 고린도교회가 은사를 많이 받은 교회인데 사도 바울이 이런 고린도교회에 대해 서신서를 써서 전하는 말씀에서도 알 수 있습니다.

고후 11 : 3, 4 ; 12-15

3 뱀이 그 간계로 하와를 미혹한 것 같이 너희 마음이 그리스도를 향하는 진실함과 깨끗함에서 떠나 부패할까 두려워하노라
4 만일 누가 가서 우리가 전파하지 아니한 다른 예수를 전파하거나 혹은 너희가 받지 아니한 다른 영을 받게 하거나 혹은 너희가 받지 아니한 다른 복음을 받게 할 때에는 너희가 잘 용납하는구나
......
13 그런 사람들은 거짓 사도요 속이는 일꾼이니 자기를 그리스도의 사도로 가장하는 자들이니라
14 이것은 이상한 일이 아니니라 사탄도 자기를 광명의 천사로 가장하나니
15 그러므로 사탄의 일꾼들도 자기를 의의 일꾼으로 가장하는 것이 또한 대단한 일이 아니니라 그들의 마지막은 그 행위대로 되리라

기독교는 영의 교회이기 때문에 기독교 안에는 성령이 아닌 수많은 다른 영들이 기독교의 이름으로 들어와 있는 것은 어쩔 수 없습니다. 그래서 초대교회 이후 지금까지 악한 영들이 교회 안에서 판을 치지 않은 때가 없었습니다. 이것이 하나님이 자기 자녀를 기르시는 방법이기 때문에 예수님이 가라지를 세상 끝 날까지 그대로 두라고 말씀하신 이유이기도 합니다.

마 13 : 25-29

25 사람들이 잘 때에 그 원수가 와서 곡식 가운데 가라지를 덧뿌리고 갔더니
26 싹이 나고 결실할 때에 가라지도 보이거늘

27 집 주인의 종들이 와서 말하되 주여 밭에 좋은 씨를 뿌리지 아니하였나이까 그런데 가라지가 어디서 생겼나이까

28 주인이 가로되 원수가 이렇게 하였구나 종들이 말하되 그러면 우리가 가서 이것을 뽑기를 원하시나이까

29 주인이 이르되 가만 두라 가라지를 뽑다가 곡식까지 뽑을까 염려하노라

(2) 물세례

물세례는 사람이 주는 세례입니다. 그래서 물세례를 줄 때는 기독교 복음과 진리 중에서도 죄 사함을 얻게 하는 하나님 나라의 비밀을 온전히 깨달은 자가 죄 사함의 복음을 잘 가르친 후 물세례를 받도록 해야 합니다. 그렇지 않으면 많은 기적을 보고 체험을 해도 죄 사함을 믿지 않는 정죄를 받는 자가 될 수 있습니다.

막 16 : 9-16

9 [예수께서 안식후 첫날 이른 아침에 살아나신 후 전에 일곱 귀신을 쫓아내어 주신 막달라 마리아에게 먼저 보이시니

10 마리아가 가서 예수와 함께 하던 사람들이 슬퍼하며 울고 있는 중에 이 일을 알리매

11 그들은 예수께서 살아나셨다는 것과 마리아에게 보이셨다는 것을 듣고도 믿지 아니하니라

12 그 후에 그들 중 두 사람이 걸어서 시골로 갈 때에 예수께서 다른 모양으로 그들에게 나타나시니

13 두 사람이 가서 남은 제자들에게 알리었으되 역시 믿지 아니하니라

14 그 후에 열한 제자가 음식 먹을 때에 예수께서 그들에게 나타나사 그들의 믿음 없는 것과 마음이 완악한 것을 꾸짖으시니

이는 자기가 살아난 것을 본 자들의 말을 믿지 아니함일러라
15 또 이르시되 너희는 온 천하에 다니며 만민에게 복음을 전파하라
16 믿고 세례를 받는 사람은 구원을 얻을 것이요 믿지 않는 사람은 정죄를 받으리라

15절, 16절 말씀을 다시 한 번 읽어 보겠습니다.

15 또 이르시되 너희는 온 천하에 다니며 만민에게 복음을 전파하라
16 믿고 세례를 받는 사람은 구원을 얻을 것이요 믿지 않는 사람은 정죄를 받으리라

'믿고 세례를 받는 사람은 구원을 얻을 것이요 믿지 않는 사람은 정죄를 받으리라'는 말씀은 무슨 말씀입니까?

마 1 : 21

아들을 낳으리니 이름을 예수라 하라 이는 그가 자기 백성을 그들의 죄에서 구원할 자이심이라 하니라

그 이름으로 죄 사함을 얻는 것을 믿는 자로

요 1 : 12, 13

12 영접하는 자 곧 그 이름을 믿는 자들에게는 하나님의 자녀가 되는 권세를 주셨으니
13 이는 혈통으로나 육정으로나 사람의 뜻으로 나지 아니하고 오직 하나님께로부터 난 자들이니라

라는 말씀과 한 줄로 이어지는 말씀입니다. 그래서 물세례는 물로 세례를 받았는가 아닌가 하는 것이 핵심이 아니라, 물세례를 받을 때 예수님이 흘리신 대속의 피로 자신의 모든 죄들이 온전히 다 사해짐을 진정으로 마음에 믿어져서 이를 입으로 시인하는 것이 중요한 심판 기준의 핵심이 되는 것입니다. 왜냐하면 이 말씀은,

막 4 : 10-12

10 예수께서 홀로 계실 때에 함께한 사람들이 열두 제자와 더불어 그 비유들에 대해 물으니
11 이르시되 하나님 나라의 비밀을 너희에게는 주었으나 외인에게는 모든 것을 비유로 하나니
12 이는 그들로 보기는 보아도 알지 못하며 듣기는 들어도 깨닫지 못하게 하여 돌이켜 죄 사함을 얻지 못하게 하려 함이라 하시고

라는 예수님이 말씀하시는 하나님 나라의 비밀에 직접 연결되는 말씀이기 때문입니다. 개신교 신자라면 예수님으로 인해서 얻은 죄 사함이 과거 현재 미래의 모든 죄를 다 사함 받은 것을 모르는 사람이 없습니다. 그렇지만 죄 사함 비밀을 온전히 깨닫고 돌이켜 죄 사함을 얻는 사람은 극히 적다는 것이 예수님 말씀입니다.

예수님은 말씀하십니다.

마 12 : 36, 37

36 내가 너희에게 이르노니 사람이 무슨 무익한 말을 하든지 심판 날에 이에 대하여 심문을 받으리니
37 네 말로 의롭다 함을 받고 네 말로 정죄함을 받으리라

이 말씀은 물세례를 받았는가 받지 않았는가 하는 것이 중요한 것이 아니라, 자신이 죄 사함에 대한 어떤 말을 하고 있는 것인지가 예수님이 말씀하시는 심판에 있어서 아주 중요한 것이라는 말씀입니다. 따라서 이런 말씀이 무슨 말씀인지는 율법적 세상의 사전적 의미의 회개와 하나님의 사랑의 법으로 주신 창 회개를 통해 분명하게 분별할 수 있어야 합니다. 그래야 먼지보다도 더 많은 죄들을 다 회개를 해야만 영생을 얻는다는 율법적인 믿음이 내 안에서 다시는 나오지 않는 믿음이 됩니다.

제9장

'예함성' 천국 길 내비게이션
자람(성장)

씨 비유

① 말씀
   (생명)
② 씨앗이 처음부터 다르다
   (창세전 예정)

가라지
(악한 자가 뿌린 씨)

천국의 아들들
(예수님이 뿌린 씨)

제9장

'예함성' 천국 길 내비게이션

자람(성장)

고전 3 : 5-7

5 그런즉 아볼로는 무엇이며 바울은 무엇이냐 그들은 주께서 각각 주신 대로 너희로 하여금 믿게 한 사역자들이니라
6 나는 심었고 아볼로는 물을 주었으되 오직 하나님께서 자라나게 하셨나니
7 그런즉 심는 이나 물 주는 이는 아무 것도 아니로되 오직 자라게 하시는 이는 하나님뿐이니라

'예함성' 천국 길 내비게이션은 세상 종교인들처럼 사람이 애쓴 대가로 천국에 들어가려고 하는 길을 택하지 말라고 계속 안내 말씀을 드립니다. 왜냐하면 세상 종교를 믿는 것처럼 예수님을 닮으려고 애를 쓰고, 거룩한 척 흉내를 내는 종교적인 노력으로 하나님의 자녀인 그리스도인으로 자랄 수 있는 것이 아니기 때문입니다. 예수님이 자신을 포도나무요, 너희는 가지라는 말씀에서 알 수 있

듯이 가지가 나무에 붙은 바 되면 나무가 가지를 저절로 자라게 하고 열매를 맺게 하기 때문입니다. 그러니 예수라는 나무에 붙어있지 않은 가지가 마치 자신이 예수라는 나무에 붙어있는 것처럼 한다면 이는 예수님이 말씀하시는 외식이고 회칠한 무덤이 될 뿐입니다.

요 15 : 1-6

1 나는 참포도나무요 내 아버지는 농부라
2 무릇 내게 붙어 있어 열매를 맺지 아니하는 가지는 아버지께서 그것을 제거해 버리시고 무릇 열매를 맺는 가지는 더 열매를 맺게 하려 하여 그것을 깨끗하게 하시느니라
3 너희는 내가 일러 준 말로 이미 깨끗하여졌으니
4 내 안에 거하라 나도 너희 안에 거하리라 가지가 포도나무에 붙어 있지 아니하면 스스로 열매를 맺을 수 없음 같이 너희도 내 안에 있지 아니하면 그러하리라
5 "나는 포도나무요 너희는 가지라 그가 내 안에, 내가 그 안에 거하면 사람이 열매를 많이 맺나니 나를 떠나서는 너희가 아무 것도 할 수 없음이라"
6 사람이 내 안에 거하지 아니하면 가지처럼 밖에 버려져 마르나니 사람들이 그것을 모아다가 불에 던져 사르느니라

성령으로 거듭나면 예수라는 생명나무인 포도나무의 가지인 것으로 그 가지는 당연히 포도 열매를 맺습니다. 반대로 포도나무가 아닌 다른 나무에 붙은 가지는 예수님이 원하시는 열매를 맺을 수 없는 것은 당연합니다.

마 7 : 16-20

16 "그들의 열매로 그들을 알지니 가시나무에서 포도를, 또는 엉 겅퀴에서 무화과를 따겠느냐"

17 이와 같이 좋은 나무마다 아름다운 열매를 맺고 못된 나무가 나쁜 열매를 맺나니

18 좋은 나무가 나쁜 열매를 맺을 수 없고 못된 나무가 아름다운 열매를 맺을 수 없느니라

19 아름다운 열매를 맺지 아니하는 나무마다 찍혀 불에 던져지 느니라

20 이러므로 그들의 열매로 그들을 알리라

이어지는 말씀입니다.

마 7 : 21-23

21 나더러 주여 주여 하는 자마다 다 천국에 들어갈 것이 아니요 다만 하늘에 계신 내 아버지의 뜻대로 행하는 자라야 들어가 리라

22 그 날에 많은 사람이 나더러 이르되 주여 주여 우리가 주의 이름으로 선지자 노릇하며 주의 이름으로 귀신을 쫓아 내며 주의 이름으로 많은 권능을 행하지 아니하였나이까 하리니

23 그 때에 내가 저희에게 밝히 말하되 내가 너희를 도무지 알지 못하니 불법을 행하는 자들아 내게서 떠나가라 하리라

이 말씀에서 그 날은 마지막 심판이라고 말씀하십니다. 예수님이 하시는 마지막 심판대 앞에서 "주여 주여 우리가 주의 이름으로 선 지자 노릇하며 주의 이름으로 귀신을 쫓아내며 주의 이름으로 많 은 권능을 행하지 아니하였나이까"하는 정도라면 이 사람이 예수

를 얼마나 열심히 믿은 사람이며 기도를 또 얼마나 열심히 했겠습니까? 또, 선지자 노릇하며 주의 이름으로 귀신을 쫓아내며, 주의 이름으로 많은 권능을 행할 정도라면 어떤 사람이겠습니까? 가만히 있는데 이런 능력의 일이 일어나는 사람은 없습니다.

그러나 하나님이 보시기에는 그렇지 않은 것이 문제입니다. 예수님은 넓은 길과 좁은 길을 말씀하시면서 내가 저희에게 밝히 말하되 내가 너희를 도무지 알지 못하니 불법을 행하는 자들아 내게서 떠나가라 하리라고 말씀하십니다. 왜냐하면 기독교인 중에도 세상 종교적 믿음과 다를 바 없는 신앙생활을 열심히 하는 사람이 너무 많기 때문입니다.

사실 이런 예수님의 말씀을 깨닫고 나면 하나님을 믿는 사람 중에 잘못된 '열심'으로 믿는 사람이 의외로 많이 보입니다.

막 4 : 26-29

26 또 이르시되 하나님의 나라는 사람이 씨를 땅에 뿌림과 같으니
27 그가 밤낮 자고 깨고 하는 중에 씨가 나서 자라되 어떻게 그리 되는 지를 알지 못하느니라
28 땅이 스스로 열매를 맺되 처음에는 싹이요 다음에는 이삭이요 그 다음에는 이삭에 충실한 곡식이라
29 열매가 익으면 곧 낫을 대나니 이는 추수 때가 이르렀음이니라

생명이 있는 씨앗이 자라나는 것을 본 적이 있는지요? 어느새 싹이 나고 자라 꽃이 피고 열매를 맺습니다. 이처럼 성령으로 거듭나 생명이 있는 나무에 붙은 가지가 되면 성령에 의해 열매를 맺도록 생명의 특성이 나타납니다.

하나님은 스스로 계시는 분이기 때문에 하나님의 생명이 마음 밭에 뿌려지면 스스로 자라 하나님이 열매를 맺게 하십니다. 반대로 그리스도에 붙은 가지가 아니면서 예수님 흉내를 내는 신앙생활은 악한 영이 맺게 하는 열매이니 하나님이 버리실 거짓 열매라고 반복해서 예수님은 알려주십니다.

마 7 : 15-20

15 거짓 선지자들을 삼가라 양의 옷을 입고 너희에게 나아오나 속에는 노략질하는 이리라
16 "그들의 열매로 그들을 알찌니 가시나무에서 포도를, 또는 엉겅퀴에서 무화과를 따겠느냐"
17 이와 같이 좋은 나무마다 아름다운 열매를 맺고 못된 나무가 나쁜 열매를 맺나니
18 좋은 나무가 나쁜 열매를 맺을 수 없고 못된 나무가 아름다운 열매를 맺을 수 없느니라
19 아름다운 열매를 맺지 아니하는 나무마다 찍혀 불에 던져지느니라
20 이러므로 그들의 열매로 그들을 알리라

그러면 "이러므로 그들의 열매로 그들을 알리라"는 말씀은 어떤 말씀입니까? 죄 사함을 얻고 성령으로 거듭나 예수 그리스도의 생명나무에 붙은 가지는 하나님이 기쁨으로 거두실 열매를 저절로 맺고, 악한 자가 뿌린 씨로 자란 나무의 가지는 나쁜 열매를 맺는 것이 필연인 것을 알려주는 말씀입니다.

제10장
'예함성' 천국 길 내비게이션
열매

〈가시나무 열매〉

〈포도나무와 가지〉

제10장

'예함성' 천국 길 내비게이션

열매

1. 열매에 대한 말씀에 들어가기 전 알아야할 말씀

 예수님이 말씀하시는 아름다운 열매는 어떤 열매일까요? 예수님이 말씀하시는 아름다운 열매는 사람이 종교인들처럼 열심히 노력을 해서 맺는 열매가 아니라, 죄 사함을 얻고 성령으로 거듭나 성령이 자라게 해서 절로 성령이 맺게 하시는 열매를 말씀합니다. 아름다운 열매는 사람이 생각하기에 아름다워 보이는 열매와는 다릅니다.

 전도를 잘 해서 교회에 많이 데려오면 하나님이 기뻐하시는 열매를 많이 맺는 사람으로 목사님들이 흔히 생각합니다. 그러나 전도 역시 하나님의 계획에 따라 성령의 권능으로 사람을 사용하시는 것입니다. 그리스도 나무의 가지로서 그 사람에게 맺힌 열매를 거두시는 것이지 다른 가지에 맺힌 열매를 그 사람의 열매로 거두지 않기 때문입니다. 예수님이 제자들에게 전도를 하도록 파송하시면서 말씀하십니다.

마 10 : 5-15

5 예수께서 이 열둘을 내보내시며 명하여 이르시되 이방인의 길로도 가지 말고 사마리아인의 고을에도 들어가지 말고
6 오히려 이스라엘 집의 잃어버린 양에게로 가라
7 가면서 전파하여 말하되 천국이 가까이 왔다 하고
8 병든 자를 고치며 죽은 자를 살리며 나병환자를 깨끗하게 하며 귀신을 쫓아내되 너희가 거저 받았으니 거저 주어라
9 너희 전대에 금이나 은이나 동을 가지지 말고
10 여행을 위하여 배낭이나 두 벌 옷이나 신이나 지팡이를 가지지 말라 이는 일꾼이 자기의 먹을 것 받는 것이 마땅함이라
11 어떤 성이나 마을에 들어가든지 그 중에 합당한 자를 찾아내어 너희가 떠나기까지 거기서 머물라
12 또 그 집에 들어가면서 평안하기를 빌라
13 그 집이 이에 합당하면 너희 빈 평안이 거기 임할 것이요 만일 합당치 아니하면 그 평안이 너희에게 돌아올 것이니라
14 누구든지 너희를 영접하지도 아니하고 너희 말을 듣지도 아니하거든 그 집이나 성에서 나가 너희 발의 먼지를 떨어 버리라
15 내가 진실로 너희에게 이르노니 심판 날에 소돔과 고모라 땅이 그 성보다 견디기 쉬우리라

전도에 대한 이 말씀을 자기 욕심이 아닌 하나님의 생각으로 깨달음을 얻게 되면 전도해서 교회에 데려다놓았는데 그 사람이 하나님이 택하신 자가 아닌 가리지일 수 있다는 것을 알 수 있습니다.

아름다운 열매에서 아름답다는 말씀만으로는 하나님이 기쁨으로 거두실 열매가 어떤 열매인지 알기가 어렵습니다. 그러면 하나님이 마지막 날 개인으로부터 거두실 열매는 어떤 열매일까요?

바로 하나님이 추수로 거두실 열매는 입술의 열매, 빛의 열매, 의의 열매, 성령의 열매입니다. 이에 대해 '예함성' 천국길 내비게이션으로 말씀드리겠습니다.

2. 하나님이 기쁨으로 거두실 성경적 열매의 종류

1) 입술의 열매

입술의 열매는 입술로 맺는 열매입니다.

히 13 : 9-16

9 여러 가지 다른 교훈에 끌리지 말라 마음은 은혜로써 굳게 함이 아름답고 음식으로써 할 것이 아니니 음식으로 말미암아 행한 자는 유익을 얻지 못하였느니라
10 우리에게 제단이 있는데 장막에서 섬기는 자들은 그 제단에서 먹을 권한이 없나니
11 이는 죄를 위한 짐승의 피는 대제사장이 가지고 성소에 들어가고 그 육체는 영문 밖에서 불사름이라
12 그러므로 예수도 자기 피로써 백성을 거룩하게 하려고 성문 밖에서 고난을 받으셨느니라
13 그런즉 우리도 그의 치욕을 짊어지고 영문 밖으로 그에게 나아가자

14 우리가 여기에는 영구한 도성이 없으므로 장차 올 것을 찾 나니
15 그러므로 우리는 예수로 말미암아 항상 찬송의 제사를 하나님께 드리자 이는 그 이름을 증언하는 입술의 열매니라
16 오직 선을 행함과 서로 나누어 주기를 잊지 말라 하나님은 이같은 제사를 기뻐하시느니라

이 말씀에서 입술의 열매는 무엇입니까? "우리는 예수로 말미암아 항상 찬송의 제사를 하나님께 드리자 이는 그 이름을 증언하는 입술의 열매"가 예수님이 말씀하시는 입술의 열매입니다. 따라서 예수라는 이름을 증거하는 입술의 열매는 천국 비밀을 깨닫고 죄 사함에 대해 증거를 하는 입술, 자기 백성을 저희 죄에서 구원할 이름이 예수라는 이름인 것을 정확히 깨닫고 증거를 하는 입술이 하나님이 거두실 입술의 열매를 맺는 것입니다.

다음 찬송가가 입술의 열매가 되는지 안 되는지 생각해봅니다.

찬송가 279장입니다.

인애하신 구세주여 내 말 들으사 죄인 오라 하실 때 날부르소서
주여 주여 내 말 들으사 죄인 오라 하실 때 날부르소서

자비하신 보좌 앞에 꿇어 엎드려 자복하고 회개하니 믿음 주소서
주여 주여 내 말 들으사 죄인 오라 하실 때 날부르소서

주의 공로 의지하여 주께 가오니 상한 맘을 고치시고 구원하소서
주여 주여 내 말 들으사 죄인 오라 하실 때 날부르소서

만복 근원 예수시여 위로 하소서 우리 주와 같으신 이 어디 있을까
주여 주여 내 말 들으사 죄인 오라 하실 때 날부르소서

찬송가 203장(통)은 어떻습니까?

나 행한 것으로 구원을 못 얻고 이 육신 힘껏 애써도 죄 씻지 못 하네
나 혼자 힘으로 내 주를 못 뵙고 나 탄식하여 울어도 내 짐을 못 벗네

주 예수 공로만 내 짐을 벗기고 주 예수 흘린 피로서 나 평화 얻겠네
주 예수 사랑이 내 근심 쫓으며 내 병든 영혼 고치사 참 자유 주시네

주님께 감사와 또 찬양 드리며 그 거룩하신 사랑을 늘 바라봅니다.
내 모든 근심과 내 모든 두려움 주 묻히셨던 무덤에 다 묻어버리네

은혜의 하나님 나 의지합니다. 주 예수 나를 부르사 자녀로 삼았네
그 사랑 크시니 나 주를 기리고 주 다시 사시었으니 나 다시 살겠네

찬송가 279장 '인애하신 구세주여 내 말 들으사'는 예수님이 자기 백성의 죄를 위해 십자가에 대속으로 피를 흘리신 것이 무슨 말씀인지 전혀 모르는 입술이 부르는 찬송입니다. 한마디로 죄 사함 복음을 깨닫지 못한 칭의를 받기 전 혼으로 부르는 찬송인 것입니다.

그러나 203장(통) '나 행한 것으로'는 어떻습니까? 찬송가 279장을 부르는 입술과는 전혀 다른 신령과 진정으로 감사하며 부르는 찬송입니다.

그래서 예수님은 말씀하십니다.

요 20 : 21-23

21 예수께서 또 이르시되 너희에게 평강이 있을지어다 아버지께서 나를 보내신 것 같이 나도 너희를 보내노라
22 이 말씀을 하시고 그들을 향하사 숨을 내쉬며 이르시되 성령을 받으라
23 너희가 누구의 죄든지 사하면 사하여질 것이요 누구의 죄든지 그대로 두면 그대로 있으리라 하시니라

이처럼 어떤 찬송가를 부르는지, 어떤 기도를 하는지 들어보면 그 사람이나 그 교회가 맺는 입술의 열매가 어떤 열매인지 바로 알 수 있습니다.

2) 빛의 열매

(1) 빛의 열매는 천국 비밀에 대한 깨달음을 전하는 열매

빛의 열매는 천국 비밀과 그 핵심인 죄 사함의 비밀에 대한 깨달음을 온전히 얻어 하나님의 백성이 빛 가운데서 실족하지 않고 천국 길, 생명의 길로 가도록 빛을 전하는 열매입니다. 그러면 빛은 무엇입니까?

마 5 : 14-16

14 너희는 세상의 빛이라 산 위에 있는 동네가 숨겨지지 못할 것이요
15 사람이 등불을 켜서 말 아래에 두지 아니하고 등경 위에 두나니 이러므로 집 안 모든 사람에게 비치느니라
16 이같이 너희 빛이 사람 앞에 비치게 하여 그들로 너희 착한 행실을 보고 하늘에 계신 너희 아버지께 영광을 돌리게 하라

누군가가 빛이 전혀 없는 칠흑 같은 밤에 어떤 곳에 가려는데 길을 잘 모른다면 어떻게 될까요?

빛의 열매는 예수님이 말씀하시는 천국 비밀에 대한 비유 말씀을 깨닫고, 천국을 찾아가도록 전하는 빛을 비추는 것입니다. 빛의 열매를 맺는 사람들은 사람의 지혜로 세상 사전식으로 하나님의 말씀을 읽던 습관을 멈추고, 깊은 것까지도 통달하시는 성령님이 깨닫고 생각나게 하시고, 가르쳐 주시는 대로 하나님의 말씀을 보고 듣는 귀가 열립니다. 그렇기 때문에 사람의 지혜가 아닌 예수님이 감추어두신 천국 비밀을 성령의 지혜로 깨달아 성령이 깨닫게 하신 빛으로 천국으로 가는 길을 비춰며 인도를 하는 자가 됩니다.

마 13 : 34-43

34 예수께서 이 모든 것을 무리에게 비유로 말씀하시고 비유가 아니면 아무 것도 말씀하지 아니하셨으니
35 이는 선지자를 통하여 말씀하신 바 내가 입을 열어 비유로 말하고 창세부터 감추인 것들을 드러내리라 함을 이루려 하심이라
36 이에 예수께서 무리를 떠나사 집에 들어가시니 제자들이 나아와 이르되 밭의 가라지의 비유를 우리에게 설명하여 주소서
37 대답하여 이르시되 좋은 씨를 뿌리는 이는 인자요
38 밭은 세상이요 좋은 씨는 천국의 아들들이요 가라지는 악한 자의 아들들이요
39 가라지를 뿌린 원수는 마귀요 추수 때는 세상 끝이요 추수꾼은 천사들이니
40 그런즉 가라지를 거두어 불에 사르는 것같이 세상 끝에도 그러하리라

41 인자가 그 천사들을 보내리니 그들이 그 나라에서 모든 넘어지게 하는 것과 또 불법을 행하는 자들을 거두어 내어
42 풀무 불에 던져 넣으리니 거기서 울며 이를 갈게 되리라
43 그 때에 의인들은 자기 아버지 나라에서 해와 같이 빛나리라 귀 있는 자는 들으라

예수를 믿는 것에 대해 사람을 주어로 보면 모든 것은 사람이 믿기도 하고, 택하기도 하고, 행하는 것으로 생각되고, 그렇게 믿게 됩니다. 그러나 하나님을 주어로 생각을 하게 되면 생각과 믿음이 전혀 달라집니다.

모든 것은 다 하나님이 하시고, 하나님의 계획에 의해 하나님의 인도하심으로 이루어지는 것이 보이고 믿어지고, 실제로 삶속에서 체험을 하게 됩니다. 체험이 점점 쌓이면서 하나님의 창세 전 예정까지도 마음으로 믿어지는 믿음이 됩니다. 그런데 이런 하나님을 깨닫지 못하거나 믿지 않는 사람은 하나님의 창세 전 예정을 말하면 무슨 말도 안 되는 소리를 하느냐며 비웃고 하나님의 창세 전 예정에 대한 은혜를 전하는 말씀을 듣는 순간 말씀이 뿌리를 내리지 못하고 바로 사라져 버립니다.

마 13 : 9-17

9 귀 있는 자는 들으라 하시니라
10 제자들이 예수께 나아와 이르되 어찌하여 그들에게 비유로 말씀하시나이까
11 대답하여 이르시되 천국의 비밀을 아는 것이 너희에게는 허락되었으나 그들에게는 아니되었나니
12 무릇 있는 자는 받아 넉넉하게 되되 없는 자는 그 있는 것도

빼앗기리라

13 그러므로 내가 그들에게 비유로 말하는 것은 그들이 보아도 보지 못하며 들어도 듣지 못하며 깨닫지 못함이니라
14 이사야의 예언이 그들에게 이루었으니 일렀으되 너희가 듣기는 들어도 깨닫지 못할 것이요 보기는 보아도 알지 못하리라
15 이 백성들의 마음이 완악하여져서 그 귀는 듣기에 둔하고 눈은 감았으니 이는 눈으로 보고 귀로 듣고 마음으로 깨달아 돌이켜 내게 고침을 받을까 두려워함이라 하였느니라
16 "그러나 너희 눈은 봄으로, 너희 귀는 들음으로 복이 있도다"
17 내가 진실로 너희에게 이르노니 많은 선지자와 의인이 너희가 보는 것들을 보고자 하여도 보지 못하였고 너희가 듣는 것들을 듣고자 하여도 듣지 못하였느니라

예수님이 빛이기 때문에 아무리 빛이 강력하게 비춰도 소경이면 빛의 열매를 맺을 수가 없습니다. 소경이 소경을 인도하면 둘 다 구덩이에 빠지는 것이 예수님 말씀입니다. 다시 말해서 예수님이 말씀하시는 천국 비유에 대한 깨달음이 없으면 소경이 소경을 인도하는 것이 되어 둘 다 구덩이에 빠진다는 말씀입니다. 그래서 예수님은 제자들에게 너희 눈은 봄으로, 너희 귀는 들음으로 복이 있다고 하시는 것입니다.

예수님이 말씀하신 빛에 대해 다시 말씀을 들어봅니다.

마 5 : 14-16

14 너희는 세상의 빛이라 산 위에 있는 동네가 숨겨지지 못할 것이요
15 사람이 등불을 켜서 말 아래에 두지 아니하고 등경 위에 두나

니 이러므로 집 안 모든 사람에게 비치느니라
16 이같이 너희 빛이 사람 앞에 비치게 하여 그들로 너희 착한 행실을 보고 하늘에 계신 너희 아버지께 영광을 돌리게 하라

예수님이 "너희는 세상의 빛이라"고 하시는 말씀은 자칫하면 너희 착한 행실을 예수님이 빛으로 말씀하신 것으로 듣기 쉽습니다. 그러나 예수님이 천국 비밀로 말씀하시는 빛이 세상 사전적 의미의 착한 행실이 아닌 까닭은 예수님이 착한 일, 의로운 일에 대해 이렇게 말씀하기 때문입니다.

마 6 : 1-4

1 사람에게 보이려고 그들 앞에서 너희 의를 행하지 않도록 주의하라 그리하지 아니하면 하늘에 계신 너희 아버지께 상을 받지 못하느니라
2 그러므로 구제할 때에 외식하는 자가 사람에게서 영광을 받으려고 회당과 거리에서 하는 것 같이 너희 앞에 나팔을 불지 말라 진실로 너희에게 이르노니 그들은 자기 상을 이미 받았느니라
3 너는 구제할 때에 오른손이 하는 것을 왼손이 모르게 하여
4 네 구제함을 은밀하게 하라 은밀한 중에 보시는 너의 아버지께서 갚으시리라

예수님은 분명히 의를 행하거나 선을 행할 때 오른손이 하는 것을 왼손이 모르게 하라고 하십니다. 그런데 예수님이 천국 비밀을 말씀하시면서 네가 착한 행실을 한 것을 말 아래 감추어두거나 침상 아래 두지 말고 널리널리 알리라고 하시는 것이라면 이상하지 않습니까?

예수님이 말씀하시는 소금도 마찬가지입니다. 세상 사람들은 예수님이 말씀하는 빛과 소금을 선행을 많이 하라는 것으로 알아듣지만 하나님이 창세부터 감추어두신 천국 비밀을 잘 깨닫고 전하는 것을 말 아래 감추어두거나 침상 아래 두지 않는 빛으로 말씀을 하신 것처럼, 예수님이 말씀하신 소금 또한 생명을 말씀하는 것이지 세상에서 착한 일, 세상이 생각하는 의로운 일을 하라는 말씀이 아닙니다.

가지가 예수님 생명나무에 붙어 있지 않으면 버려져서 불에 태우게 된다는 말씀처럼, 소금 역시 그 몸에 예수님의 영이 계시지 않으면 생명이 없어 후에는 아무 쓸 데 없어 밖에 버려져 사람에게 밟힐 뿐이라는 것이 예수님이 말씀하시는 소금의 뜻입니다.

마 5 : 13, 14

13 너희는 세상의 소금이니 소금이 만일 그 맛을 잃으면 무엇으로 짜게 하리요 후에는 아무 쓸 데 없어 다만 밖에 버려져 사람에게 밟힐 뿐이니라
14 너희는 세상의 빛이라 산 위에 있는 동네가 숨겨지지 못할 것이요
15 사람이 등불을 켜서 말 아래에 두지 아니하고 등경 위에 두나니 이러므로 집 안 모든 사람에게 비치느니라

예수님이 말씀하시는 빛이 왜 사람이 생각하는 사전적 의미의 착한 행실이 아닌지를 예수님이 하신 말씀으로 좀 더 구체적으로 정리를 해보겠습니다.

마 7 : 7-11

7 구하라 그리하면 너희에게 주실 것이요 찾으라 그리하면 찾아낼 것이요 문을 두드리라 그리하면 너희에게 열릴 것이니

8 구하는 이마다 받을 것이요 찾는 이는 찾아낼 것이요 두드리는 이에게는 열릴 것이니라

9 너희 중에 누가 아들이 떡을 달라 하는데 돌을 주며

10 생선을 달라 하는데 뱀을 줄 사람이 있겠느냐

11 너희가 악한 자라도 좋은 것으로 자식에게 줄 줄 알거든 하물며 하늘에 계신 너희 아버지께서 구하는 자에게 좋은 것으로 주시지 않겠느냐

이 말씀에서 '좋은 것'의 원형이 '아가도스'입니다. 그런데, 예수님은 '좋은 것'인 '아가도스'는 누가복음에서 성령인 것을 알려주십니다.

눅 11 : 9-13

9 내가 또 너희에게 이르노니 구하라 그러면 너희에게 주실 것이요 찾으라 그러면 찾아낼 것이요 문을 두드리라 그러면 너희에게 열릴 것이니

10 구하는 이마다 받을 것이요 찾는 이는 찾아낼 것이요 두드리는 이에게는 열릴 것이니라

11 너희 중에 아버지된 자로서 누가 아들이 생선을 달라 하는데 생선 대신에 뱀을 주며

12 알을 달라 하는데 전갈을 주겠느냐

13 너희가 악할지라도 좋은 것을 자식에게 줄 줄 알거든 하물며 너희 하늘 아버지께서 구하는 자에게 성령을 주시지 않겠느냐 하시니라

예수님이 말씀하시는 **좋은 것**은 무엇입니까? 성령입니다.

천국 비밀인 죄 사함의 비밀을 온전히 깨닫고 죄 사함을 얻으면 성령으로 거듭나서 하나님의 자녀가 되는 권세를 얻습니다. 그리고 하나님의 자녀가 되는 권세를 얻은 성도는 하나님이신 성령이 하나님의 자녀로 길러 가십니다. 그러니 하나님의 자녀가 된, 성령으로 거듭난 자는 100% 천국에 갈 수밖에 없습니다. 그리고 하나님의 자녀는 하나님이 기르시고, 하나님이 자라게 하시고, 하나님이 열매를 맺게 하십니다. 다만 하나님이 영원한 기업 무름을 주시기 위해 그 길이 험한 길이 된다고 하더라도 하나님은 선하신 아버지이기 때문에 그로 인해 염려할 필요는 없습니다. 그래서 예수님은 너희는 세상 사람처럼 염려하지 말고, 모든 것을 하나님이 인도하시는 대로 따라가라고 말씀하십니다. 하나님이 친히 인도하시는 길보다 더 좋은 길이 어디 있겠습니까?

그래서 천국 길 내비게이션은 성령으로 거듭나면 모든 것은 하나님이신 성령님이 다 알아서 하시니 염려하지 말고, 성령이 하시는 대로 따라가면 된다고 알려줍니다. 그 길은 좋으신 성령님이 책임을 지고 가게 하는 길이기 때문입니다. 이것이 예수님이 이 좋은 성령을 구하라고 하신 이유입니다.

빛의 열매 역시 보이지 않게 하나님이 감추어두신 진리와 복음을 깨닫고 전하는 빛이 있는가 하면 보이는 빛의 열매도 성경에 기록되어 있습니다.

엡 5 : 5-9

5 너희도 정녕 이것을 알거니와 음행하는 자나 더러운 자나 탐하는 자 곧 우상 숭배자는 다 그리스도와 하나님 나라에서 기

업을 얻지 못하리니
6 누구든지 헛된 말로 너희를 속이지 못하게 하라 이로 말미암아 하나님의 진노가 불순종의 아들들에게 임하나니
7 그러므로 그들과 함께 하는 자가 되지 말라
8 너희가 전에는 어둠이더니 이제는 주 안에서 빛이라 빛의 자녀들처럼 행하라
9 빛의 열매는 모든 착함과 의로움과 진실함에 있느니라

이 말씀에서 '착함'이 '아가도스'입니다. 따라서 빛의 열매는 모든 착함과 의로움과 진실함에 있다는 말씀은 사람이 흉내내는 모든 착함과 의로움과 진실함이 빛의 열매를 맺는 것이 아니라, 좋으신 성령님으로부터만 나오는 착함과 의로움과 진실함만이 하나님이 거두실 빛의 열매가 된다는 말씀입니다.

(2) 하나님의 명령은 '명령=언약=시행=예언'

성령님이 깨닫게 하시는 것이 빛의 열매라면, 예수님이 말씀하시는 천국 비밀이나 죄 사함의 비밀은 물론 예수님이 전하라고 하시는 복음과 진리가 세상 종교처럼 무거운 짐이나 벗을 수 없는 멍에가 되게 하는 것 또한 하나님이 거두실 빛의 열매는 아닙니다.

막 16 : 15

또 이르시되 너희는 온 천하에 다니며 만민에게 복음을 전파하라

이 말씀은 분명히 "너희는 온 천하에 다니며 만민에게 복음을 전파하라"는 명령형 말씀입니다. 예수를 믿고 교회를 다니는 사람은 사람들에게 복음을 전하는 것이 늘 무거운 짐이 되고 벗을 수 없는 멍에가 되는 경우가 많습니다. 그래서 어떤 사람은 자신이 자기 어

머니나 아버지를 구원을 못 시킨 것에 대해 부모가 죽은 다음에도 늘 짐으로 벗지 못하는 멍에로 메고 사는 경우가 있습니다.

그러나 이런 믿음은 하나님이 거두실 빛의 열매가 될 수 없습니다. 왜냐하면 복음을 전하는 것은 하나님이 하나님의 창세 전 예정에 따라 성령을 통해 하시는 것이지 사람이 하는 것이 아니기 때문입니다. 우리는 이미 '예함성' 천국 길 내비게이션으로 앞에서 전도에 관한 말씀을 드릴 때 살펴보았습니다.

그러면 예수님이 '너희는 온 천하에 다니며 만민에게 복음을 전파하라'는 이 명령을 어떻게 듣고, 깨달아야 이 말씀이 예수님이 말씀하시는 기쁜 소식이 되는 복음으로 들려 자기 부모를 구원을 못 시킨 것에 대한 짐과 멍에를 메고 살아가는 어두움에 있는 백성이 아닌 밝은 빛으로 자유함을 얻은 영이 됩니까?

하나님의 명령은 세상에서 하는 명령과 달라서 하나님의 명령은 곧 '명령=언약=시행=예언'이라는 공식을 알면 됩니다.

하나님의 명령에 대한 이 공식을 성경적으로 증거합니다.

창 1 : 1-5

1 태초에 하나님이 천지를 창조하시니라
2 그 땅이 혼돈하고 공허하며 흑암이 깊음 위에 있고 하나님의 영은 수면 위에 운행하시니라
3 하나님이 이르시되 빛이 있으라 하시니 빛이 있었고
4 빛이 하나님이 보시기에 좋았더라 하나님이 빛과 어둠을 나누사

5 하나님이 빛을 낮이라 부르시고 어둠을 밤이라 부르시니라 저녁이 되고 아침이 되니 이는 첫째 날이니라

하나님이 이르시되 빛이 있으라고 하신 말씀은 분명히 명령형 말씀입니다. 그러나 이 말씀 어디에도 빛이 하나님께 구하기를 반드시 빛이 있게 해달라고 간구를 했거나, 스스로 빛으로 나타나려고 노력을 해서 빛이 있게 된 거라는 말씀을 하고 있지 않습니다.

하나님 백성의 조상이 되게 하신 아브람은 어떻습니까? 아브람이 먼저 자신을 하나님 백성의 조상이 되게 해달라고 구한 적도 없고, 자신은 그럴 만한 자격이 있다고 믿거나 생각을 한 적이 없습니다. 그런데 이런 아브람을 하나님의 뜻으로 부르시고, 하나님의 예정된 계획에 따라 하나님의 백성인 이스라엘의 조상이 되게 하십니다. 그리고 아브람이 하나님의 백성인 이스라엘의 조상이 되도록 하나님이 환경과 말씀과 비전을 보여주시면서 기르셔서 하나님이 정하신 때가 되었을 때 아브람을 아브라함으로 바꾸십니다.

창 12 : 1-4

1 여호와께서 아브람에게 이르시되 너는 너의 고향과 친척과 아버지의 집을 떠나 내가 네게 보여 줄 땅으로 가라
2 내가 너로 큰 민족을 이루고 네게 복을 주어 네 이름을 창대하게 하리니 너는 복이 될지라
3 너를 축복하는 자에게는 내가 복을 내리고 너를 저주하는 자에게는 내가 저주하리니 땅의 모든 족속이 너로 말미암아 복을 얻을 것이라 하신지라
4 이에 아브람이 여호와의 말씀을 따라갔고 롯도 그와 함께 갔으며 아브람이 하란을 떠날 때에 칠십오 세였더라

이렇게 아브람의 의지와는 전혀 상관없이, 하나님이 어느 날 아브람을 부르시고 하나님이 하나님의 백성에게 주실 약속하신 땅 가나안으로 가게 하십니다. 그러면서 여러 가지 일들이 하나님에 의해서 아브람에게 일어나게 하십니다. 그리고 하나님이 말씀과 체험으로 하나님이 보여주시는 비전을 통해 아브람을 하나님 백성의 조상이 될 아브라함으로 길러 가십니다. 이런 말씀들이 창세기 11장에서 25장까지 이어지는 말씀입니다.

이렇게 하나님이 하시는 명령은 군대처럼 명령만 하고 명령을 지키는지 보고만 있는 것이 아니라, 하나님은 자신이 하신 모든 명령이 명령대로 이루어지도록 직접 하나님의 생각과 방법으로 이끄시며 시행하십니다. 하나님의 명령은 명령하신 대로 모든 말씀이 그대로 이루어지는 명령입니다. 그래서 하나님의 명령은 '명령=언약=시행=예언' 등식이므로 더 이상 짐이나 멍에가 아닙니다.

이는 예수님이 명령형으로 말씀을 하시는 복음에서도 마찬가지입니다. 우리는 흔히 예수님이 복음을 전파하라고 하시는 말씀을 우리에게 짐을 지워주시는 명령으로 받지만, 예수님이 말씀하시는 복음을 전하라는 말씀은 하나님의 명령은 '명령=언약=시행=예언'의 공식으로 말씀하는 복음 전파입니다.

막 16 : 15
또 이르시되 너희는 온 천하에 다니며 만민에게 복음을 전파하라

이 말씀은 분명히 예수님이 하신 너희는 온 천하에 다니며 만민에게 복음을 전파하라는 명령형 분사로 하신 말씀입니다. 그런데 예수님이 부활체가 되신 후 제자들을 떠나 하늘로 올라가시면서

말씀하십니다.

행 1 : 8

오직 성령이 너희에게 임하시면 너희가 권능을 받고 예루살렘과 온 유대와 사마리아와 땅 끝까지 이르러 내 증인이 되리라 하시니라

이 말씀을 원문으로 보면 우리말 '오직'인 헬라어 '알라'는 '너희가 권능을 받고'를 수식하고 있습니다. 따라서 예수님이 예수님의 증인이 되는 것에 대해 제자들에게 깨닫게 하시려는 말씀은 성령의 권능이 너희에게 임해야, 사람인 너희들의 능력이 아니라 오직 '성령의 권능을 받고' '성령의 권능'이 예루살렘과 온 유대와 사마리아와 땅 끝까지 이르러 너희가 내 증인이 되도록 하게 하신다는 말씀입니다. 그래서 예수님은 너희에게 성령의 권능이 임해야 예수님의 증인이 된다고 말씀하신 것입니다.

그런데 듣는 것이 허락되지 않는 악한 자가 뿌린 가라지는 창세부터 하나님이 감추어두신 하나님 나라의 비밀을 아무리 듣고 또 들어도, 성경 필사를 수없이 하고, 신학교에서 열심히 배워도, 하나님이 듣는 것을 허락하지 않으시기 때문에 하나님이 기뻐하시는 열매를 맺을 수 없는 것입니다.

마 22 : 14

청함을 받은 자는 많되 택함을 입은 자는 적으니라

무슨 말씀입니까?

눅 18 : 8

내가 너희에게 이르노니 속히 그 원한을 풀어 주시리라 그러나 인자가 올 때에 세상에서 믿음을 보겠느냐 하시니라

이 말씀은 교회를 다니는 사람은 많지만 예수님이 인정하시는 믿음으로 예수를 믿는 사람은 볼 수 없다는 말씀입니다. 그러니 이단이나 기복적 신앙, 또는 율법적 경건주의, 말씀은 깨닫지 못하고 기도만 열심히 해서 신비주의에 빠져 귀신 쫓아내는 것이나 자랑을 하고, 잘못된 예언이나 하는 등으로 예수님이 깨닫게 하시는 복음과 진리를 깨닫지 못하고, 어두움에 헤매며 하나님이 거두실 빛의 열매를 맺지 못하는 신앙생활을 하면 안 됩니다.

3) 의의 열매

의의 열매는 하나님이 옳다고 여기시는 열매입니다. 그러면 하나님이 옳다고 여기시는 의는 어떤 의입니까?

예수님은 하나님의 의에 대해 말씀하십니다.

요 16 : 7-10

7 그러나 내가 너희에게 실상을 말하노니 내가 떠나가는 것이 너희에게 유익이라 내가 떠나가지 아니하면 보혜사가 너희에게로 오시지 아니할 것이요 가면 내가 그를 너희에게로 보내리니
8 "그가 와서 죄에 대하여, 의에 대하여, 심판에 대하여 세상을 책망하시리라"
9 죄에 대하여라 함은 그들이 나를 믿지 아니함이요

10 의에 대하여라 함은 내가 아버지께로 가니 너희가 다시 나를 보지 못함이요

예수님이 말씀하시는 "의에 대하여라 함"은 무엇입니까? "내가 아버지께로 가니 너희가 다시 나를 보지 못하는 것"이 예수님이 말씀하시는 '의'입니다. 그러니 예수님이 말씀하시는 이런 의와 세상 사람들이 생각하는 사전식 의는 달라도 너무 다르다는 것을 예수를 믿고, 그의 말씀을 따르는 우리는 알아야합니다.

하나님이 말씀하시는 의는 생명의 부활을 해서, 부활체가 되어 하나님이 생각하시는 의가 이루어진 것입니다. 예수님처럼 생명의 부활체로 하나님의 의가 이루어지는 육체가 우리도 되면 다시는 썩지도 죽지도 않는 몸으로 바뀌니 부활체가 된 몸을 하나님이 다시 바꾸실 이유가 영원히 없게 되기 때문입니다. 따라서 지금의 삼차원 세계는 하나님의 의가 온전히 이루어진 것이 아니기 때문에 지금의 우주나 인간은 일시적일 수밖에 없으며 앞으로 바뀔 수밖에 없습니다. 그래서 베드로 사도는 지금의 세상은 안개 같고 잠깐 피는 꽃 같은 것이니 이 땅에 소망을 두지 말라고 한 것입니다.

'의' 역시 '보이는 의'와 보이지 않는 '영원한 의'가 있습니다.

고후 9 : 5-11

5 그러므로 내가 이 형제들로 먼저 너희에게 가서 너희가 전에 약속한 연보를 미리 준비하게 하도록 권면하는 것이 필요한 줄 생각하였노니 이렇게 준비하여야 참 연보답고 억지가 아니니라
6 이것이 곧 적게 심는 자는 적게 거두고 많이 심는 자는 많이

거둔다 하는 말이로다

7 각각 그 마음에 정한 대로 할 것이요 인색함으로나 억지로 하지 말지니 하나님은 즐겨 내는 자를 사랑하시느니라
8 하나님이 능히 모든 은혜를 너희에게 넘치게 하시나니 이는 너희로 모든 일에 항상 모든 것이 넉넉하여 모든 착한 일을 넘치게 하게 하려 하심이라
9 기록된 바 그가 흩어 가난한 자들에게 주었으니 그의 의가 영원토록 있느니라 함과 같으니라
10 심는 자에게 씨와 먹을 양식을 주시는 이가 너희 심을 것을 주사 풍성하게 하시고 너희 의의 열매를 더하게 하시리니
11 너희가 모든 일에 넉넉하여 너그럽게 연보를 함은 그들이 우리로 말미암아 하나님께 감사하게 하는 것이라

연보를 통해 가난한 이웃을 돕는 것을 하나님이 의로 보신다는 말씀입니다. 이는 고넬료의 경우에도 적용된 의입니다. 그래서 초대교회 때 어려운 이웃들을 돕는 것에 늘 힘썼던 것입니다.

행 10 : 1-5 ; 21

1 가이사랴에 고넬료라 하는 사람이 있으니 이달리야 부대라 하는 군대의 백부장이라
2 그가 경건하여 온 집안과 더불어 하나님을 경외하며 백성을 많이 구제하고 하나님께 항상 기도하더니
3 하루는 제 구 시쯤 되어 환상 중에 밝히 보매 하나님의 사자가 들어와 이르되 고넬료야 하니
4 고넬료가 주목하여 보고 두려워 이르되 주여 무슨 일이니이까 천사가 이르되 네 기도와 구제가 하나님 앞에 상달되어 기억하신 바 되었으니

5 네가 지금 사람들을 욥바에 보내어 베드로라 하는 시몬을 청하라

......

22 그들이 대답하되 백부장 고넬료는 의인이요 하나님을 경외하는 사람이라 유대 온 족속이 칭찬하더니 그가 거룩한 천사의 지시를 받아 당신을 그 집으로 청하여 말을 들으려 하느니라 한대

이 말씀에서 고넬료를 의인이라고 부르는데 이는 신약적 의미의 의인이 아니라, 고넬료 주변에 있는 그리스도인들이 고넬료를 구약적 의미의 의인으로 불렀다는 말씀입니다. 이런 분별이 왜 복음적으로 중요한가 하면 예수님이 말씀하시는 신약적 의미의 의인은 지금 우리 육의 눈으로는 보이지 않는 생명의 부활체가 된 사람을 말씀하기 때문입니다.

약 3 : 18
화평하게 하는 자들은 화평으로 심어 의의 열매를 거두느니라

화평하게 하는 자들이 화평으로 심어서 맺는 보이는 의의 열매가 있습니다. 이 땅에 보이는 씨를 심어서 맺게 되는 의의 열매는 오래 준비하고, 넉넉한 연보를 교회에 내서 연보를 통해 가난한 이웃을 돕거나, 구제를 하는 것과 화평하게 하는 자들이 화평으로 심어서 맺는 의의 열매가 있다는 것입니다.

이런 말씀을 천국 길 내비게이션으로 강조를 해서 알려드리는 이유는 가톨릭 같은 경우 보이는 의의 열매는 많이 보이지만, 보이지 않는 의의 열매인 생명의 부활체로 바뀌는 열매는 과연 얼마나 세

상 끝 날에 맺히는 것인지 우리는 알 수 없어서입니다.

빌 1 : 11
예수 그리스도로 말미암아 의의 열매가 가득하여 하나님의 영광과 찬송이 되기를 원하노라

빌립보서는 에베소서, 골로새서, 빌레몬서와 더불어 사도 바울이 옥중에서 쓴 옥중 서신서로 알려져 있는 서신서입니다. 고린도후서 8장에 기록된 대로 빌립보 교회는 사도 바울이 유럽에 세운 최초의 교회인데 예루살렘 교회가 어려움에 처해 있을 때 적극적으로 불우이웃 헌금을 한 교회입니다. 이 교회에 사도 바울은 자신이 당할 죽음을 생각하면서 옥중에서 편지를 씁니다. "예수 그리스도로 말미암아 의의 열매가 가득하여 하나님의 영광과 찬송이 되기를 원하노라"에서 사도 바울이 전하는 가난한 이웃을 도운 의의 열매를 말씀하는 동시에, 예수님이라는 생명나무에 붙은 가지로서 성령이 맺게 하신 열매를 말씀하는 것이기도 합니다.

그런데 이 열매가 KJV는 영어 복수로 NIV와 헬라어 원어는 단수로 되어 있는 것으로 보아 의의 열매가 완성되기를 원한다는 말씀이 더 정확해 보입니다. 왜냐하면 가득으로 번역된 단어는 원형이 '플레로오'로 '가득하게 하다' '꽉 채우다'뿐 아니라 '달성하다' '끝내다' '성취하다' '완성하다'라는 뜻도 있기 때문입니다. 따라서 이 말씀은 하나님이 기뻐하시는 의의 첫 열매가 되신 그리스도 예수와 함께 마지막 날 하나님이 다시 살리시는 생명의 부활로, 하나님의 의가 온전히 이루어져 의인으로 완성되어 의의 열매로 거두시는 것을 감추인 의의 열매로 증거할 수 있습니다. 즉 의의 열매는 첫 열매 예수님처럼 생명의 부활체로 하나님이 택하신 자는 하나도 잃어

버리지 않고 생명의 부활로 마지막 날에 의인이 되는 의의 열매를 말씀합니다.

그래서 예수님은 성령이 오시면 이와 다른 의를 증거하는 것에 대해,

> 요 16 : 8-10
>
> 8 "그가 와서 죄에 대하여, 의에 대하여, 심판에 대하여 세상을 책망하시리라"
> 9 죄에 대하여라 함은 그들이 나를 믿지 아니함이요
> 10 의에 대하여라 함은 내가 아버지께로 가니 너희가 다시 나를 보지 못함이요

라고 하신 것입니다.

4) 성령의 열매

예수를 믿는 사람들은 이러니저러니 해도 이 세상에서 잘 먹고 잘 살기 위한 것이 아니라, 하나님의 의가 온전히 이루어져서 다시는 변하지 않는 영원한 하나님의 나라인 신천신지에서 영생하기 위해 예수를 믿습니다.

우리는 하나님이 마지막 날에 거두실 열매인 입술의 열매, 빛의 열매, 의의 열매를 사람의 생각이 아닌 성경으로 열매를 알아보았고, 네 가지 열매 중 마지막 성령의 열매에 대해 살펴보려고 합니다.
성경이 알려주는 성령의 열매입니다.

갈 5 : 22, 23

22 오직 성령의 열매는 사랑과 희락과 화평과 오래 참음과 자비와 양선과 충성과
23 온유와 절제니 이같은 것을 금지할 법이 없느니라

성령의 열매에서 먼저 반드시 알아야할 것은

첫째, 성령의 열매는 사람이 아닌 성령이 맺게 하신 열매입니다.

둘째, 성령의 열매는 성령이 맺게 하신 열매로 단수로 되어 있는 열매입니다.
따라서 성령의 열매는 성령으로 거듭나면 생명나무인 그리스도 예수님에게 붙은 가지가 되어 성령이 맺게 하는 열매이지, 사람이 노력을 해서 맺는 열매가 성령의 열매는 아닙니다. 이를 기억해야 거짓으로 자신이 성령이 맺게 하시는 열매를 맺은 것처럼 외식하는 자가 되지 않습니다.

셋째, 성령의 열매는 아홉 가지 열매로 생각하기 쉽지만 단수로 된 열매입니다.
이는 사과 열매의 맛과 향이 각각 다르지만 사과 열매라는 한 종류인 것과 마찬가지로 생각하면 됩니다.

그러면 먼저 성령의 열매와 반대인 악한 영이 맺게 한 열매는 어떤 것인가를 살펴보겠습니다.

갈 5 : 17-21

17 육체의 소욕은 성령을 거스르고 성령은 육체를 거스르나니

이 둘이 서로 대적함으로 너희가 원하는 것을 하지 못하게 하려 함이니라
18 너희가 만일 성령의 인도하시는 바가 되면 율법 아래에 있지 아니하리라
19 육체의 일은 분명하니 곧 음행과 더러운 것과 호색과
20 우상 숭배와 주술과 원수 맺는 것과 분쟁과 시기와 분냄과 당 짓는 것과 분열함과 이단과
21 투기와 술 취함과 방탕함과 또 그와 같은 것들이라 전에 너희에게 경계한 것 같이 경계하노니 이런 일을 하는 자들은 하나님의 나라를 유업으로 받지 못할 것이요

그러니 하나님이 택하신 자가 술을 먹은들 바람을 피운들 천국에 간다고 생각하는 것이나, 창세 전 하나님의 예정을 비꼬려고 택한 자는 어떤 죄를 지어도 천국에 간다는 말이며, 하나님의 창세 전 예정을 비난하는 것 등은 성령을 모독하는 잘못된 가르침이 될 수 있음을 알아야겠습니다.

성령이 맺게 하시는 아홉 가지에 대한 말씀을 드리겠습니다.

(1) 사랑

성령의 열매에서 가장 먼저 사랑을 말하는 이유는 사랑이 곧 하나님의 속성이기 때문입니다. 그래서 예수님도 말씀하십니다.

요 13 : 34, 35
34 새 계명을 너희에게 주노니 서로 사랑하라 내가 너희를 사랑한 것 같이 너희도 서로 사랑하라
35 너희가 서로 사랑하면 이로써 모든 사람이 너희가 내 제자인

줄 알리라

빛의 열매로 깨달은 진리와 복음으로 보면 예수님이 내가 너희를 사랑한 것 같이 너희도 서로 사랑하라는 명령형의 말씀은 어떤 말씀으로 들려야 기쁜 복음으로 들리겠습니까? 하나님의 명령은 '명령=언약=예언=시행'이라는 공식으로 이 말씀이 들려야합니다. 성령으로 거듭나서 하나님의 자녀가 되면 내가 너희를 사랑하듯이 성령이 너희를 서로 사랑하는 자가 되게 하신다는 언약이고 예언입니다. 그러니 예수님이 서로 사랑하라는 계명이 더 이상 무거운 짐이나 벗을 수 없는 멍에로 들리지 않는 기쁜 복음이 되는 것입니다.

사도 바울은 이 말씀을 이렇게 전합니다.

롬 13 : 8-10

8 피차 사랑의 빚 외에는 아무에게든지 아무 빚도 지지 말라 남을 사랑하는 자는 율법을 다 이루었느니라
9 "간음하지 말라, 살인하지 말라, 도둑질하지 말라, 탐내지 말라 한 것과 그 외에 다른 계명이 있을지라도 네 이웃을 네 자신과 같이 사랑하라 하신 그 말씀 가운데 다 들었느니라"
10 사랑은 이웃에게 악을 행하지 아니하나니 그러므로 사랑은 율법의 완성이니라

이 말씀은 율법의 완성이신 예수 그리스도의 영인 성령이 내 안에 계시면 이런 사랑이 절로 나오게 된다는 것을 말씀합니다. 마찬가지로 예수님이 부자 청년이나 율법사에게 영생에 대한 말씀을 하시면서 제자들에게 사람으로서는 할 수 없으나, 하나님으로서는 하실 수 있다고 말씀하십니다.

(2) 희락

희락은 기쁨입니다. 따라서 기쁘지 않으면서도 기쁜 척하는 기쁨은 성령의 열매로 맺힌 희락이 되는 기쁨이 아닙니다. 기쁨은 헬라어에서 '카라'라고 하는데 '카라'는 세상적 기쁨과는 전혀 다른 기쁨입니다.

성령의 열매로 맺게 하신 희락은 당장 감옥에 갇혀 고통을 당하고 있는 데도 그것을 감사하고 기뻐하는 사도 바울처럼, 굶고 있든지, 매를 맞고 있든지, 병이 들어 있든지, 감옥에 있든지, 부도가 나서 회사가 망했든지 하나님이 물려주실 영원한 기업 무릎을 위해서 자신을 광야 교회에서 지금 연단시키시는 것이니 오히려 이런 연단을 주시는 하나님께 감사하고 기뻐하며 하박국 선지자처럼 찬양을 드리는 기쁨입니다.

합 3 : 17, 18

17 비록 무화과나무가 무성하지 못하며 포도나무에 열매가 없으며 감람나무에 소출이 없으며 밭에 먹을 것이 없으며 우리에 양이 없으며 외양간에 소가 없을지라도
18 나는 여호와로 말미암아 즐거워하며 나의 구원의 하나님으로 말미암아 기뻐하리로다

그래서 사도 바울은 성령이 깨닫게 하신 기쁨을,

살전 5 : 16-18

16 항상 기뻐하라
17 쉬지 말고 기도하라

18 범사에 감사하라 이것이 그리스도 예수 안에서 너희를 향하신 하나님의 뜻이니라

라고 한 것입니다.

(3) 화평

화평은 평안(마 10 : 13), 평강(눅 24 : 36) 등으로 성경에 번역되어 있습니다. 그런데 히브리어로는 우리가 잘 아는 '샬롬'이 화평입니다. 그런데 많은 사람들이 하나님이 주시는 화평인 샬롬을 잘못 알고 있는 경우가 많습니다.

세상이 주는 평안을 영어로 말하면 peace, ease, comfort라 할 수 있습니다. peace는 잘 아는 대로 평화이고, ease는 일락, comfort 안락을 뜻하는 단어입니다.

이런 평화나 일락이나 안락함은 세상이 구하고, 세상에서 얻기를 바라는 평안으로 세상 사람은 누구나 이 평안을 얻기를 좋아합니다. 세상을 살아가면서 자신의 삶이나 자신이 하는 사업이나 자신의 건강이나 가정들이 항상 peace하고, ease하고, comfort하기를 바랍니다. 자신의 삶이나 사업 등이 peace(문제가 없이 평화롭고)하고, ease(모든 것이 쉽게 잘 풀리고)하고, comfort(그래서 자신의 삶이나 사업이 위안이 되면)하면 기뻐하고 좋아하며 이런 평안이 늘 계속되었으면 그리고 조금만 더 peace하고, ease하고, comfort하기를 바랍니다. 그러나 세상이 주는 평안은 영원할 수 없는 것입니다. 그래서 성령의 열매로 맺게 하는 샬롬을 세상이 주는 peace, ease, comfort와는 다릅니다.

예수님은 말씀하십니다.

요 14 : 26, 27

26 보혜사 곧 아버지께서 내 이름으로 보내실 성령 그가 너희에게 모든 것을 가르치고 내가 너희에게 말한 모든 것을 생각나게 하리라
27 평안을 너희에게 끼치노니 곧 나의 평안을 너희에게 주노라 내가 너희에게 주는 것은 세상이 주는 것 같지 아니하니라 너희는 마음에 근심하지도 말고 두려워하지도 말라

자신이 느끼는 평안이 하나님이 주시는 영원한 샬롬인가 아니면, 사라지면 다시 구하는 일시적 평안인가를 생각하여 누가 준 평안인지를 분별할 수 있어야 합니다. 기복신앙 또는 기복적 신앙으로 얻는 평안은 예수님이 자기 자녀들에게 두고 가신 샬롬이 아닌 것을 '예함성' 천국 길 내비게이션은 계속 T형 갈림길로 알려드리는 것입니다.

빌 4 : 6, 7

6 아무 것도 염려하지 말고 오직 모든 일에 기도와 간구로, 너희 구할 것을 감사함으로 하나님께 아뢰라
7 그리하면 모든 지각에 뛰어난 하나님의 평강이 그리스도 예수 안에서 너희 마음과 생각을 지키시리라

(4) 오래 참음

참는 것은 크게 두 가지로 나눌 수 있습니다. 하나는 자기 자신에 대해 참는 것이고, 다른 하나는 나 아닌 다른 것을 참는 것입니다.

부부간에도 참지 못하면 갈라서고, 인간관계도 참지 못하면 파탄

이 납니다. 그리고 많은 범죄들도 참지 못해서 때리고 죽이고, 사고를 쳐서 범죄를 하게 됩니다. 교통법규를 어기는 것도 그렇고, 교회 안에서도 마찬가지입니다. 그래서 조금만 참으면 될 것을 그랬다는 후회를 하는 경우가 얼마나 많은지 모릅니다.

성령의 열매로 말씀하는 오래 참음은 시간과 공간 속에 가두어진 인간의 생각으로 오래 참는 오래 참음이 아닙니다. 하나님이신 성령이 열매를 맺게 하는 오래 참음은 하나님처럼 시간과 공간에 관계없이 영원히 오래 참는 오래 참음입니다. 이렇게 볼 때 성령의 열매로 말씀하는 오래 참음 또한 사람으로서는 불가능한 오래 참음을 말씀하는 것을 알 수 있습니다.

사람이 영원히 오래 참기 위해서는
첫째, 참아야 할 것을 정말로 완전히 잊어버려야 하고,

둘째, 오래 참는 것이 전혀 스트레스가 되지 않아야합니다.

이러니 이런 오래 참음이 과연 사람의 노력이나 성품으로 가능하겠습니까? 오래 참음 역시 하나님의 속성인 사랑만이 영원한 오래 참음이 되는 것을 성령의 열매로 말씀합니다.

(5) 자비

자비 역시 사랑과 그 근본이 같은 성령의 열매입니다. 우리는 자비하면 불교에서 말하는 자비를 떠올리기 쉬운데 성령의 열매에서도 자비를 성령의 열매와 동격으로 말씀합니다. 그렇다면 하나님이신 성령의 열매로 맺게 하시는 자비와 세상 종교의 자비나 성인군자 같은 인간의 성품에서 나오는 자비는 어떻게 다를까요?

눅 6 : 34-36

34 너희가 받기를 바라고 사람들에게 꾸어 주면 칭찬 받을 것이 무엇이냐 죄인들도 그만큼 받고자 하여 죄인에게 꾸어 주느니라
35 오직 너희는 원수를 사랑하고 선대하며 아무 것도 바라지 말고 꾸어 주라 그리하면 너희 상이 클 것이요 또 지극히 높으신 이의 아들이 되리니 그는 은혜를 모르는 자와 악한 자에게도 인자하시니라
36 너희 아버지의 자비로우심 같이 너희도 자비로운 자가 되라

개역 한글 성경을 보면 이 말씀이 이렇게 번역이 되어 있습니다.

34 너희가 받기를 바라고 사람들에게 빌리면 칭찬받을 것이 무엇이뇨 죄인들도 의수히 받고자 하여 죄인에게 빌리느니라
35 오직 너희는 원수를 사랑하고 선대하며 아무것도 바라지 말고 빌리라 그리하면 너희 상이 클 것이요 또 지극히 높으신 이의 아들이 되리니 그는 은혜를 모르는 자와 악한 자에게도 인자로우시니라
36 너희 아버지의 자비하심같이 너희도 자비하라

그러나 이 말씀에서 '빌리라'라는 말씀은 정 반대로 된 잘못된 번역입니다. 영어는 lend로 이 말씀을 번역을 했는데 lend는 '빌려주다'입니다. '의수히'는 우리말에서도 쓰지 않는 말로 '정한 수에 따라'라는 뜻입니다.

예수님이 죄인들에게 이 단어를 쓰신 것은 나쁜 뜻으로 쓰신 것이기 때문에 이 말씀은 좋은 뜻으로 하는 말씀이 아닙니다. 그래서

'너희가 받기를 바라고 사람들에게 빌리면'이라는 말씀은 '너희가 고리 대금 업자처럼 받기를 바라고 사람들에게 빌려주면' 이라는 뜻으로 번역을 해야 합니다.

사람이 왜 자비를 베푸는 것이 어려운 것이겠습니까? 자신이 해준 것에 대해 상대도 그렇게 해주기를 기대하는 기대 때문입니다. 그러나 상대에게 아무 것도 기대를 하지 않으면 기분이 나쁠 일도, 배신을 당했다는 생각도 들 이유가 전혀 없습니다.

하나님은 이런 사랑을 하십니다. 그리고 이런 하나님의 은혜로 이루시는 자비가 하나님의 창세전 예정에 대한 말씀입니다. 그래서 자비 역시 인간이 하나님 흉내를 내는 자비가 아니라 성령이 맺게 하는 자비입니다.

(6) 양선

양선은 '착함'을 가리키는 말씀입니다. 어떤 성경은 양선이라는 단어가 '선행'으로 번역이 되어 있기도 합니다. 영어는 'goodness'라는 단어가 사용되고, 헬라어 원어는 '착함' '선한 양심' '덕행' '선행'등을 뜻하는 '아게도스'라는 단어입니다. 그런데 예수님은 하나님 외에는 선한 분은 없다고 말씀하십니다.

마 19 : 16, 17

16 어떤 사람이 주께 와서 이르되 선생님이여 내가 무슨 선한 일을 하여야 영생을 얻으리이까
17 예수께서 이르시되 어찌하여 선한 일을 내게 묻느냐 선한 이는 오직 한 분이시니라 네가 생명에 들어가려면 계명들을 지키라

사람은 선하신 하나님과 동일한 본체가 아닌 그림자요 그릇에 불과합니다. 따라서 자신 안에 무엇이 담겨 있는가에 따라 나오는 것이 달라집니다. 이를 안다면 하나님 앞에 자기 선이나 자기 의로 칭찬받을 것이 없음을 깨닫고, 그런 자신을 하나님과 사람 앞에서 인정하지 않을 수 없게 됩니다. 그러니 하나님을 믿고 자신 안에는 선이나 의가 없는 것을 알면서 자신이 선한 척, 의로운 척 하는 것은 그 아비가 거짓의 아비요, 거짓 그리스도인인 가라지인 것입니다.

(7) 충성

원어로 본 믿음의 3단계에서 신뢰(trus), 확신(confidence), 충성(loyalty)의 단계에 대해 말씀드린 것을 기억하고 계실 것입니다. 충성은 하나님 나라와 세상을 동시에 섬기지 않는 것입니다.

눅 12 : 1-7 ; 22-32

1 그 동안에 무리 수만 명이 모여 서로 밟힐 만큼 되었더니 예수께서 먼저 제자들에게 말씀하여 이르시되 바리새인들의 누룩 곧 외식을 주의하라
2 감추인 것이 드러나지 않을 것이 없고 숨긴 것이 알려지지 않을 것이 없나니
3 이러므로 너희가 어두운 데서 말한 모든 것이 광명한 데서 들리고 너희가 골방에서 귀에 대고 말한 것이 지붕 위에서 전파되리라
4 내가 내 친구 너희에게 말하노니 몸을 죽이고 그 후에는 능히 더 못하는 자들을 두려워하지 말라
5 마땅히 두려워할 자를 내가 너희에게 보이리니 곧 죽인 후에 또한 지옥에 던져 넣는 권세 있는 그를 두려워하라 내가 참으

로 너희에게 이르노니 그를 두려워하라

6 참새 다섯 마리가 두 앗사리온에 팔리는 것이 아니냐 그러나 하나님 앞에는 그 하나도 잊어버리시는 바 되지 아니하는도다

7 너희에게는 심지어 머리털까지도 다 세신 바 되었나니 두려워하지 말라 너희는 많은 참새보다 더 귀하니라

……

22 또 제자들에게 이르시되 그러므로 내가 너희에게 이르노니 너희 목숨을 위하여 무엇을 먹을까 몸을 위하여 무엇을 입을까 염려하지 말라

23 목숨이 음식보다 중하고 몸이 의복보다 중하니라

24 까마귀를 생각하라 심지도 아니하고 거두지도 아니하며 골방도 없고 창고도 없으되 하나님이 기르시나니 너희는 새보다 얼마나 더 귀하냐

25 또 너희 중에 누가 염려함으로 그 키를 한 자라도 더할 수 있느냐

26 그런즉 가장 작은 일도 하지 못하면서 어찌 다른 일들을 염려하느냐

27 백합화를 생각하여 보아라 실도 만들지 않고 짜지도 아니하느니라 그러나 내가 너희에게 말하노니 솔로몬의 모든 영광으로도 입은 것이 이 꽃 하나만큼 훌륭하지 못하였느니라

28 오늘 있다가 내일 아궁이에 던져지는 들풀도 하나님이 이렇게 입히시거든 하물며 너희일까보냐 믿음이 작은 자들아

29 너희는 무엇을 먹을까 무엇을 마실까 하여 구하지 말며 근심하지도 말라

30 이 모든 것은 세상 백성들이 구하는 것이라 너희 아버지께서는 이런 것이 너희에게 있어야 할 것을 아시느니라

31 다만 너희는 그의 나라를 구하라 그리하면 이런 것들을 너희에게 더하시리라
32 적은 무리여 무서워 말라 너희 아버지께서 그 나라를 너희에게 주시기를 기뻐하시느니라

예수님이 하신 말씀에서 알 수 있듯이 충성을 하는 자는 무조건 주인의 말에 순종하고 충성을 하며, 잔 머리를 쓰거나 주인의 능력을 이용하려고 하지 않습니다. 또 알라딘 램프에서 거인을 불러내듯이 예수님을 기도로 불러내서 예수님의 능력을 이용하여 자신이 원하는 나라를 세우려고 하지 않습니다.

그런데 예수 믿는다고 하면서 세상 사람들보다 세상 염려는 더 하고, 예수님 능력으로 세상 사람들보다 더 잘 먹고 잘 살기를 원하고, 기도하고 있다면 이런 사람이 어떻게 성령이 맺게 하신 충성의 열매를 맺을 수 있겠습니까? 하나님이 거두시는 성령이 맺게 하시는 충성의 열매는 오직 하나님 나라를 구해야지 세상 것과 하나님 나라를 같이 구하면서 하나님과 재물, 두 주인을 섬기는 충성은 성령이 맺는 충성이 될 수 없습니다. 그런데 두 주인을 섬기는 충성 자가 많으니 예수님은 그 나라를 하나님이 너희에게 주시기를 기뻐하시는데 하나님이 기뻐하시는 무리는 너무 적다고 하시는 것입니다. 두 주인, 두 왕, 두 남편을 섬기는 식의 충성은 성령이 맺게 하는 충성이 아니기 때문입니다.

(8) 온유

온유는 좀 바보 같고 어수룩한 사람으로 생각되기 쉬우나 성령의 열매로 맺는 온유는 절대 강자가 아니면 나올 수 없습니다. 민수기 12장 3절 말씀에 보면 "이 사람 모세는 온유함이 지면의 모든 사람

보다 더하더라" 라는 말씀이 있습니다.

구약 성경 말씀에서는 거의 유일하게 온유한 사람으로 모세를 말씀하고 있는데, 모세는 바보 같은 사람이 아닌 동족을 괴롭히는 것을 보지 못하고 이집트 사람을 때려죽일 정도로 강한 사람입니다. 이런 모세를 하나님은 40년 동안 장인 이드로의 집에서 양치는 목동으로 지내게 하면서 하나님의 연단에 의해 온유하고 겸손한 자로 만드십니다. 그 후 하나님 "이 사람 모세는 온유함이 지면의 모든 사람보다 더하더라"고 하십니다. 따라서 하나님이 말씀하시는 온유 역시 사람이 노력하고 애를 써서 온유한 척 하는 온유가 아니라 하나님이 시키시는 훈련을 통해 성령이 맺게 하신 온유만이 진짜인 것을 알아야겠습니다.

(9) 절제

절제란 자동차 브레이크를 생각하면 어느 정도 알 수 있습니다. 차를 달리다가 브레이크를 밟아 속도를 줄이기도 하고 때로는 서게도 합니다. 성령이 맺게 하시는 절제도 마찬가지입니다.

자동차에 브레이크가 필수적인 것처럼 인생길에서 큰 문제가 생기면 우리의 삶에도 성령이 주시는 브레이크인 절제가 반드시 필요합니다. 하나님이 서라 하시면 무조건 서고, 가라 할 때는 지체 없이 갈 수 있는 절제가 성령의 열매로 맺혀야 합니다.

인간은 누구든지 자신이나 자기 자녀에 대해 분수를 모르고 과대평가하는 본성이 있습니다.
자기 자녀에 대해서는 이런 본성이 더 심합니다. 그래서 자신이 성령이 맺게 하신 절제가 있는가? 없는가를 알려면 자신이나 자기 자녀들에게 대해 얼마나 잘 절제하는 자인지를 보면 됩니다. 그리고 가장 좋은 절제는 사도 바울처럼 자신에게 유익하던 모든 것을 배설물로 여기고, 그리스도와 함께 온전히 죽는 것을 수없이 반복하며 훈련하는 것이 가장 좋은 절제가 됩니다.

'예함성' 천국 길 내비게이션의
끝맺는 말을
시작의 말씀으로 다시 드리며

   예함성 천국 길 내비게이션을 여기까지 따라오며 읽어주신 모두에게 예수님의 이름으로 축복하고 감사를 드립니다.
   그러나 천국 길 내비게이션은 끝나는 안내가 아니라 지금까지 사람의 생각으로 천국을 향해 가는 길에서 이제부터 새롭게 하나님의 생각으로 천국으로 향해 가는 시작을 하게 하는 천국 길 안내입니다. 왜냐하면 하나님의 생각과 사람의 생각은 달라도 너무 다르기 때문에 하나님이 가게 하시는 길과 사람이 가는 길은 달라도 너무 다를 수밖에 없기 때문입니다. 따라서 하나님을 믿는 것은 사람의 생각에서 하나님의 생각으로 끊임없이 돌이키지 않으면 팽이처럼 곧 쓰러지고 맙니다. 그렇기 때문에 우리는 육의 양식을 끊임없이 먹어야 육이 사는 것처럼, 영의 말씀을 먹지 않는다면 육은 살아있어도 영은 생명이 죽은 영이라는 것입니다.

   예수님이 말씀하시는 복음의 핵심은 자기 백성을 저희 죄에서 구원할 이름인 예수라는 이름을 믿고 죄 사함을 얻어서 성령으로 거듭나면 예수라는 생명나무에 붙은 가지가 되어서 하나님이 기쁨으로 거두실 열매를 필연적으로 맺는다는 것입니다.
   예수님은 이 말씀을 이렇게 하십니다.

요 15 : 4, 5

4 내 안에 거하라 나도 너희 안에 거하리라 가지가 포도나무에 붙어 있지 아니하면 스스로 열매를 맺을 수 없음 같이 너희도 내 안에 있지 아니하면 그러하리라
5 "나는 포도나무요 너희는 가지라 그가 내 안에, 내가 그 안에 거하면 사람이 열매를 많이 맺나니 나를 떠나서는 너희가 아무 것도 할 수 없음이라"

그런데 유대 종교지도자들은 물론 세상 종교적인 믿음은 어떻습니까?

가지가 노력을 하면 하나님이 기뻐하시는 하는 열매를 맺을 수 있는 것처럼 가르치고 전합니다. 그러나 이런 것은 흉내를 내는 외식일 뿐 하나님이 기뻐하시는 아름다운 열매를 맺을 수 없습니다. 예수라는 생명나무에 붙은 가지로 자라는 사람은 적으며, 넓은 길로 가게 하는 삯꾼 목자가 많고 이를 따르는 외식하는 자들이 많다는 것을 예수님은 말씀하십니다.

마 7 : 13-18

13 좁은 문으로 들어가라 멸망으로 인도하는 문은 크고 그 길이 넓어 그리로 들어가는 자가 많고
14 생명으로 인도하는 문은 좁고 길이 협착하여 찾는 이가 적음이라
15 거짓 선지자들을 삼가라 양의 옷을 입고 너희에게 나아오나 속에는 노략질하는 이리라
16 "그들의 열매로 그들을 알지니 가시나무에서 포도를, 또는 엉겅퀴에서 무화과를 따겠느냐"
17 이와 같이 좋은 나무마다 아름다운 열매를 맺고 못된 나무가

나쁜 열매를 맺나니
18 좋은 나무가 나쁜 열매를 맺을 수 없고 못된 나무가 아름다운 열매를 맺을 수 없느니라

예수님이 말씀하시는 넓은 문, 좁은 문은 세상 사람들이 다 구하는 것을 하나님과 재물을 겸해서 얻으려고 구하는 사람입니다. 그래서 예수님은 이렇게 알려주십니다.

눅 12 : 29-31

29 너희는 무엇을 먹을까 무엇을 마실까 하여 구하지 말며 근심하지도 말라
30 이 모든 것은 세상 백성들이 구하는 것이라 너희 아버지께서는 이런 것이 너희에게 있어야 할 것을 아시느니라
31 다만 너희는 그의 나라를 구하라 그리하면 이런 것들을 너희에게 더하시리라

하나님이 더해주신다는 말씀은 세상 백성들이 구하는 것을 하나님에게 맡기고 구하지도 말라는 말씀입니다. 그래서 31절 말씀은 아주 중요한 말씀인데 이 말씀을 개역개정 성경은 강조를 해서 원문의 뜻을 따라 전하기보다 밋밋한 말씀으로 돌려서 전하고 있습니다.
개역한글 성경입니다.

31 오직 너희는 그의 나라를 구하라 그리하면 이런 것을 너희에게 더하시리라

31절 말씀의 '오직'은 헬라어 '플렌'입니다. 뜻은 '도리어' 또는 '대신에'입니다.

'구하라'는 말씀은 기본형이 '제테오'인데 '제테오'는 한두 번 형식적으로 구하는 것을 말씀하는 것이 아니라 집요하고 끈질기게 계속해서 구하는 것을 뜻합니다.

따라서 한국 교회에 작금에 만연되어 있는 하나님과 재물을 겸해서 섬기는 것이 마치 하나님을 잘 믿는 믿음인 것으로 전하며, 이렇게 해서 받은 것을 하나님 은혜를 많이 받는 것으로 전하며, 아멘 아멘을 하도록 시키는 것은 예수님이 말씀하시는 T형 갈림길에서 멸망으로 인도하는 삯꾼 목자를 따르는 것임을 두려움과 떨림으로 하나님을 믿는 사람은 반드시 알아야합니다.

눅 16 : 13

집 하인이 두 주인을 섬길 수 없나니 혹 이를 미워하고 저를 사랑하거나 혹 이를 중히 여기고 저를 경히 여길 것임이니라 너희는 하나님과 재물을 겸하여 섬길 수 없느니라

'예함성' 천국 길 내비게이션을 다 읽은 이제, 천국에 이를 때까지 사람의 생각이 아닌 하나님의 생각으로 돌이키는 새로운 출발이 되시기를 바랍니다. '천국 길 내비게이션의 끝맺는 말을 시작의 말씀으로 다시 드리며' 글을 맺습니다.

복음교실 연구실에서
양 해 웅 목사

천국길
내비게이션

1판 1쇄 발행 / 2012. 11. 18.

지은이 · 양해웅
펴낸이 · 김종관
펴낸곳 · 도서출판 에벤에셀
등록번호 · 제 2-1587호 / 1993. 7. 15.
주소 · 서울특별시 중구 필동2가 70-5
전화 · (02) 2273-8384
팩시밀리 · (02) 2273-1713

© 양해웅 2012
ISBN 978-89-6094-072-7 03230
홈페이지 www.ebenbooks.com
이메일 ebenbooks@hanmail.net

저자와의 협의에 의해 인지를 생략합니다.
잘못된 책은 구입하신 서점에서 바꿔드립니다.
이 책의 저작권은 저자에게 있습니다.

서면에 의한 저자와 본 출판사와의 협의하에
영리를 목적으로 하지 않고, 복음을 전하기 위하여
내용의 일부를 인용하거나 발췌하는 것을 허락합니다.